westermann

Bernd Ettmann, Dr. Günter Wierichs

Unter Mitarbeit von: Dr. Karl Wolff

GUT BERATEN in der Bank

Bankkaufmann/Bankkauffrau
3. Ausbildungsjahr

1. Auflage

Bestellnummer 32773

Die in diesem Produkt gemachten Angaben zu Unternehmen (Namen, Internet- und E-Mail-Adressen, Handels-registereintragungen, Bankverbindungen, Steuer-, Telefon- und Faxnummern und alle weiteren Angaben) sind i. d. R. fiktiv, d. h., sie stehen in keinem Zusammenhang mit einem real existierenden Unternehmen in der dar-gestellten oder einer ähnlichen Form. Dies gilt auch für alle Kunden, Lieferanten und sonstigen Geschäfts-partner der Unternehmen wie z. B. Kreditinstitute, Versicherungsunternehmen und andere Dienstleistungs-unternehmen. Ausschließlich zum Zwecke der Authentizität werden die Namen real existierender Unternehmen und z. B. im Fall von Kreditinstituten auch deren IBANs und BICs verwendet.

Zusatzmaterialien zu GUT BERATEN in der Bank. Bankkaufmann/Bankkauffrau 3. Ausbildungsjahr

Für Lehrerinnen und Lehrer

Lösungen zum Arbeitsheft: 978-3-427-32817-9
Lösungen zum Arbeitsheft Download: 978-3-427-32813-1

BiBox Einzellizenz für Lehrer/-innen (Dauerlizenz): 978-3-427-32787-5
BiBox Kollegiumslizenz für Lehrer/-innen (Dauerlizenz): 978-3-427-32792-9
BiBox Kollegiumslizenz für Lehrer/-innen (1 Schuljahr): 978-3-427-83400-7

inkl. E-Book

Für Schülerinnen und Schüler

Arbeitsbuch: 978-3-427-32809-4

BiBox Einzellizenz für Schüler/-innen (1 Schuljahr): 978-3-427-32796-7

inkl. E-Book

westermann GRUPPE

© 2021 Bildungsverlag EINS GmbH, Ettore-Bugatti-Straße 6-14, 51149 Köln
www.westermann.de

Druck und Bindung: Westermann Druck GmbH, Georg-Westermann-Allee 66, 38104 Braunschweig

ISBN 978-3-427-**32773**-8

Vorwort

Mit der dreibändigen Fachbuchreihe **GUT BERATEN in der Bank** haben wir die Zielsetzungen des bundeseinheitlichen Rahmenlehrplans für den Ausbildungsberuf Bankkaufmann und Bankkauffrau, der zum 1. August 2020 in Kraft getreten ist, konsequent umgesetzt.

Eine Kernkompetenz von Bankkaufleuten ist die Beratung von Kunden in finanziellen Angelegenheiten. Notwendige Voraussetzungen hierfür sind fundierte Fachkenntnisse, kommunikative Fähigkeiten, vernetztes und analytisches Denken sowie Eigeninitiative und Empathie. Ferner sind die Geschäftsprozesse in der Kreditwirtschaft durch ein hohes Maß an digitaler Technik und kurzen Innovationszyklen gekennzeichnet. Als Bankkaufleute müssen Sie neben der für Beratungsprozesse zwingend notwendigen Fach-, Selbst- und Sozialkompetenz auch moderne, mit der zunehmenden Digitalisierung zusammenhängende Techniken beherrschen und dabei den Datenschutz und die Datensicherheit beachten.

Ziel der Ausbildung zum Bankkaufmann/zur Bankkauffrau ist der Erwerb von Handlungskompetenz, die Sie dazu befähigen soll, auf der Grundlage fachlichen Wissens berufliche Aufgabenstellungen zielorientiert, reflektiert, sachgerecht, methodengerecht und selbstständig zu lösen und das Ergebnis zu beurteilen. Diese umfassenden Kompetenzen benötigen Sie für ein eigenständiges berufliches Handeln in einem sich schnell ändernden Umfeld. Fachwissen alleine reicht dazu nicht aus, frei nach dem Motto: „Ich weiß alles, kann aber nichts." Entscheidend ist die Kompetenz, das Gelernte in beruflichen und außerberuflichen Situationen anwenden und beurteilen zu können.

Der hier vorliegende dritte Band dieser Reihe thematisiert die Lernfelder 10 bis 13 des dritten Ausbildungsjahres.

- Die Inhalte werden handlungs- und fachsystematisch dargestellt und dienen als Wissensspeicher sowie als Nachschlagewerk bei der selbstständigen Erarbeitung bankwirtschaftlicher Grundlagen.
- Zum Erwerb einer umfassenden Handlungskompetenz benötigen Sie neben fachbezogenen Grundlagen auch überfachliche Kenntnisse, insbesondere zu den Bereichen Kommunikation und Digitalisierung. Eine ausführliche Darstellung hierzu finden Sie im ersten Band dieser Buchreihe.

Ergänzend empfehlen wir Ihnen das Arbeitsbuch **GUT BERATEN in der Bank (Lernsituationen)** (Bestellnummer 32809 für das 3. Ausbildungsjahr), um

- die selbstständige Bearbeitung bankbetrieblicher Aufgabenstellungen anhand komplexer Lernsituationen zu trainieren;
- Ihre überfachlichen Kompetenzen (kommunikative Kompetenz, Lernkompetenz und Methodenkompetenz) sowie den Umgang mit digitalen Medien zu verbessern;
- Ihren Lernfortschritt zu kontrollieren;
- die Lerninhalte zu trainieren und sich mithilfe zahlreicher Übungsaufgaben für die IHK-Abschlussprüfung fit zu machen.

Die **Bearbeitung von Lernsituationen** und Übungsaufgaben aus dem **Arbeitsbuch** mithilfe der **Informationen** aus diesem Fachbuch ermöglichen Ihnen einen weitgehend selbstorganisierten, umfassenden Kompetenzerwerb. Informationen zu den lernfeldübergreifenden Themen Kommunikations- und Präsentationstechniken, Digitalisierung und Grundlagen des kaufmännischen Rechnens finden Sie in Band 1 dieser Reihe.

Es ist der Rechtsstand bis zum Frühjahr 2021 berücksichtigt.

Die Verfasser

Inhaltsverzeichnis

Lernfeld 11: Wertschöpfungsprozesse erfolgsorientiert steuern

Lernfeld 12: Kunden über Produkte der Vorsorge und Absicherung informieren

Lernfeld 10:

Gesamtwirtschaftliche Einflüsse analysieren und beurteilen

10

Zielbeschreibung:

Sie verfügen über die Kompetenz, sich über die verschiedenen Konzepte und Instrumente der Wirtschaftspolitik zu informieren, diese zu analysieren und zu beurteilen.

Lernfeld 10: Gesamtwirtschaftliche Einflüsse analysieren und beurteilen

Sie informieren sich fortlaufend auch mithilfe digitaler Medien über aktuelle und künftige **gesamtwirtschaftliche Entwicklungen** und analysieren diese kritisch hinsichtlich ihrer Auswirkung auf die Kreditwirtschaft, auf Ihre Kunden und auf Ihre private und berufliche Situation.

Sie beschreiben und unterscheiden **mögliche Ziele der Wirtschaftspolitik** anhand des im **Stabilitätsgesetz** und in dessen Erweiterungen beschriebenen gesamtwirtschaftlichen Gleichgewichtes (Wirtschaftswachstum, Preisniveaustabilität, hoher Beschäftigungsstand, außenwirtschaftliches Gleichgewicht, Umweltschutz, gerechte Einkommens- und Vermögensverteilung) und leiten **mögliche Zielkonflikte** ab.

Sie erkennen unterschiedliche **wirtschaftliche Interessen**. Mithilfe statistischer Daten (Bruttoinlandsprodukt, Preisindex, Arbeitslosenquote, Leistungsbilanz) ermitteln Sie mögliche **Störungen des gesamtwirtschaftlichen Gleichgewichtes** und analysieren deren Ursachen.

Sie zeigen konjunkturelle und strukturelle Beweggründe möglicher **Ungleichgewichte** (Konjunkturphasen, Wirtschaftszyklen) aus wirtschaftlicher und gesellschaftlicher Sicht auf und erörtern **wirtschaftspolitische Konsequenzen** auch mittels Kausalketten (Fiskalpolitik, Geldpolitik).

Sie erklären die **Aufgaben der Zentralbanken** sowie die Funktion und Wirkung ihres **Instrumentariums** (Offenmarktgeschäfte, Fazilitäten, Mindestreserve) für die Gesamtwirtschaft (Inflation, Deflation) und den Bankensektor (Zinsniveau, Giralgeldschöpfung). Sie zeigen die **außenwirtschaftlichen Aspekte der Wirtschaftspolitik** (Wechselkurssysteme, Auf- und Abwertung) und ihre Konsequenzen auf. Sie dokumentieren und präsentieren Ihre Arbeitsergebnisse unter Verwendung digitaler Medien.

Sie beraten Kunden hinsichtlich der möglichen **Konsequenzen** wirtschaftspolitischer Entscheidungen auf ihre **Anlage- und Kreditentscheidungen** (Realzinsberechnung, Währungsgewinne und -verluste).

Sie reflektieren das Ergebnis des Beratungsgesprächs und vergleichen es fortlaufend mit den **aktuellen wirtschaftspolitischen Informationen**. Bei Bedarf leiten Sie in Absprache mit Ihren Kunden Maßnahmen zur Korrektur ein.

1 Ziele der Wirtschaftspolitik nach dem Stabilitätsgesetz

Definition

In einer sozialen Marktwirtschaft koordiniert grundsätzlich der Markt das wirtschaftliche Handeln aller Beteiligten. Der Staat greift jedoch korrigierend mit wirtschaftspolitischen Maßnahmen ein, wenn das freie Spiel der Marktkräfte zu unerwünschten Ergebnissen führt.

Beispiele

- staatliche Konjunkturprogramme bei hoher Arbeitslosigkeit
- gesetzliche Auflagen zum Schutz der Umwelt
- Verbot von Kartellen und Beschränkung der Marktmacht von Großkonzernen

Bei allen Maßnahmen sind Bund und Länder verpflichtet, die Erfordernisse eines gesamtwirtschaftlichen Gleichgewichts zu beachten (Art. 109 Abs. 2 GG). Konkretisiert wird dies im Gesetz zur Förderung des Wachstums und der Stabilität in der Wirtschaft (Stabilitätsgesetz, StabG).

§

§ 1 StabG Bund und Länder haben bei ihren wirtschafts- und finanzpolitischen Maßnahmen die Erfordernisse des gesamtwirtschaftlichen Gleichgewichts zu beachten. Die Maßnahmen sind so zu treffen, dass sie im Rahmen der marktwirtschaftlichen Ordnung gleichzeitig zur Stabilität des Preisniveaus, zu einem hohen Beschäftigungsstand und außenwirtschaftlichem Gleichgewicht bei stetigem und angemessenem Wirtschaftswachstum beitragen.

1.1 Stabilität des Preisniveaus

Das Preisniveau gibt an, zu welchen Durchschnittspreisen Güter in einer Volkswirtschaft gehandelt werden und spiegelt damit die Knappheit der Güter und den Wert des Geldes wider.

Definition

Ein **steigendes Preisniveau** wird als **Inflation**, ein **sinkendes Preisniveau** als **Deflation** bezeichnet.

1.1.1 Preisindex und Warenkorb

Ein Maßstab für die allgemeine Preisentwicklung in Deutschland sind die vom Statistischen Bundesamt ermittelten Preisindizes. Sie geben Auskunft darüber, wie sich die Preise von Gütern verändert haben, die von privaten Haushalten (Verbraucherpreisindex) und von Unternehmen (Erzeugerpreisindex) nachfragt werden.

- Der Verbraucherpreisindex misst die durchschnittliche Preisentwicklung für einen Warenkorb, der von bestimmten Haushalten (z. B. Single-Haushalt, 4-Personen-Haushalt) nach-

gefragt wird. Es wird ein Warenkorb zusammengestellt, der die typischen Kaufgewohnheiten der entsprechenden Haushalte widerspiegelt.
- Der Erzeugerpreisindex misst die durchschnittliche Preisentwicklung von Rohstoffen und Industrieerzeugnissen, die von inländischen Unternehmen abgebaut bzw. hergestellt und im Inland verkauft werden.

Der Preisindex wird auf der Grundlage eines **Basisjahres** (z. B. 2015) und einer **Basiszahl** (z. B. 100) ermittelt.

Der Wert des Warenkorbes im Basisjahr wird mit der Basiszahl gleichgesetzt.

Beispiel

In einem Warenkorb befinden sich vier Güter, deren Gewichtung über die Verbrauchsmengen eines Haushaltes innerhalb eines Monats bestimmt ist. Als Basisjahr wird 2015 festgelegt. Es werden Preise und Verbrauchsausgaben im Basisjahr und im Juni 2021 erfasst:

Gut	Verbrauchs- menge	Preise der Güter im Basisjahr 2015	Ausgaben im Basisjahr 2015	Preise der Güter im Juni 2021	Ausgaben im Juni 2021
1	4 Stück	2,00 EUR	8,00 EUR	2,50 EUR	10,00 EUR
2	6 Stück	4,00 EUR	24,00 EUR	5,00 EUR	30,00 EUR
3	8 Stück	20,00 EUR	160,00 EUR	21,00 EUR	168,00 EUR
4	1 Stück	8,00 EUR	8,00 EUR	5,00 EUR	5,00 EUR
	Gesamtausgaben		200,00 EUR		213,00 EUR

Der Wert des Warenkorbes im Basisjahr 2015 beträgt 200,00 EUR. Dies entspricht der Basiszahl von 100 Punkten.

Die gleichen Waren (gleicher Warenkorb) kosten im Juni 2021 aufgrund der veränderten Preise 213,00 EUR.

200,00 EUR – 100 Punkte
213,00 EUR – x

$$x = \frac{100 \cdot 213,00}{200,00} = \underline{106,50 \text{ Punkte}}$$

Der neue Preisindex beträgt im Juni 2021 106,50 Punkte. Dies bedeutet, dass die im Warenkorb befindlichen Waren im Juni 2021 um durchschnittlich 6,50 % teurer sind als im Basisjahr 2015.

In einer Volkswirtschaft werden unter den Kategorien Erzeugerpreis- und Verbraucherpreisindex viele unterschiedliche Indexvarianten ermittelt.

Beispiele

- Verbraucherpreisindex (VPI) zur Ermittlung des Preisniveaus bei den Ausgaben privater Haushalte mit einem Warenkorb von etwa 650 Gütern (Nahrungsmittel, Bekleidung, Mieten, Reparaturen usw.)
- Index der Erzeugerpreise gewerblicher Produkte mit mehr als 1600 Güterarten (Investitionsgüter, Gebrauchsgüter, Verbrauchsgüter, Energie)

Gewichtung und Zusammenset-zung eines Warenkorbes werden in regelmäßigen Abständen ange-passt, da sich die Verbrauchsge-wohnheiten ändern. Auch Quali-tätsverbesserungen bei den Gütern werden in die Berechnung einbezogen. Zum Beispiel weisen moderne Computer im Vergleich zu älteren Modellen eine höhere Leistung auf. Hier wird eine fiktive Preisminderung aufgrund der bes-seren Qualität erfasst, auch wenn der Preis unverändert bleibt.

Wenn das Statistische Bundesamt den Warenkorb an ein verändertes Nachfrageverhalten anpasst, ist dieses Jahr Ausgangpunkt (Basis-jahr) für die Ermittlung zukünftiger Preisänderungen. Die Basiszahl beträgt wieder 100. Das Basisjahr für die Ermittlung des VPI ist zur-zeit das Jahr 2015.

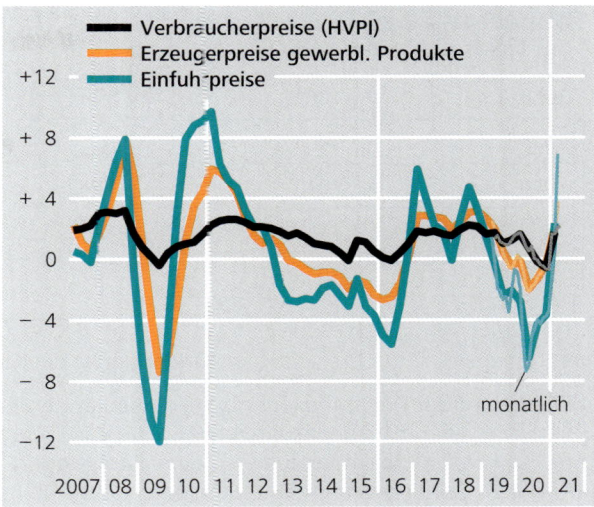

Preise

Veränderung gegenüber Vorjahr in %, vierteljährlich

— Verbraucherpreise (HVPI)
— Erzeugerpreise gewerbl. Produkte
— Einfuhrpreise

Quelle: Statistisches Bundesamt.
Deutsche Bundesbank   29 Apr 2021

Das Statistische Bundesamt veröf-fentlicht neben dem **VPI** auch den **HVPI** (Harmonisierter Verbraucherpreisindex, englisch *HICP – Harmonized Index of Consumer Prices*). Hierbei handelt es sich um einen in der Europä-ischen Union von den nationalen Statistikämtern erhobenen und vom statistischen Amt der Europäischen Union (Eurostat) berechneten Verbraucherpreisindex zur Ermittlung der Preis-entwicklung in der Europäischen Wirtschafts- und Währungsunion (EWWU) nach EU-weit ein-heitlichen Regelungen. VPI und HVPI unterscheiden sich meist in ihrer Höhe. Beim VPI berück-sichtigt das Statistische Bundesamt nationale Aspekte des Verbraucherverhaltens bei der Bildung des Warenkorbes; beim HVPI beruht der Warenkorb auf dem durchschnittlichen Ver-braucherverhalten in allen EWWU-Staaten.

Beispiel

HVPI im Februar 2021: 107,4
VPI im Februar 2021: 107,0

1.1.2 Berechnung von Inflationsrate und Kaufkraft

Aus der Indexentwicklung im Zeitablauf lässt sich die Preisniveauveränderung ermitteln:

$$\text{Preisniveauveränderung} = \frac{(\text{neuer Indexwert} - \text{alter Indexwert})}{\text{alter Indexwert}} \cdot 100$$

Beispiel

Entwicklung des HVPI von 2015 bis 2020:

Jahr	Indexstand
2015 (Basisjahr)	100,0
2016	100,4
2017	102,1
2018	104,0
2019	105,3
2020	105,8

Preissteigerung 2020 gegenüber 2015 (Basisjahr):

$$\frac{105,8 - 100}{100} \cdot 100 = \underline{5,80\,\%}$$

Preissteigerung 2020 gegenüber 2019 (Vorjahr):

$$\frac{105,8 - 105,3}{105,3} \cdot 100 = \underline{0,47\,\%}$$

Das „Gegenstück" zur Preisniveauveränderung ist die **Kaufkraftveränderung**.

- Ein **steigender Preisindex** führt zu einer **sinkenden Kaufkraft** (Kaufkraftverlust) des Geldes, weil ein Käufer mit einer bestimmten Geldmenge nur noch weniger Güter erwerben kann.
- Ein sinkender Preisindex führt zu einer **steigenden Kaufkraft** (Kaufkraftgewinn), weil ein Käufer mit einer bestimmten Geldmenge mehr Güter erwerben kann.

Beispiele

	alter Preis	neuer Preis	Preisänderung in EUR	Preisänderung in %	Kaufkraftänderung in EUR	Kaufkraftänderung in %
1. Fall	20,00 EUR	40,00 EUR	+ 20,00 EUR	+ 100,00 %	− 20,00 EUR	− 50,00 %
2. Fall	480,00 EUR	360,00 EUR	− 120,00 EUR	− 25,00 %	+ 120,00 EUR	+ 33,33 %
3. Fall	600,00 EUR	660,00 EUR	+ 60,00 EUR	+ 10,00 %	− 60,00 EUR	− 9,09 %

zu 1. Fall:

$$\text{Preisänderung} = \frac{(\text{neuer Preis} - \text{alter Preis}) \cdot 100}{\text{alter Preis}} = \frac{20,00 \cdot 100}{20,00} = \underline{100,00\,\%} \text{ Preissteigerung}$$

Der Preis hat sich verdoppelt.

$$\text{Kaufkraftänderung} = \frac{(\text{alter Preis} - \text{neuer Preis}) \cdot 100}{\text{neuer Preis}} = \frac{-20,00 \cdot 100}{40,00} = \underline{-50,00\,\%} \text{ Kaufkraftminderung}$$

Für einen bestimmten Geldbetrag kann man nur noch die Hälfte der Warenmenge kaufen.

Für die Ermittlung der Kaufkraftänderung bei Preisindizes gelten folgende Formeln:

$$\text{Kaufkraft} = \frac{\text{alter Indexwert}}{\text{neuer Indexwert}} \cdot 100$$

$$\text{Kaufkraftänderung} = \text{Kaufkraft} - 100,00 \quad \text{oder} \quad \frac{(\text{alter Indexwert} - \text{neuer Indexwert})}{\text{neuer Indexwert}} \cdot 100$$

Beispiele

1. Der HVPI steigt in einem Jahr von 104,0 auf 105,8 Indexpunkte.

Kaufkraft: $\dfrac{104,0}{105,8} \cdot 100 = \underline{98,30\,\%}$

Kaufkraftverlust $= 98,30 - 100,00 = -1,70\,\%$ oder $\dfrac{(104,0 - 105,8)}{105,8} = \underline{-1,70\,\%}$

Die Preise haben sich gegenüber dem Vorjahr um 1,73 % erhöht.

$\dfrac{(105,8 - 104,00)}{104,0} = \underline{1,73\,\%}$

Die Kaufkraft beträgt 98,30 %. 100,00 EUR sind damit quasi im folgenden Jahr nur noch 98,30 EUR wert. Der Kaufkraftverlust beträgt 1,70 %.

2. Der Index für Energiepreise sinkt innerhalb eines Jahres von 103,9 auf 101,6 Punkte.

Preisniveauentwicklung: $\dfrac{101,6 - 103,9}{103,9} \cdot 100$

$= \underline{-2,21\,\%}$ Preisminderung gegenüber dem Vorjahr

Kaufkraft bei den Energiepreisen: $\dfrac{103,9}{101,6} \cdot 100 = \underline{102,26\,\%}$

Kaufkraftgewinn $= 102,26 - 100,00 = \underline{+2,26\,\%}$ oder $\dfrac{(103,9 - 101,6)}{101,6} = \underline{+2,26\,\%}$

Preisentwicklung 2017 bis 2020 – Darstellung über Preisindizes

Die Darstellung verdeutlicht die Unterschiede in der Entwicklung einzelner Indizes. Während beispielsweise die Verbraucherpreise nur relativ gering gestiegen sind, liegt bei den Baupreisen eine größere inflationäre Tendenz vor; die Energierpreise sanken im Jahr 2020 gegenüber dem Vorjahr um 4,5 Prozent.

	Harmonisierter Verbraucherpreisindex						nachrichtlich Verbraucher-preisindex (nationale Abgrenzung)	Bau-preis-index
insge-samt	davon							
	Nah-rungs-mittel	Industrieer-zeugnisse ohne Energie	Energie	Dienst-leistun-gen	darunter:			
					Tatsächliche Miet-zahlungen			
Zeit	2015 = 100							
Indexstand								
2017	102,1	104,0	102,2	97,5	102,5	102,9	102,0	105,3
2018	104,0	106,7	103,0	102,3	104,2	104,6	103,8	110,2
2019	105,5	108,4	104,2	103,7	105,7	106,1	105,3	115,3
2020	105,8	110,9	104,1	99,0	106,9	107,6	105,8	117,0

Quelle: Deutsche Bundesbank: Monatsbericht März 2021, 73. Jahrgang Nr. 3, Frankfurt am Main, Statistischer Teil S. 71. In: https://www.bundesbank.de/resource/blob/861406/e53c232de584d677994f6dc74fa0f543/mL/2021-03-monatsbericht-data.pdf (12.4.2021)*

1.1.3   Ursachen für Inflation und Deflation

Es gibt verschiedene Erklärungsansätze für die Ursachen von Inflation und Deflation.

▶ Inflationsursachen

Die Ursachen für allgemeine Preissteigerungen (Inflation) können auf der „Geldseite"" oder auf der „Güterseite" liegen.

Ursachen für allgemeine Preissteigerungen (Inflation)		
Faktoren auf der Geldseite	**Faktoren auf der Güterseite**	
	Nachfrageinflation	**Angebotsinflation**
Ein starkes Wachstum der Geldmenge im Verhältnis zur Gütermenge führt zu steigenden Preisen.	Eine hohe gesamtwirtschaftliche Nachfrage im Verhältnis zum gesamtwirtschaftlichen Angebot führt zu steigenden Preisen.	Unternehmen erhöhen die Preise aufgrund gestiegener Kosten oder aufgrund ihrer Marktmacht.
Beispiele – erhöhte Kreditvergabe der Banken – lockere Geldpolitik der Zentralbank ⬇ **Geldmengeninflation**	**Beispiele** – Steigerung der Konsumausgaben privater Haushalte (Konsuminflation) – Steigerung der Nachfrage von Unternehmen nach Investitionsgütern (Investitionsinflation) – Steigerung der Nachfrage des Staates nach Gütern und Dienstleistungen (Staatsinflation)	**Beispiele** – steigende Löhne führen zu höheren Preisen (Lohn-Preis-Spirale, da die Unternehmen wegen der höheren Lohnkosten die Preise erhöhen) – steigende Importpreise (z. B. für Rohstoffe; importierte Inflation) – Preiserhöhung durch Ausnutzung von Marktmacht durch Unternehmen auf monopolistischen und oligopolistischen Märkten (Gewinninflation, Marktmachtinflation)

▶ Deflationsursachen

Die Ursachen für allgemeine Preisminderungen (Deflation) können

- eine Konsum- und Investitionszurückhaltung,
- eine Kürzung der Staatsausgaben oder
- Spekulationsblasen sein.

Ursachen für allgemeine Preisminderungen (Deflation)	
Konsum- und Investitions-zurückhaltung	Haushalte und Unternehmen reduzieren aufgrund negativer Zukunftserwartungen und sinkender Löhne bzw. Gewinne ihre Nachfrage nach Konsum- bzw. Investitionsgütern. Es kommt zu einer Nachfragedeflation. Ein weiterer Auslöser einer Nachfragedeflation kann ein Wegbrechen der Nachfrage aus dem Ausland sein.
	Es kommt zu einer **deflatorischen Lücke**, da die gesamtwirtschaftliche Güternachfrage geringer ist als das gesamtwirtschaftliche Angebot.

Ursachen für allgemeine Preisminderungen (Deflation)	
Kürzung der Staatsausgaben	Wenn eine Regierung mit dem Ziel der Verringerung der Staatsverschuldung ihre Ausgaben stark reduziert, kann ebenfalls eine deflatorische Lücke entstehen.
Spekulations-blasen	Im Anschluss an eine Phase hoher Preissteigerungen bei Vermögenswerten (z. B. Immobilien) kommt es häufig zu einem starken Preisrückgang. Wurde das Vermögen über Kredite finanziert, kann bei sinkenden Preisen eine Überschuldung eintreten. Die Folge einer solchen Vermögensdeflation sind oft hohe Kreditausfälle bei Banken.

1.1.4 Folgen von Inflation und Deflation

Sowohl bei einem steigenden als auch bei einem sinkenden Preisniveau gibt es in einer Volkswirtschaft „Gewinner" und „Verlierer".

Schuldner sind tendenziell **„Inflationsgewinner"**. Sie profitieren von einer Entwertung des Geldes. Der Nominalwert der Schulden bleibt gleich („100,00 EUR sind 100,00 EUR"). Der reale Schuldenwert sinkt, da der vom Schuldner gezahlte nominale Geldbetrag weniger wert ist.

Beispiele

- der Staat als Schuldner von Staatsanleihen
- Immobilienbesitzer, die ihre Immobilie über Darlehen mit Festzinsvereinbarung finanziert haben

Darlehensgeber (Gläubiger) sind als Vertragspartner der Schuldner tendenziell **„Inflationsverlierer"**, da ihre Forderungen durch die Inflation „entwertet" werden.

Weiterhin sind **Bezieher fester Einkommen** bzw. Geldleistungen **Inflationsverlierer**, sofern ihre Einkommen bzw. Geldleistungen weniger stark steigen als die Inflationsrate.

Beispiele

- Angestellte
- Beamte
- Rentner
- Unterhaltsberechtigte

Bei einer Deflation verhält es sich umgekehrt. Hier profitieren tendenziell die Gläubiger, da die Kaufkraft ihrer Forderungen im Zeitablauf steigt, während die Schuldner real eine höhere Schuldenzahlung zu einem späteren Zeitpunkt bewältigen müssen.

1.1.5 Beurteilungsmaßstab für die Stabilität des Preisniveaus

Starke deflatorische oder inflatorische Preisniveauveränderungen haben negative Auswirkungen auf die gesamtwirtschaftliche Entwicklung. Nach dem Stabilitätsgesetz soll daher das Preisniveau über einen möglichst langen Zeitraum hinweg relativ stabil bleiben, wobei aber moderate Preissteigerungen erwünscht sind. Die **Europäische Zentralbank** strebt eine jährliche Inflationsrate, gemessen an der Entwicklung des HVPI, von „nahe, aber unter 2 %" an.

1.2   Hoher Beschäftigungsstand

1.2.1   Arbeitslosenquote

Der Beschäftigungsstand in einer Volkswirtschaft drückt sich in der Zahl der Arbeitslosen und in der Arbeitslosenquote aus. Zur Ermittlung der Arbeitslosenquote wird die Gesamtbevölkerung in verschiedene Gruppen unterteilt.

Gesamtbevölkerung (Alle innerhalb einer Volkswirtschaft lebenden Personen)			
Nicht-Erwerbspersonen Personen, die weder erwerbstätig noch erwerbslos sind	**Erwerbspersonen** Alle Personen ab 15 und bis zum Renteneintrittsalter, die bereit und fähig sind, eine auf Entgelterzielung gerichtete Tätigkeit anzunehmen.		
	Selbstständige	**Unselbstständig Beschäftigte**	**Arbeitslose**
Beispiele – Rentner – Kleinkinder, Schüler – Studierende – Erwerbsunfähige – Hausmänner/ Hausfrauen	Personen, die unternehmerisch oder freiberuflich tätig sind	Personen, die in einem abhängigen Beschäftigungs-verhältnis stehen	Personen, die in keinem Beschäftigungsverhältnis stehen oder eine Tätigkeit ausüben, die zeitlich auf maximal 15 Stunden pro Woche beschränkt ist

Aus dem Verhältnis der Erwerbspersonen zur Gesamtbevölkerung ergibt sich die **Erwerbsquote**:

$$\text{Erwerbsquote} = \frac{\text{Erwerbspersonen}}{\text{Gesamtbevölkerung}} \cdot 100$$

Beispiel

Werte für die Bundesrepublik Deutschland 2020:
Gesamtbevölkerung: 83,20 Mio. Personen
Erwerbspersonen: 46,54 Mio. Personen

$$\text{Erwerbsquote} = \frac{46,54}{83,20} \cdot 100 = 55,9\,\%$$

Bei der Ermittlung der **Arbeitslosenquote** wird üblicherweise die Definition der Bundesagentur für Arbeit zugrunde gelegt:

$$\text{Arbeitslosenquote} = \frac{\text{gemeldete Arbeitslose}}{\text{zivile Erwerbspersonen}} \cdot 100$$

gemeldete Arbeitslose: bei der Bundesagentur als arbeitssuchend gemeldete Personen

zivile Erwerbspersonen: Selbstständige, unselbstständig Beschäftigte, Beamte (ohne Soldaten), mithelfende Familienangehörige, gemeldete Arbeitslose

Beispiel

gemeldete Arbeitslose im 3. Quartal 2020: 2 904 000 Personen
zivile Erwerbspersonen im 3. Quartal 2020: 46 095 000 Personen

$$\text{Arbeitslosenquote} = \frac{2\,904\,000}{46\,095\,000} \cdot 100 = 6{,}3\,\%$$

International wird die Arbeitslosigkeit mit der Erwerbslosenquote nach dem **Labour-Force-Konzept ILO** verglichen. Gemäß dem ILO-Konzept zählen Personen ab 15 bis unter 75 Jahre als erwerbslos, sofern sie dem Arbeitsmarkt zur Verfügung stehen, sich innerhalb der vergangenen vier Wochen um eine Arbeit bemüht haben und eine Erwerbstätigkeit von weniger als einer Wochenstunde ausüben. Im Ergebnis führt die weiter gefasste Erwerbstätigkeits- und Arbeitsdefinition der ILO dazu, dass die Erwerbslosenquote unter der Arbeitslosenquote liegt.

1.2.2 Aussagekraft der Arbeitslosenquote

Die offizielle Arbeitslosenquote informiert nur bedingt über das tatsächliche Ausmaß der Arbeitslosigkeit. Ihrer Berechnung liegen bestimmte Annahmen zugrunde. Je geringer der Wert im Zähler des Bruches ist, desto kleiner fällt die Arbeitslosenquote aus. Eine Reduzierung dieses Wertes wird bereits dadurch erreicht, dass nur die gemeldeten Arbeitslosen erfasst werden. Diejenigen, die arbeitsfähig und arbeitswillig sind, sich aber aus unterschiedlichen Gründen nicht arbeitslos melden, fallen aus der Statistik heraus. Zu dieser sogenannten **„stillen Reserve"** gehören schätzungsweise etwa eine Million Menschen.

Beispiele

- Personen, die sich aufgrund vorübergehender Krankheit nicht arbeitssuchend melden
- Personen, die in ihrem angestrebten „Wunschberuf" keine Beschäftigungsmöglichkeit finden und zunächst ein Studium absolvieren
- Personen, die sich bei einer ungünstigen Arbeitsmarktlage in der Annahme, ohnehin keine Stelle zu finden, gar nicht erst arbeitssuchend melden

Darüber hinaus werden auch viele arbeitslos gemeldete Personen aus der Statistik herausgenommen.

Beispiele

- längerfristig erkrankte Arbeitslose
- Arbeitslose, die sich in Fort- oder Weiterbildungsmaßnahmen befinden
- Arbeitslose, die 58 Jahre oder älter sind und seit mindestens zwölf Monaten Arbeitslosengeld beziehen
- Arbeitslose, die ihren Pflichten bei der Suche nach Arbeit (z. B. Meldepflicht) nicht nachkommen

Um hier Transparenz zu schaffen, veröffentlicht die Bundesagentur eine Statistik zur sogenannten **Unterbeschäftigung**, in der diese Personen ausgewiesen werden.

Beispiel

gemeldete Arbeitslose im März 2021: 2,8 Millionen
Unterbeschäftige März 2021: 3,6 Millionen

→ 800 000 Personen waren im März 2021 unterbeschäftigt, weil sie z. B. trotz Arbeitslosigkeit nicht in der Arbeitslosenstatistik erfasst waren.

1.2.3 Ursachen von Arbeitslosigkeit

Arbeitslosigkeit kann auf ökonomische oder individuelle Ursachen haben.

Ökonomische Ursachen („objektive" Gründe)	Individuelle Ursachen („subjektive" Gründe)
Arbeitslosigkeit kann entstehen aufgrund ...	
... eines Rückgangs der gesamtwirtschaftlichen Nachfrage (konjunkturelle Arbeitslosigkeit). **Beispiele** – Arbeitsplatzverluste nach Auftreten der Corona-Epidemie im Jahr 2020 – Arbeitsplatzabbau während einer Abschwungphase im Konjunkturverlauf	... eines notwendigen bzw. gewünschten Arbeitsplatzwechsels (friktionale Arbeitslosigkeit / Such-arbeitslosigkeit). Sie ist meist kurzfristig, sofern die Arbeitsmarktlage positiv ist und die betroffene Person eine berufliche Qualifikation besitzt. **Beispiele** – Arbeitsplatzsuche wegen Wohnsitzwechsel – Arbeitsplatzsuche aufgrund des Wunsches nach beruflicher Veränderung
... nachhaltiger Veränderungen auf Märkten (strukturelle Arbeitslosigkeit); hierfür können regionale oder technologische Gründe vorliegen. **Beispiele** – Arbeitsplatzabbau in Steinkohlerevieren aufgrund einer Reduzierung der Fördermengen in Folge verstärkter Stromerzeugung aus Solar- bzw. Windkraft – Arbeitsplatzabbau im Kundenservice der Kreditinstitute aufgrund einer Zunahme von Onlinebanking	... personenbedingter Faktoren. **Beispiele** – Arbeitsplatzverlust aufgrund mangelnder beruflicher Qualifikation – Arbeitsplatzverlust aufgrund körperlicher oder gesundheitlicher Beeinträchtigung
... jahreszeitlicher Einflüsse (saisonale Arbeitslosigkeit). **Beispiele** – Entlassungen in der Bauwirtschaft während der Wintermonate – Arbeitsplatzabbau in der Tourismusindustrie während der Nebensaison	... verhaltensbedingter Faktoren. **Beispiele** – Arbeitsplatzverlust aufgrund eines dauerhaft unangemessenen Umgangs mit Kunden – Arbeitsplatzverlust aufgrund mangelnder Fähigkeit zur Integration in ein Arbeitsteam

1.2.4 Arbeitsmarktpolitik

Arbeitslosigkeit hat für die Betroffenen meist weitgehende negative Folgen in finanzieller und emotionaler Hinsicht.

Zur Bekämpfung der Arbeitslosigkeit nutzt der Staat aktive und passive Instrumente der Arbeitsmarktpolitik.

Aktive Arbeitsmarktpolitik	Passive Arbeitsmarktpolitik
Maßnahmen zur Verbesserung des Einsatzes der volkswirtschaftlichen Ressource Arbeitskraft	Zuwendungen zur Abmilderung der materiellen Folgen von Erwerbslosigkeit bzw. erzwungener Arbeitsreduzierung
Beispiele – Unterstützung arbeitsloser Personen bei der (Wieder-)Eingliederung in den Arbeitsmarkt durch Beratungs- und Betreuungsangebote – Maßnahmen zur Zusammenführung von arbeitssuchenden Personen und offenen Stellen – Auflegung staatlicher Beschäftigungsprogramme in wirtschaftlichen Notzeiten	**Beispiele** – Arbeitslosengeld I – Insolvenzgeld – Kurzarbeitergeld

1.2.5 Beurteilungsmaßstab für einen hohen Beschäftigungsstand

Hinter dem Stabilitätsziel „hoher Beschäftigungsstand" steht die Idealvorstellung, gesamtwirtschaftlich annähernd einen Zustand der Vollbeschäftigung zu erreichen. Diese ist gegeben, wenn der Produktionsfaktor Arbeit voll ausgelastet ist, wobei ein Teil der sogenannten „stillen Reserve" zunächst nicht beschäftigt ist und bei weiterem Bedarf als Puffer einspringen kann.

Vollbeschäftigung alleine an der Höhe der Arbeitslosenquote zu beurteilen, ist schwierig. Als das Stabilitätsgesetz 1967 in Kraft trat, war eine Arbeitslosenquote von bis zu einem Prozent durchaus realistisch. Davon sind wir inzwischen weit entfernt. Die Arbeitslosenquote in Deutschland ist mit etwa 5 bis 6 % niedriger als den meisten anderen EU-Ländern.

Vollbeschäftigung wird häufig gemessen an dem Verhältnis von gemeldeten offenen Stellen zur Anzahl der Arbeitslosen. Stimmen beide Werte in etwa überein, liegt Vollbeschäftigung vor. Zurzeit klafft bei uns hier jedoch eine große Lücke.

Beispiel

Werte für Deutschland im 3. Quartal 2020
offene Stellen: 583 000
Arbeitslosenzahl: 2 904 000 Personen

Aus gesamtwirtschaftlicher Sicht besteht demnach eine Unterbeschäftigung. Allerdings ist zu berücksichtigen, dass in bestimmten Branchen durchaus Vollbeschäftigung, ja sogar Überbeschäftigung herrscht. Dort ist der Mangel an Fachkräften so groß, dass Arbeitgeber teilweise erhebliche Schwierigkeiten haben, offene Stellen neu zu besetzen.

Beispiele

- IT-Spezialisten
- Arbeitskräfte in der Altenpflege

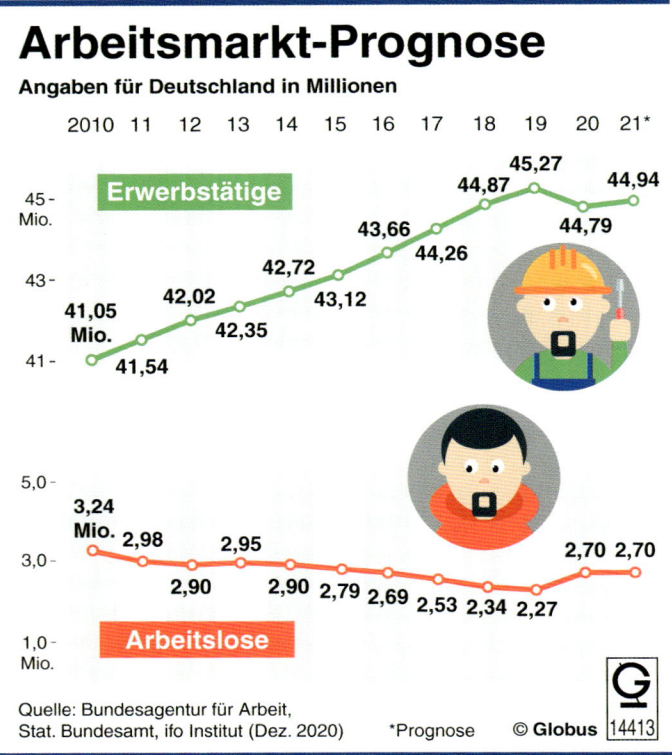

Arbeitsmarkt-Prognose

Angaben für Deutschland in Millionen

Quelle: Bundesagentur für Arbeit,
Stat. Bundesamt, ifo Institut (Dez. 2020) *Prognose © Globus 14413

1.3 Außenwirtschaftliches Gleichgewicht

1.3.1 Außenwirtschaftsverkehr

Für die Bundesrepublik Deutschland spielen außenwirtschaftliche Beziehungen eine wichtige Rolle. Etwa jeder vierte Arbeitsplatz hängt vom Export ab. Auf der anderen Seite ist die deutsche Wirtschaft auch auf hohe Importe, vor allem im Rohstoffbereich, angewiesen.

Der Außenwirtschaftsverkehr umfasst den Güter-, Dienstleistungs-, Kapital- und Zahlungsverkehr; er ist grundsätzlich frei, kann aber durch Gesetze und Rechtsverordnungen eingeschränkt werden (§ 1 Außenwirtschaftsgesetz – AWG).

Transaktionen mit dem Ausland werden in der Zahlungsbilanz nach dem Prinzip der doppelten Buchführung systematisch erfasst. Die Zahlungsbilanz ist eine in Teilbilanzen aufgegliederte Gegenüberstellung von Werteströmen zwischen im Inland ansässigen Personen bzw. Unternehmen und Personen bzw. Unternehmen, die im Ausland ansässig sind. Hauptelemente der Zahlungsbilanz sind Leistungsbilanz („Güterseite") und Kapitalbilanz („Geldseite").

Beispiele

- Ein deutscher Automobilhersteller exportiert Fahrzeuge nach China. Diese Transaktion wird bei den Exporten in der Leistungsbilanz und gleichzeitig in der Kapitalbilanz erfasst, da die Forderungen gegenüber dem Ausland steigen bzw. die Verbindlichkeiten gegenüber dem Ausland sinken.
- Ein deutscher Großhändler importiert Lebensmittel aus Frankreich. Diese Transaktion wird bei den Importen in der Leistungsbilanz und gleichzeitig in der Kapitalbilanz erfasst, da die Forderungen gegenüber dem Ausland sinken bzw. die Verbindlichkeiten gegenüber dem Ausland steigen.

▶ **Zahlungsbilanzstatistik im Eurowährungsraum**

Durch die Europäische Wirtschafts- und Währungsunion (EWWU) ist seit der Einführung des Euro als Einheitswährung der 19 beteiligten Länder ein gemeinsamer Wirtschaftsraum („Euroraum" bzw. „Eurowährungsraum") geschaffen worden. Für die EWWU wird eine Zahlungsbilanzstatistik geführt, die der Erfassung von Transaktionen mit den Nicht-EWWU-Ländern dient. Zudem erfassen die einzelnen Länder des Euroraums ihre Transaktionen mit den anderen Ländern der Europäischen Union (EU), der EWWU sowie mit den Ländern der übrigen Welt.

Beispiel

Deutscher Außenhandel 2020					
Exporte			Importe		
	in Mrd. EUR	in %		in Mrd. EUR	in %
• in andere Euro-Länder	441	37%	• aus anderen Euro-Ländern	368	36%
• in Nicht-Euro-Länder der EU	193	16%	• aus Nicht-Euro-Ländern der EU	184	18%
• in Nicht-EU-Länder	571	47%	• aus Nicht-EU-Ländern	464	46%
Gesamt	1205	100%	Gesamt	1016	100%

Außenhandel der Eurowährungsländer 2020
Die Länder des Eurowährungsraums (inkl. Deutschland) exportierten Waren im Wert von 2 196 Mrd. EUR in die Länder außerhalb des Währungsraums (USA, China, Großbritannien, Polen etc.) und bezogen von dort Waren im Wert von 1 852 Mrd. EUR.

1.3.2 Bestandteile der Leistungsbilanz

Die Leistungsbilanz enthält vier Unterbilanzen.

Warenhandel	Dienstleistungen	Primäreinkommen	Sekundäreinkommen
Erfassung von Warenausfuhren und Wareneinfuhren	Erfassung von Dienstleistungen und Rechten („unsichtbare Ausfuhren und Einfuhren")	Erfassung von Einkommen aus Arbeitstätigkeit und Kapitalanlagen	Erfassung von Leistungen, denen keine unmittelbare Gegenleistung gegenübersteht
Beispiele – Maschinen – Kraftfahrzeuge – chemische Produkte – Rohstoffe – Lebensmittel – Haushaltsgegenstände	**Beispiele** – Transportdienstleistungen – Ausgaben von Touristen und Geschäftsreisenden – Entgelte für Patente und Lizenzen – Finanzdienstleistungen	**Beispiele** – Zinsen – Dividenden – Miet-/Pachteinnahmen – Löhne/Gehälter	**Beispiele** – Beiträge zur EU – Schadensleistungen von Versicherungen – Überweisungen von im Inland erwirtschafteten Arbeitseinkommen in die Heimatländer der Arbeitnehmer – grenzüberschreitende Zahlungen von Renten bzw. Beamtenpensionen

1.3.3 Ermittlung des Saldos der Leistungsbilanz

Der Saldo der Leistungsbilanz ergibt sich aus den Werten der vier Unterbilanzen.

Fallbeispiel

Innerhalb eines bestimmten Zeitraums werden in einem Land des Euroraumes folgende außenwirtschaftliche Transaktionen erfasst:

(1) Exporte von Investitionsgütern 350 Mio. EUR
(2) Überweisungen von Kreditzinsen an das Ausland 120 Mio. EUR
(3) Ausgaben ausländischer Touristen im Inland 60 Mio. EUR
(4) Überweisung von Entgelten für Transportleistungen, die durch ausländische Unternehmen erbracht wurden 10 Mio. EUR
(5) Zahlung von Beiträgen an die EU 70 Mio. EUR
(6) Überweisungen von im Inland wohnenden ausländischen Arbeitnehmern an die Familien ihrer Heimatländer 40 Mio. EUR
(7) Importe von Konsumgütern aus EU-Ländern 110 Mio. EUR

Alle Transaktionen werden in den einzelnen Unterbilanzen der Leistungsbilanz erfasst. Transaktionen, die mit Einnahmen verbunden sind, werden mit einem Pluszeichen, Transaktionen, die zu Ausgaben führen, mit einem Minuszeichen versehen.

Warenhandel (Handelsbilanz)		Dienstleistungen (Dienstleistungs- bilanz)		Bilanz der Primäreinkommen		Bilanz der Sekundär- einkommen	
(1)	+ 350 Mio. EUR	(3)	+ 60 Mio. EUR	(2)	– 120 Mio. EUR	(5)	– 70 Mio. EUR
(7)	– 110 Mio. EUR	(4)	– 10 Mio. EUR			(6)	– 40 Mio. EUR
Saldo + 240 Mio. EUR		Saldo + 50 Mio. EUR		Saldo – 120 Mio. EUR		Saldo – 110 Mio. EUR	

Gesamtsaldo der Leistungsbilanz: + 60 Mio. EUR (Leistungsbilanzüberschuss)

Ein Leistungsbilanzüberschuss schlägt sich in der Kapitalbilanz, der „Gegenseite" des Zah-lungsbilanzsystems, als Erhöhung der Forderungen gegenüber dem Ausland nieder (Zunahme der Nettoauslandsvermögen). Ein Leistungsbilanzdefizit führt zu einer Abnahme der Netto-auslandsvermögen. Daher müsste bei den Forderungen des Bankensystems (inklusive der nationalen Zentralbank) des erfassenden Landes bei einem Leistungsbilanzüberschuss in der Kapitalbilanz ein Zuwachs und bei einem Leistungsbilanzdefizit eine Abnahme in entspre-chender Höhe zu verzeichnen sein. In der Praxis werden jedoch einige Transaktionen nicht oder nur unvollständig erfasst.

Beispiele

- nicht meldepflichtige Import- oder Exportgeschäfte
- Fehler bei der Erfassung oder Bewertung von Transaktionen

Aus diesem Grunde weist die Zahlungsbilanzstatistik eine entstehende Differenz unter der dem Kapitalbereich zugeordneten Teilbilanz „statistisch nicht aufgliederbare Transaktionen" (sogenannte „Restposten") aus.

Beispiel

Aus der Leistungsbilanz ergibt sich ein Überschuss von 60 Mio. EUR. In der Kapitalbilanz wird eine Erhöhung der Nettoauslandsvermögen von 50 Mio. EUR erfasst. Die Bilanz der „statistisch nicht aufgliederbaren Transaktionen" weist daher einen Saldo von 10 Mio. EUR als nicht erfasste Einnahmen auf.

Deutschland erzielte in den vergangenen Jahren stets einer hohen Leistungsbilanzüberschuss.

Leistungsbilanzsalden der Bundesrepublik Deutschland für das Jahr 2020
Beträge in Mio. EUR

	2019	2020
Warenhandel	216 523	189 361
Dienstleistungen	– 20 653	1 631
Primäreinkommen	111 191	92 497
Sekundäreinkommen	– 48 434	– 51 582
Leistungsbilanzsaldo	258 627	231 907

In beiden Jahren erzielte Deutschland einen Leistungsbilanzüberschuss.
Im Jahr 2020 gab es wegen der Coronapandemie folgende Besonderheiten:
- Der Außenhandel (Exporte und Importe) ging zurück.
- Aufgrund der Reiseverbote änderte sich der negative Saldo bei den Dienstleistungen von - 20 653 Mio. EUR in einen positiven Saldo von 1 631 Mio. EUR, da Urlaubsreisen ins Aus-land kaum möglich waren.

Entwicklung der Leistungsbilanz 2000 bis 2019

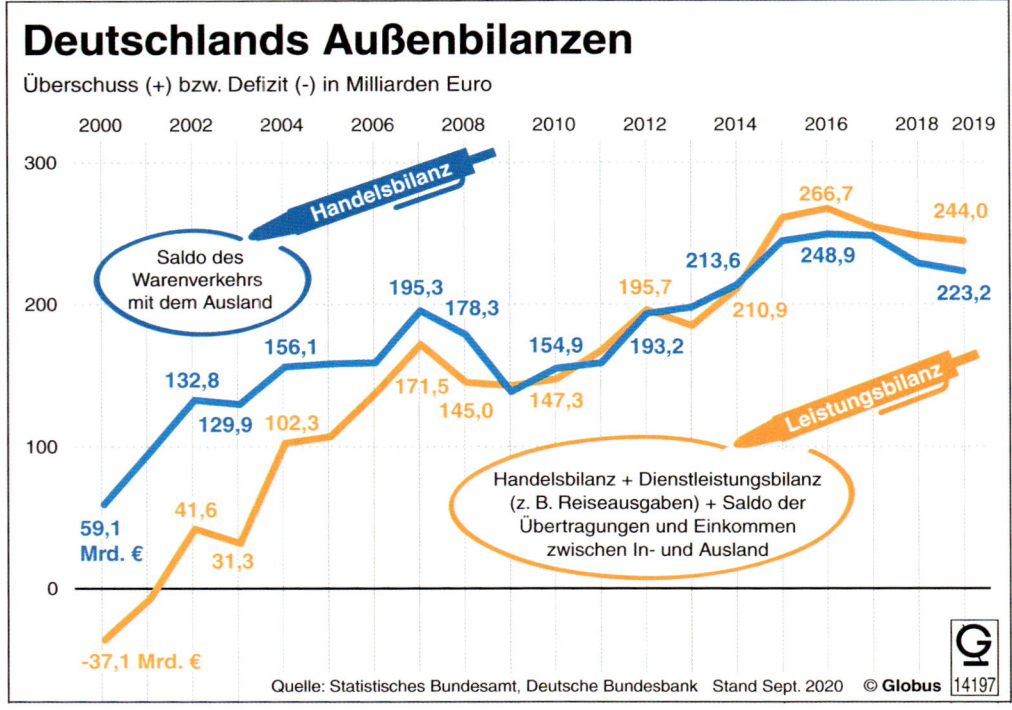

Deutschlands Außenbilanzen
Überschuss (+) bzw. Defizit (-) in Milliarden Euro

Handelsbilanz

Saldo des Warenverkehrs mit dem Ausland

Leistungsbilanz

Handelsbilanz + Dienstleistungsbilanz (z. B. Reiseausgaben) + Saldo der Übertragungen und Einkommen zwischen In- und Ausland

Quelle: Statistisches Bundesamt, Deutsche Bundesbank   Stand Sept. 2020   © Globus 14197

1.3.4 Beurteilungsmaßstab für ein außenwirtschaftliches Gleichgewicht

Ein außenwirtschaftliches Gleichgewicht liegt vor, wenn der Saldo der Leistungsbilanz mittelfristig ausgeglichen ist. Bestimmte Länder, wie beispielsweise Deutschland oder China, weisen jedoch regelmäßig Leistungsbilanzüberschüsse auf, während andere Länder, wie die USA oder Großbritannien, regelmäßige Leistungsbilanzdefizite verzeichnen. Daher wird das Ziel eines außenwirtschaftlichen Gleichgewichts meist ins Verhältnis zur Wirtschaftskraft (Bruttoinlandsprodukt) eines Landes gesetzt. Bei den EU-Mitgliedsstaaten geht die **EU-Kommission** von einem außenwirtschaftlichen Gleichgewicht aus, wenn der **Leistungsbilanzüberschuss** bzw. das **Leistungsbilanzdefizit** eines EU-Landes innerhalb von **drei Jahren** den Schwellenwert von **6 %** des Bruttoinlandsproduktes dieses Landes **nicht überschreitet**. Die **Bundesregierung** definiert außenwirtschaftliches Gleichgewicht für die Bundesrepublik Deutschland als prozentualen Anteil des **Außenbeitrags** (Exporte abzüglich Importe) am Bruttoinlandsprodukt bei einer Zielgröße von **ca. 1 %**.

1.4 Angemessenes und stetiges Wirtschaftswachstum

1.4.1 Wirtschaftskreislauf und Inlandsprodukt

Der **Wirtschaftskreislauf** und die **volkswirtschaftliche Gesamtrechnung** ermöglichen es, ökonomische Aktivitäten der einzelnen Sektoren darzustellen und die wirtschaftliche Leistungsfähigkeit und Entwicklung einer Volkswirtschaft zu beurteilen.

▶ Das Modell des Wirtschaftskreislaufs

Der Wirtschaftskreislauf ist ein **volkswirtschaftliches Modell**, in dem die wesentlichen Tauschvorgänge zwischen den verschiedenen Wirtschaftssubjekten als Geld- und Güter-ströme dargestellt werden. Die Wirtschaftssubjekte werden in Sektoren unterteilt:

- Private Haushalte
- Unternehmen
- Staat (öffentliche Haushalte)
- Kreditinstitute
- Ausland

Je nach Anzahl der in einen Wirtschaftskreislauf einbezogenen Sektoren ergeben sich ver-schiedene Stufen. Beim **einfachen Wirtschaftskreislauf** werden nur die Beziehungen zwi-schen privaten Haushalten und Unternehmen dargestellt.

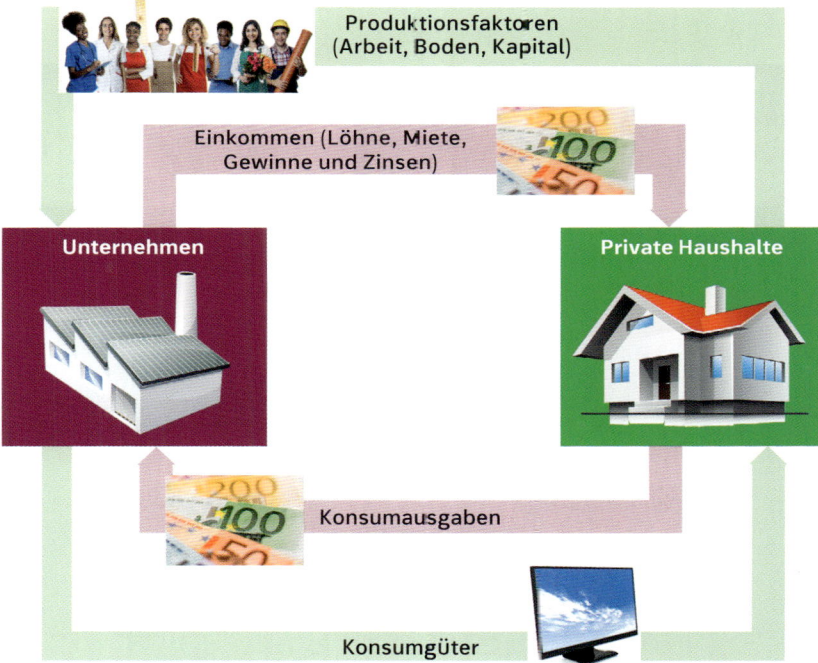

Die Haushalte stellen den Unternehmen Produktionsfaktoren (Arbeit, Boden, Kapital) zur Ver-fügung und erhalten im Gegenzug Einkommen (Geldstrom). Die Einkommen verwenden sie für Konsumausgaben (Geldstrom) und erhalten Konsumgüter (Güterstrom). Es entsteht zwischen den Beteiligten ein Kreislauf von Produktionsfaktoren und Gütern und ein gegenläufiger Kreis-lauf von Geld.

In dieser einfachen Form werden jedoch viele Transaktionen nicht berücksichtigt: Es entfallen beispielsweise Aufwendungen für die Anschaffung von Investitionsgütern (z. B. Produktions-maschinen) bzw. Kreditbereitstellungen zur Finanzierung dieser Anschaffungen. Außerdem wird der Staat als Wirtschaftssektor nicht einbezogen, und auch die – gerade in Zeiten der Globalisierung – sehr hohe Bedeutung der Beziehungen einer Volkswirtschaft zum Ausland findet keine Berücksichtigung. Der **erweiterte Wirtschaftskreislauf** bildet alle Sektoren ab und enthält auch Transaktionen im Zusammenhang mit dem Staatshaushalt (Budget), die Geschäftstätigkeit der Kreditinstitute (Hereinnahme von Kundengeldern und Kreditvergabe) sowie Transaktionen mit dem Ausland.

Den Modellcharakter bei dieser Darstellung erkennt man daran, dass Geld- und Güterströme sich jeweils ausgleichen. Das „System" kann im nächsten Jahr mit der Produktion und dem Konsum neuer Güter wieder starten. Dies entspricht jedoch nicht der Realität. Das Modell geht von Annahmen aus, die aufgrund des dynamischen, von unzähligen Einzelentscheidungen abhängigen Wirtschaftsgeschehens in der Praxis nicht erfüllt werden.

Beispiele

- Die privaten Haushalte sparen nicht genau so viel, wie die Unternehmen für ihre Investitionen benötigen.
- Die Unternehmen produzieren nicht genau so viele Konsumgüter, wie die privaten Haushalte kaufen wollen und können.

- Der Haushalt des Staates ist nicht ausgeglichen.
- Die Leistungsbilanz- und Kapitalverkehrsbeziehungen mit dem Ausland sind nicht ausgeglichen.

▶ Inlandsprodukt

Im Gegensatz zum Wirtschaftskreislauf ist die Volkswirtschaftliche Gesamtrechnung (VGR), aus der das Inlandsprodukt hervorgeht, kein Modell, sondern ein umfangreiches System zur Erfassung ökonomischer Aktivitäten in einer Volkswirtschaft. Die VGR gibt Aufschluss über die Entstehung, Verwendung und Verteilung des Inlandsprodukts.

Definition

Das **Inlandsprodukt** ist der Gesamtwert aller Sachgüter und Dienstleistungen, die während eines Jahres innerhalb der geografischen Grenzen einer Volkswirtschaft produziert werden.

Bildlich gesehen kann man sich das Inlandsprodukt als einen riesigen Berg von Gütern vorstellen, der all das umfasst, was in der Volkswirtschaft während eines Jahres hervorgebracht worden ist, einerlei, ob es sich um Sachgüter *(z. B. Autos)* oder Dienstleistungen *(z. B. Kinobesuche)* handelt.

Die Menge der verfügbaren Produktionsfaktoren und der Wirkungsgrad ihres Einsatzes bestimmen das mögliche Ausmaß des Inlandsprodukts einer Volkswirtschaft.

Bei der Ermittlung des Inlandsproduktes werden die Güter mit ihren Herstellungskosten zuzüglich des Saldos aus Gütersteuern (z. B. Mineralölsteuer) und Gütersubventionen bewertet.

Beispiel

Der Unterricht in der Schule stellt einen Beitrag des Staates zum Inlandsprodukt dar. Die Gehälter der Lehrerinnen und Lehrer stellen die „Herstellungskosten" des Unterrichts dar.

Nicht erfasst im Inlandsprodukt sind Produktionsleistungen, die unentgeltlich in den privaten Haushalten erbracht werden.

Beispiel

- Do-it-yourself-Heimwerkerarbeiten
- Obst- und Gemüseanbau im eigenen Garten
- Dienstleistungen, die unentgeltlich innerhalb der privaten Haushalte von Familienangehörigen erbracht werden (kochen, putzen, waschen).

Man spricht hier von legaler Schattenwirtschaft.

Auf der anderen Seite existiert auch eine **illegale Schattenwirtschaft**.

Beispiele

- Schwarzarbeit
- Drogenhandel
- Tabakschmuggel

Die Leistungen der illegalen Schattenwirtschaft werden bei der Ermittlung des Inlandsprodukts durch Schätzwerte berücksichtigt.

1.4.2 Wertschöpfung der Unternehmen

Zur Ermittlung der Höhe des Inlandsprodukts werden die einzelnen Produktionsleistungen am Ort ihrer Entstehung erfasst.

Beispiel

Ein forstwirtschaftliches Unternehmen verkauft Holz zum Preis von 10000,00 EUR an ein Sägewerk.
Das Sägewerk schneidet das Holz zu Brettern und verkauft es zum Preis von 16000,00 EUR an eine Möbelfabrik.
Die Möbelfabrik verarbeitet die Bretter zu Naturholzmöbeln und verkauft diese zum Preis von 25000,00 EUR an eine Möbelhandlung.
Die Möbelhandlung verkauft die gelieferten Erzeugnisse als Bio-Möbel nach und nach zum Preis von 32000,00 EUR an die Endverbraucher.

Die beteiligten Unternehmen haben jeweils einen unterschiedlichen Beitrag zur Herstellung des Endproduktes geleistet:

	Produktionswert	Vorleistungen	Bruttowertschöpfung
Forstbetrieb	10000,00 EUR	–	10000,00 EUR
Sägewerk	16000,00 EUR	10000,00 EUR	6000,00 EUR
Möbelfabrik	25000,00 EUR	16000,00 EUR	9000,00 EUR
Möbelhandlung	32000,00 EUR	25000,00 EUR	7000,00 EUR
	83000,00 EUR	**51000,00 EUR**	**32000,00 EUR**

Die Bruttowertschöpfung der Unternehmung ist die Differenz zwischen dem Produktionswert und den Vorleistungen.

Die **Bruttowertschöpfung** ist bewertet zu **Herstellungspreisen**, das heißt ohne die auf die Güter zu zahlenden Steuern (Gütersteuern), aber einschließlich der empfangenen Gütersubventionen.

Definition

Die **Wertschöpfung** in der Unternehmung geschieht durch die **Kombination der Produktionsfaktoren Arbeit, Boden und Kapital**.

Die Besitzer der Produktionsfaktoren, also die Arbeitnehmer, Kapitalanleger, Grundstücksbesitzer und Unternehmer erhalten für ihre Leistungen ein Entgelt in Form von Löhnen und

Gehältern, Zinsen, Mieten, Pachten, Gewinnausschüttungen. Diese Zahlungen stellen das Einkommen der privaten Haushalte dar.

Aufgrund des Produktionsprozesses nutzen sich die in der Unternehmung eingesetzten Produktionsanlagen und -mittel ab, sodass sie nach Ablauf ihrer Nutzungsdauer wieder erneuert werden müssen. Die entstandenen Wertminderungen des Sachkapitals stellen Aufwendungen dar und werden als Abschreibungen erfasst. Die Abschreibungsbeträge sind in die Verkaufspreise einkalkuliert und fließen damit beim Verkauf der Produkte in die Unternehmung zurück. Diese „verdienten" Abschreibungsgegenwerte kann das Unternehmen zur Finanzierung von Ersatzinvestitionen nutzen.

Die **Nettowertschöpfung** ist somit identisch mit den Einkommen, die den privaten Haushalten zufließen.

Produktionswert (Verkaufserlöse)		
Vorleistungen	Bruttowertschöpfung	
	Abschreibungen (Wertminderungen der Produktionsanlagen)	Nettowertschöpfung

Beispiel

Die Möbelfabrik aus dem vorherigen Beispiel hat an die Mitarbeiter Gehälter in Höhe von 5 500,00 EUR, an die Kreditgeber Zinsen in Höhe von 500,00 EUR und an die Eigentümer des Firmengrundstücks Miete in Höhe von 1 000,00 EUR zu zahlen. Die Abschreibungen für die eingesetzten Maschinen und Geräte betragen 800,00 EUR.

Wertschöpfungsrechnung			
Vorleistungen	16 000,00 EUR		
Abschreibungen	800,00 EUR		
Nettowertschöpfung	8 200,00 EUR	Verkaufserlöse	25 000,00 EUR
Gehälter 5 500,00 EUR			
Zinsen 500,00 EUR			
Miete 1 000,00 EUR			
Gewinn 1 200,00 EUR			

1.4.3 Entstehungsrechnung

In der Entstehungsrechnung wird der **Wertschöpfungsanteil** der einzelnen Wirtschaftsbereiche am gesamtwirtschaftlichen Ergebnis eines Jahres ausgewiesen. Die Statistik unterscheidet dabei folgende Bereiche:

- Land- und Forstwirtschaft, Fischerei
- produzierendes Gewerbe ohne Baugewerbe
- Baugewerbe
- Handel, Verkehr, Gastgewerbe
- Information und Kommunikation
- Finanz- und Versicherungsdienstleister

- Grundstücks- und Wohnungswesen
- Unternehmensdienstleister
- öffentliche Dienstleister, Erziehung, Gesundheit
- sonstige Dienstleister

In der **Summe** der Beiträge dieser Bereiche ergibt die **Bruttowertschöpfung** der Gesamtwirtschaft.

Aus der Entwicklung der jeweiligen Anteile einzelner Wertschöpfungsbereiche an der gesamten Bruttowertschöpfung wird der **Strukturwandel** in der Volkswirtschaft deutlich.

Beispiel

Im Jahr 1950 arbeiteten 24,6 % der Beschäftigten in der Land- und Forstwirtschaft sowie in der Fischereiindustrie („primärer Sektor"). 2019 betrug der Anteil gerade noch 1,3 %. Auf der anderen Seite stieg der Anteil der Beschäftigten im Dienstleistungssektor von 32,5 % auf 75,5 %.

1.4.4 Verwendungsrechnung

In der Verwendungsrechnung ist dargestellt, wofür das Inlandsprodukt verwendet wurde:

- Konsumausgaben (inländische Verwendung in privaten und staatlichen Haushalten)
- Bruttoinvestitionen (inländische Verwendung in Unternehmen)
- Außenbeitrag (Saldo von Ex- und Importen)

Konsumausgaben	
Private Konsumausgaben	Staatliche Konsumausgaben
Beispiele – Lebensmitteleinkauf eines Haushalts – Anschaffung von Haushaltsgeräten durch eine Familie	**Beispiele** – Kauf von Büromaterial durch eine Behörde – Gehaltszahlungen an Angestellte und Beamte im öffentlichen Dienst

Bruttoinvestitionen			
Ausrüstungs-investitionen	Bau-investitionen	Sonstige Anlagen	Vorratsveränderungen Differenz zwischen den Lagerbeständen am 01.01. und am 31.12. eines Jahres
Beispiele – Kauf von Maschinen – Anschaffung von Firmenfahrzeugen	**Beispiele** – Errichtung von Gebäuden – Straßenbau	**Beispiele** – Ausgaben für Software – Ausgaben für Urheberrechte	**Beispiele** 1. Lagerbestände – am 01.01.2020: 190 Mrd. EUR – am 31.12.2020: 184 Mrd. EUR → Die Lagerbestände haben sich um 6 Mrd. EUR verringert (Vorratsveränderungen: –6 Mrd. EUR) 2. Lagerbestände – am 01.01.2021: 184 Mrd. EUR – am 31.12.2021: 195 Mrd. EUR → Die Lagerbestände haben sich um 11 Mrd. EUR erhöht (Vorratsveränderungen: + 11 Mrd. EUR)
Bruttoanlageinvestitionen			

Außenbeitrag

Exporte von Waren und Dienstleistungen abzüglich Importe von Waren und Dienstleistungen

Das Ergebnis der Verwendungsrechnung ist das **Bruttoinlandsprodukt**. Es unterscheidet sich von der in der Entstehungsrechnung ausgewiesenen Bruttowertschöpfung der Unternehmen, da im Bruttoinlandsprodukt Gütersteuern (Zölle, indirekte Steuern) abzüglich der Güter-subventionen enthalten sind.

Merksatz

Bruttowertschöpfung = Wertschöpfung zu Herstellungspreisen (ohne Gütersteuern wie z. B. Umsatzsteuer und Mineralölsteuer, aber einschließlich Subventionen)
Bruttoinlandsprodukt = Wertschöpfung zu Marktpreisen (einschließlich Gütersteuern, aber ohne Subventionen)

Beispiel

Bruttowertschöpfung 2020: 3 013,9 Mrd. EUR
Bruttoinlandsprodukt 2020: 3 332,2 Mrd. EUR
Differenz: 318,3 Mrd. EUR (= Gütersteuern – Gütersubventionen)

1.4.5 Verteilungsrechnung

Bei der Verteilungsrechnung geht es ausgehend vom Bruttoinlandsprodukt um die **Verteilung der Einkommen**, die durch die Güterproduktion und -bereitstellung entstehen.

▶ **Berücksichtigung der Primäreinkommen an die übrige Welt**

Das Bruttoinlandsprodukt (BIP) schließt nur die innerhalb des eigenen Wirtschaftsraumes erwirtschafteten Leistungen ein. Dabei spielt es keine Rolle, ob diese von Inländern oder Aus-ländern erzielt wurden.

Beispiele

- Ausländische Arbeitnehmer sind als Grenzgänger bei deutschen Unternehmen be-schäftigt. Die von diesen Arbeitnehmern erzielten Einkommen sind im deutschen Brut-toinlandsprodukt enthalten.
- Auch das Gehalt eines Profi-Fußballspielers, der seinen Wohnsitz in Belgien hat, aber bei einem deutschen Bundesligaverein spielt, ist im deutschen Bruttoinlandsprodukt enthalten.

Definition

Das **Bruttoinlandsprodukt (BIP)** umfasst die während eines Jahres im Inland (z. B. Deutschland) von Inländern **und** Ausländern erwirtschafteten Wertschöpfungen.

Nach dem Wohnort- oder Produktionsortprinzip gelten alle Wirtschaftssubjekte als Inländer, die ihren ständigen Sitz in Deutschland haben, also auch die hier lebenden Arbeitnehmer fremder Nationalitäten und hier ansässigen Tochtergesellschaften ausländischer Unternehmen.

Bruttonationaleinkommen

Wenn man jedoch das Volumen der nur von den Inländern erwirtschafteten Wertschöpfungen ermitteln möchte, muss man zum Bruttoinlandsprodukt den Saldo der Primäreinkommen aus der übrigen Welt addieren.

Primäreinkommen der Inländer aus der übrigen Welt
− Primäreinkommen der Ausländer aus dem Inland

= **Saldo der Primäreinkommen Inland (Primäreinkommen an die übrige Welt)**

Definition

Das **Bruttonationaleinkommen (BNE)** umfasst die wirtschaftlichen Leistungen aller **Inländer**, unabhängig davon, ob diese im Inland oder Ausland erzielt werden.

Beispiele

- Die Zinseinkünfte, die ein deutscher Kapitalanleger aufgrund einer Kapitalanlage im Ausland erzielt, sind Vermögenseinkommen aus dem Ausland und im deutschen Bruttonationaleinkommen enthalten.
- Das Preisgeld jedoch, das ein ausländischer Tennisstar bei einem Tennisturnier in Deutschland gewinnt, ist nicht im deutschen Bruttonationaleinkommen enthalten.

▶ Berücksichtigung der Abschreibungen

Im Bruttonationaleinkommen sind auch die Produktionsleistungen enthalten, die zur Erhaltung des in der Volkswirtschaft vorhandenen Sachkapitals notwendig sind.

Die hierzu erforderlichen Geldmittel entsprechen den Abschreibungen. Somit sind die Abschreibungen wertgemäß identisch mit den Ersatzinvestitionen.

Ohne Ersatzinvestitionen würde die Leistungsfähigkeit der Volkswirtschaft ständig abnehmen.

Abschreibungen	≙	Ersatzinvestitionen

Während also das Bruttonationaleinkommen die gesamte Produktionsleistung der Inländer einschließlich der Ersatzinvestitionen erfasst, stellt das Nettonationaleinkommen nur die neu geschaffene Produktionsleistung dar, klammert also die durch die Abschreibungen erfassten Wertminderungen des vorhandenen Sachkapitals aus.

Bruttonationaleinkommen
− Abschreibungen

= **Nettonationaleinkommen (Primäreinkommen)**

▶ **Berücksichtigung des Saldos von Produktions- und Importabgaben und Subventionen**

Das **Volkseinkommen** ist die Summe der Arbeitnehmerentgelte sowie der Unternehmens- und Vermögenseinkommen, die Inländern zugeflossen sind. Es entspricht dem Wert der von Inländern produzierten Güter, bewertet zu Entstehungskosten.

Der Unterschied zwischen dem Volkseinkommen und dem Nettonationaleinkommen ist zunächst dadurch begründet, dass der Staat den Verbrauch bestimmter Güter und den Verkauf von Waren und Dienstleistungen mit Produktions- und Importabgaben belastet.

Diese sind im Verkaufspreis enthalten und werden damit auf den Verbraucher abgewälzt.

Beispiele

- Mineralölsteuer
- Tabaksteuer
- Branntweinsteuer

Die Produktions- und Importabgaben machen ein Produkt also teurer, als es gemessen an seinen Entstehungskosten eigentlich ist.

Auf der anderen Seite gewährt der Staat manchen Unternehmen **Subventionen**. Dies führt dazu, dass die von diesen Unternehmen erzeugten Produkte billiger angeboten werden können, als sie es von ihren Entstehungskosten eigentlich sind.

	Nettonationaleinkommen
−	Produktions- und Importabgaben
+	Subventionen
=	**Volkseinkommen**

Die Kosten für die Beschaffung der zur Produktion benötigten Produktionsfaktoren sind aus der Sicht der Empfängerseite, also der privaten Haushalte, Einkommenszahlungen.

Definition

Das **Volkseinkommen** ist die Summe aller von den Inländern während eines Jahres erzielten Faktoreinkommen.

Bruttonationaleinkommen	Abschreibungen	
	Nettonationaleinkommen	− Produktions- und Importabgaben + Subventionen
		= Volkseinkommen

▶ **Lohn- und Gewinnquote**

Beim Volkseinkommen wird aus Vereinfachungsgründen nur zwischen zwei Einkommensquellen unterschieden.

- Das **Arbeitnehmerentgelt** ist die Summe aller Arbeitnehmereinkommen; es beinhaltet die Bruttolöhne und -gehälter zuzüglich der *Lohnnebenkosten* in Form von Arbeitgeberbeiträgen zur Sozialversicherung und weiterer Sozialaufwendungen der Arbeitgeber.

- Das **Unternehmens- und Vermögenseinkommen** ist die Summe aller übrigen Faktoreinkommen:
  - Gewinne der Unternehmen
  - Zinsen und sonstige Kapitaleinkünfte
  - Mieten und Pachten

Die **Lohnquote** drückt den relativen Anteil der Arbeitnehmereinkommen am Volkseinkommen aus. Ziel der gewerkschaftlichen Tarifpolitik ist es u. a., die Lohnquote zu erhöhen.

$$\text{Lohnquote} = \frac{\text{Arbeitnehmerentgelt}}{\text{Volkseinkommen}} \cdot 100$$

Die Lohnquote gibt keine Auskunft über die Höhe der Einkommen, die insgesamt von den Arbeitnehmerhaushalten erzielt werden, da in ihr weder die Transferleistungen des Staates noch die Nebeneinkünfte der Arbeitnehmerhaushalte *(z. B. Einkünfte aus Kapitalvermögen)* berücksichtigt sind.

Beispiel

Das Monatsgehalt der Bankangestellten Monika Gerz beträgt 2 500,00 EUR. Sie hat eine Eigentumswohnung geerbt und für 1 200,00 EUR pro Monat vermietet. Sie besitzt ein Wertpapiervermögen im Gesamtwert von 60 000,00 EUR, das zu 6 % Zinsen p. a. angelegt ist und jährlich 3 600,00 EUR an Kapitaleinkünften erwirtschaftet. Sie erzielt somit ein durchschnittliches Gesamteinkommen in Höhe von 4 000,00 EUR pro Monat.

Die Lohnquote gibt auch keine Auskunft über die Gerechtigkeit der Einkommensverteilung innerhalb der Volkswirtschaft, da in ihr keine Einkommensunterschiede berücksichtigt werden.

Beispiel

Das Jahresgehalt eines Top-Profifußballspielers in Höhe von 4 000 000,00 EUR wird ebenso in der Lohnquote erfasst wie das Monatsgehalt einer Verkäuferin in Höhe von 2 000,00 EUR.

Bezieht man das Unternehmens- und Vermögenseinkommen auf das Volkseinkommen, so erhält man die **Gewinnquote**.

$$\text{Gewinnquote} = \frac{\text{Unternehmens- und Vermögenseinkommen}}{\text{Volkseinkommen}} \cdot 100$$

Lohnquote und Gewinnquote addieren sich immer zu 100 %. Sinkt die Lohnquote also zum Beispiel um 2 Prozentpunkte, steigt die Gewinnquote entsprechend. Umgekehrt führt beispielsweise eine Steigerung der Lohnquote um 3 Prozentpunkte automatisch zu einer entsprechend hohen Abnahme der Gewinnquote.

Beispiel

Im Jahr 2020 betrug das deutsche Volkseinkommen 2 492,7 Mrd. EUR und setzte sich zusammen aus

Arbeitnehmerentgelt in Höhe von 1 841,4 Mrd. EUR und
Unternehmens- und Vermögenseinkommen von 651,3 Mrd. EUR.

Daraus ergeben sich folgende Werte für die Lohn- und Gewinnquote:

→ Lohnquote: $\frac{1\,841,4}{2\,492,7} \cdot 100 = \underline{73,9\,\%}$

→ Gewinnquote: $\frac{651,3}{2\,492,7} \cdot 100 = \underline{26,1\,\%}$

Übersicht: Entstehungs-, Verteilungs- und Verwendungsrechnung des Bruttoinlandsprodukts 2020 (Werte in Mrd. EUR)

Entstehung		=	Verwendung		=	Verteilung	
Bruttowert-schöpfung	3 013,9		Konsum-ausgaben	2 460,1		Volkseinkommen	2 492,7
Land- und Forstwirtschaft, Fischerei	22,1		Private Konsumausgaben	1 709,3		Arbeitnehmer-entgelt	1 841,4
Produzierendes Gewerbe ohne Baugewerbe	690,3		Konsumausgaben des Staates	750,8		Unternehmens- und Vermögens-einkommen	651,3
Baugewerbe	182,5						
Handel, Verkehr, Gastgewerbe	473,9		+			+	
Information und Kommunikation	155,4					Produktions- und Importabgaben an den Staat abzüglich Subventionen vom Staat	276,7
Finanz- und Versicherungs-dienstleister	116,9		Brutto-investitionen	678,1			
Grundstücks- und Wohnungswesen	334,4		Bruttoanlage-investitionen	735,5			
Unternehmens-dienstleister	337,6		Vorrats-veränderungen	– 57,4		+	
Öffentliche Dienstleister, Erziehung, Gesundheit	591,7					Abschreibungen	657,8
Sonstige Dienstleister	109,2		+			–	
+			Außenbeitrag	194,0		Saldo der Primär-einkommen aus der übrigen Welt	94,9
Gütersteuern abzüglich Gütersubventionen	318,3		Exporte	1 460,1			
			– Importe	1 266,1			

Bruttoinlandsprodukt 3 332,2

Quelle: Statistisches Bundesamt (Destatis): Volkswirtschaftliche Gesamtrechnungen. Wichtige Zusammenhänge im Überblick 2020, Wiesbaden, 01.03.2021, S. 9. In: https://www.destatis.de/DE/Themen/Wirtschaft/Volkswirtschaftliche-Gesamtrechnungen-Inlandsprodukt/Publikationen/Downloads-Inlandsprodukt/zusammenhaenge-pdf-0310100.pdf;jsessionid=C95CE685B7224E29625B705F30CB867F.live721?__blob=publicationFile (12.04.2021)

1.4.6 Verfügbares Einkommen der privaten Haushalte

Das Volkseinkommen ist nicht identisch mit dem Einkommen, das den privaten Haushalten tatsächlich zur Verfügung steht.

Der Staat entzieht vielmehr den privaten Haushalten Einkommensteile in Form von direkten Steuern und Sozialabgaben.

Ein Teil dieser öffentlichen Einnahmen dient der Finanzierung öffentlicher Aufgaben, ein anderer Teil fließt jedoch an die privaten Haushalte in Form von Transferzahlungen zurück.

Beispiele

Renten, Pensionen, Kindergeld, Wohngeld, BAföG-Zahlungen

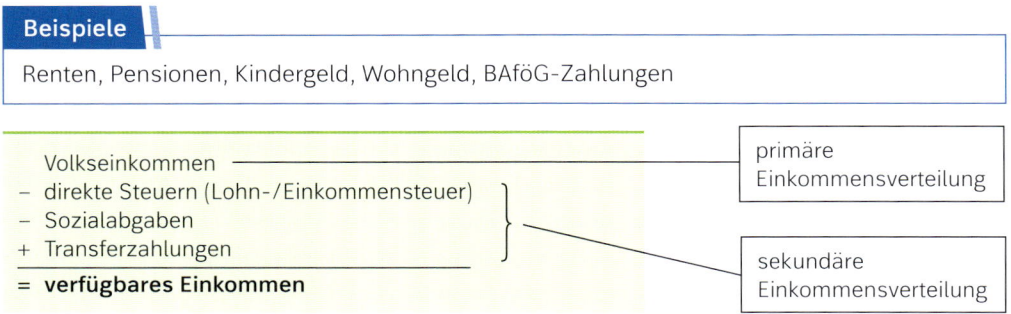

▶ **Sparquote und Konsumquote**

Das Verhältnis von privatem Verbrauch und privater Ersparnis zum verfügbaren Einkommen wird als Sparquote bzw. Konsumquote bezeichnet. Spar- und Konsumquote addieren sich, ebenso wie Lohn- und Gewinnquote, zu 100 %.

Beispiel

Die verfügbaren Einkommen der privaten Haushalte im Jahr 2020 betrugen 2040,4 Mrd. EUR; die Ersparnis lag bei 331,1 Mrd. EUR. Daraus ergaben sich folgende Werte:

- Sparquote: $\dfrac{331,1}{2040,4} \cdot 100 = \underline{16,2\,\%}$

- Konsumquote: $100,0 - 16,2 = \underline{83,8\,\%}$

Die Sparquote stieg 2020 sehr stark an und lag mehr als 5 Prozentpunkte über dem Wert des Vorjahres, da aufgrund der Coronapandemie und der damit verbundenen Einschränkungen des öffentlichen Lebens zahlreiche Konsumausgaben (z. B. Restaurant-, Kino-, Theaterbesuche, Urlaubsreisen) entfielen oder stark reduziert wurden.

1.4.7 Übersicht: Vom Bruttoinlandsprodukt zum verfügbaren Einkommen der privaten Haushalte

Vom Bruttoinlandsprodukt zum verfügbaren Volkseinkommen
Bruttoinlandsprodukt
+   Primäreinkommen der Inländer aus der übrigen Welt –   Primäreinkommen der Ausländer aus dem Inland
=   **Bruttonationaleinkommen**

Vom Bruttoinlandsprodukt zum verfügbaren Volkseinkommen
– Abschreibungen
= **Nettonationaleinkommen (Primäreinkommen)**
– Produktions- und Importabgaben
+ Subventionen an Unternehmen
= **Volkseinkommen** *setzt sich zusammen aus:* – Arbeitnehmerentgelt – Unternehmens- und Vermögenseinkommen
– direkte Steuern der privaten Haushalte
– Sozialabgaben
+ Transferzahlungen an private Haushalte
= **verfügbares Einkommen der privaten Haushalte** *wird verwendet für:* – privater Verbrauch – private Ersparnis

1.4.8 Reales und nominales Wachstum

Die Höhe und die Entwicklung des Bruttoinlandsprodukts kann in **nominalen** und **realen** sowie in **absoluten** und **relativen** Werten dargestellt werden.

Nominales BIP: Die einzelnen Positionen sind in den jeweiligen, also den aktuellen Preisen ausgedrückt. Die Veränderungen im Zeitablauf können somit auf Veränderungen der tatsächlichen Menge der erzeugten Güter und Dienstleistungen und auf Veränderungen der Preise zurückzuführen sein.

Reales BIP: Hierbei werden die Preissteigerungen teilweise herausgerechnet. Die einzelnen Positionen werden als Indexwerte (zurzeit auf der Basis des Jahres 2015) ausgewiesen.

Beispiel

	Jahr 1 (Referenzjahr)	Jahr 2	Jahr 3
nominale Entwicklung des BIP (Mrd. €)	2 100	2 150	2 210
nominales Wachstum (Vorjahresvergleich)	–	$\frac{2\,150 - 2\,100}{2\,100} \cdot 100$ $= 2,4\,\%$	$\frac{2\,210 - 2\,150}{2\,150} \cdot 100$ $= 2,8\,\%$
nominales Wachstum gegenüber dem Referenzjahr	–	$\frac{2\,150 - 2\,100}{2\,100} \cdot 100$ $= 2,4\,\%$	$\frac{2\,210 - 2\,100}{2\,100} \cdot 100$ $= 5,2\,\%$
reale Entwicklung des BIP (Indexpunkte)	100	101,2	102,9
reales Wachstum (Vorjahresvergleich)	–	$\frac{101,2 - 100}{100} \cdot 100$ $= 1,2\,\%$	$\frac{102,9 - 101,2}{101,2} \cdot 100$ $= 1,7\,\%$

	Jahr 1 (Referenzjahr)	Jahr 2	Jahr 3
reales Wachstum gegenüber dem Referenzjahr	–	$\dfrac{101,2 - 100}{100} \cdot 100$ $= 1,2\,\%$	$\dfrac{102,9 - 100}{100} \cdot 100$ $= 2,9\,\%$

Entwicklung des nominalen und realen Bruttoinlandsprodukts 2018 bis 2020

Position	2018	2019	2020
	Index 2015 = 100		
Preisbereinigt, verkettet			
I. Entstehung des Inlandsprodukts			
Produzierendes Gewerbe (ohne Baugewerbe)	109,3	105,4	95,1
Baugewerbe	103,7	107,3	110,3
Handel, Verkehr, Gastgewerbe	107,5	109,7	103,0
Information und Kommunikation	115,8	120,2	119,1
Erbringung von Finanz- und Versicherungsdienstleistungen	97,1	99,1	98,9
Grundstücks- und Wohnungswesen	100,8	101,8	101,3
Unternehmensdienstleister	109,8	110,8	101,9
Öffentliche Dienstleister, Erziehung und Gesundheit	105,7	107,4	104,2
Sonstige Dienstleister	101,0	102,1	90,5
Bruttowertschöpfung	106,4	106,9	101,3
Bruttoinlandsprodukt	106,2	106,8	101,6
II. Verwendung des Inlandprodukts			
Private Konsumausgaben	105,6	107,2	100,7
Konsumausgaben des Staates	107,0	109,9	113,5
Ausrüstungen	112,1	112,7	99,0
Bauten	107,4	111,5	113,5
Sonstige Anlagen	114,2	117,3	116,0
Vorratsveränderungen	...	...	...
Inländische Verwendung	107,7	109,0	104,4
Außenbeitrag	...	...	...
Exporte	109,8	110,8	100,5
Importe	114,1	117,0	107,1
Bruttoinlandsprodukt	106,2	106,8	101,6
In jeweiligen Preisen (Mrd EUR)			
III. Verwendung des Inlandprodukts			
Private Konsumausgaben	1 755,4	1 806,9	1 709,3
Konsumausgaben des Staates	670,3	704,5	750,8
Ausrüstungen	235,6	240,1	213,9
Bauten	344,9	373,7	387,0
Sonstige Anlagen	128,8	134,2	134,6
Vorratsveränderungen	15,0	– 10,3	– 57,4
Inländische Verwendung	3 150,0	3 249,1	3 138,3
Außenbeitrag	206,4	199,9	194,0
Exporte	1 590,0	1 617,4	1 460,1
Importe	1 383,6	1 417,4	1266,1
Bruttoinlandsprodukt	3 356,4	3 449,1	3 332,2

Das reale Bruttoinlandsprodukt wird unter der Bezeichnung „preisbereinigt, verkettet" ausgewiesen, das nominale „in jeweiligen Preisen".

2020 lag das reale Bruttoinlandsprodukt gegenüber dem Jahr 2015 (Index 100) aufgrund des wirtschaftlichen Einbruchs durch die Corona-Pandemie lediglich um 1,6 % höher (Indexstand 101,6).

Gegenüber 2019 sank es um $\dfrac{101,6 - 106,8}{106,8} \cdot 100 = -4,9\,\%$

Bei der Betrachtung des nominalen Wachstums ergab sich im Jahr 2020 gegenüber dem Vorjahr ein Rückgang um 3,4 %:

$\dfrac{3\,332,2 - 3\,449,1}{3\,449,1} \cdot 100 = -3,4\,\%$

Dieser Rückgang ist geringer als der reale Rückgang, was auf Preissenkungen der im Bruttoinlandsprodukt erfassten Güter und Dienstleistungen im Jahr 2020 zurückzuführen ist.

Position	2018	2019	2020
	Index 2015 = 100		
IV. Preise (2015 = 100)			
Privater Konsum	103,7	105,1	105,9
Bruttoinlandsprodukt	104,4	106,7	108,4
Terms of Trade	100,1	100,9	103,0
V. Verteilung des Volkseinkommens			
Arbeitnehmerentgelt	1771,8	1845,9	1841,4
Unternehmens- und Vermögens-einkommen	738,3	718,2	651,3
Volkseinkommen	2510,1	2564,1	2492,7
Nachr.: Bruttonationaleinkommen	3447,4	3542,8	3427,1

Quelle: Deutsche Bundesbank: Monatsbericht März 2021, 73. Jahrgang Nr. 3, Frankfurt am Main, Statistischer Teil S. 66*. In: https://www.bundes bank.de/resource/blob/861406/ e53c232de584d677994f6dc74fa0f543/ mL/2021-03-monatsbericht-data.pdf (12.4.2021)

▶ Produktivität

In einem engen Zusammenhang zum Begriff Wachstum steht die Produktivität. Diese beschreibt das Verhältnis vom mengenmäßigen Produktionsergebnis und dem Einsatz an Produktionsfaktoren. In Bezug auf den Produktionsfaktor Arbeit drückt die **Arbeitsproduktivität** das Verhältnis Ausbringungsmenge zum Arbeitseinsatz aus. Produktivitätssteigerungen ergeben sich meist durch technische Innovationen.

Beispiel

Bei der Prüfung von Kreditanträgen auf formale Ordnungsmäßigkeit können 20 Anträge innerhalb einer Stunde erledigt werden. Durch die Anschaffung einer leistungsfähigeren Software erhöht sich diese Zahl auf 30.

Auch andere Faktoren können zur Produktivitätssteigerung beitragen, beispielsweise eine schnellere Arbeitsweise oder eine bessere Organisation der Geschäftsprozesse.

Bei einer Beurteilung der Höhe von Lohnkosten in einer Volkswirtschaft ist die Arbeitsproduktivität ein wichtiger Faktor. Ein Land mit hohen Lohnkosten kann gegenüber einem Land mit niedrigeren Lohnkosten erfolgreich konkurrieren, wenn es eine höhere Arbeitsproduktivität aufweist. Entscheidend sind die **Lohnstückkosten**, die das Verhältnis von Lohnkosten zur Arbeitsproduktivität widerspiegeln.

Beispiel

Ein bestimmtes Fahrzeugsicherheitssystem wird in zwei Ländern der Europäischen Union produziert. Bei einem Vergleich der beiden Länder ergeben sich folgende Werte für die Herstellung von **100 Einheiten** des Systems.

	Land 1	Land 2
Arbeitseinsatz	50 Arbeitsstunden	25 Arbeitsstunden
Lohnkosten je Arbeitsstunde	25,00 EUR	40,00 EUR

Im Land 1 sind die Lohnkosten geringer als im Land 2, allerdings ist auch die Arbeitsproduktivität dort niedriger:

Arbeitsproduktivität Land 1: $\frac{100 \text{ Einheiten}}{50 \text{ Arbeitsstunden}} = 2$ Einheiten je Arbeitsstunde

Arbeitsproduktivität Land 2: $\dfrac{100\ \text{Einheiten}}{25\ \text{Arbeitsstunden}} = 4$ Einheiten je Arbeitsstunde

Bei einer Betrachtung von Lohnkosten und Produktivität im Zusammenhang ergeben sich folgende Lohnstückkosten:

Lohnstückkosten Land 1: $\dfrac{25{,}00\ \text{EUR Lohnkosten}}{2\ \text{Einheiten}} = 12{,}50$ EUR

Lohnstückkosten Land 2: $\dfrac{40{,}00\ \text{EUR Lohnkosten}}{4\ \text{Einheiten}} = 10{,}00$ EUR

→ Trotz der höheren Lohnkosten sind die Lohnstückkosten aufgrund der höheren Produktivität im Land 2 niedriger.

1.4.9 Beurteilungsmaßstab für ein angemessenes und stetiges Wirtschaftswachstum

Das Wachstumsziel des Stabilitätsgesetzes richtet sich auf die **Wachstumsrate des realen Bruttoinlandsprodukts**. Es existiert jedoch keine konkrete Wachstumsrate als anzustrebende Zielgröße. Vielmehr sind die Begriffe „stetig" und „angemessen" im Kontext der gesamten volkswirtschaftlichen Entwicklung zu definieren.

Stetiges Wachstum	Angemessenes Wachstum
Das BIP soll kontinuierlich wachsen. Starke Schwankungen sollen vermieden werden, da sie negative Auswirkungen auf andere Bereiche der Volkswirtschaft haben.	Das Wachstum soll moderat ausfallen. Einige Gründe sprechen gegen ein allzu ausuferndes Wachstum.
Beispiel	Wachstum kann zu unerwünschten Nebeneffekten im Hinblick auf ökologische Aspekte (Zerstörung der Umwelt, Ressourcenausbeutung usw.). Je stärker das Wachstum ausfällt, umso deutlicher kommen diese unerwünschten Nebeneffekte zum Vorschein.
Wenn das Bruttoinlandsprodukt in einem Jahr real um 5 % wächst und im nächsten Jahr nur um knapp 1 %, führt dies zu Verwerfungen am Arbeitsmarkt und bei den Produktionskapazitäten der Unternehmen. Im Jahr des hohen Wachstums kommt es aufgrund einer großen Nachfrage nach Arbeitskräften zu einem Einstellungsboom. Zudem sind die Produktionskapazitäten der Unternehmen voll ausgelastet. Im darauffolgenden Jahr kommt es dann aufgrund des Wachstumseinbruchs zu Entlassungen und Kurzarbeit; die Produktion muss darüber hinaus stark zurückgefahren werden, was zu Umstellungsproblemen beim investierten Kapital (Maschinen, Fuhrpark usw.) führt.	Dem Wachstumsgedanken liegt die Vorstellung einer Steigerung des allgemeinen **Wohnstands** zugrunde. Ein sehr schnelles und hohes Wachstum bringt häufig Ungerechtigkeiten bei der Verteilung von Einkommen und Vermögen mit sich. Angemessenes Wachstum soll dafür sorgen, dass auch die weniger wohlhabenden Teile der Bevölkerung profitieren.
	Außerdem birgt ein zu starkes Wachstum die Gefahr konjektureller „Überhitzung". Meist folgt einer extremen Boomphase ein starker Wirtschaftseinbruch. Durch ein stetiges Wachstum wird der Konjunkturverlauf „geglättet".

2 Zielerweiterungen in der Wirtschaftspolitik

Die Ziele des Stabilitätsgesetzes werden als „magisches Viereck" bezeichnet. Seit der Einführung des Gesetzes im Jahre 1967 haben sich aufgrund gesellschaftlicher und ökonomischer Veränderungsprozesse jedoch Zielerweiterungen ergeben. Das quantitative Wachstumsdenken des Bruttoinlandsprodukts wird durch Faktoren ergänzt, die auf eine Steigerung der Lebensqualität der Menschen abzielen. Mit diesen **qualitativen Faktoren** sind Aspekte wie

Schonung der Umwelt und Einkommensgerechtigkeit gemeint. Unter Hinzuziehung der Ziele **Umweltschutz** und **gerechte Einkommens- und Vermögensverteilung** ergibt sich das „magische Sechseck".

2.1 Umweltschutz

Da Ressourcen endlich und Ökosysteme nur begrenzt belastbar sind, ist der Umweltschutz sowohl auf nationaler als auch auf internationaler Ebene zu einem zentralen Bestandteil der Wirtschaftspolitik geworden. Einige der 17 Nachhaltigkeitsziele in der von der UN-Generalversammlung 2015 verabschiedeten Agenda 2030 beziehen sich auf Umweltaspekte.

> **Beispiele**
>
> Nachhaltigkeitsziel 6: sauberes Wasser und Sanitäreinrichtungen
> Nachhaltigkeitsziel 7: bezahlbare und saubere Energie
> Nachhaltigkeitsziel 13: Maßnahmen zum Klimaschutz

„Den Planeten schützen", lautet eine der Kernbotschaften in der Präambel der Agenda 2030. Das bedeutet zum Beispiel

- nachhaltige Nutzung von Meeren und Ozeanen,
- Erhalt von Ökosystemen und Biodiversität,
- Bekämpfung des Klimawandels und
- nachhaltiger Umgang mit natürlichen Ressourcen.

Die Bundesregierung hat mit Verweis auf die Agenda 2030 in ihrer 2018 und 2021 weiterentwickelten „Deutschen Nachhaltigkeitsstrategie" Anforderungen an eine nachhaltige Politik in zentralen gesellschaftlichen und wirtschaftlichen Bereichen festgelegt. Für einzelne Bereiche wurden Indikatoren und Ziele formuliert, die teilweise konkret messbar, teilweise allgemein gehalten sind.

> **Beispiele**
>
> | Bereiche | Indikatoren | Ziele |
> | --- | --- | --- |
> | Luftbelastung | Emissionen von Luftschadstoffen (Schwefeldioxyd, Feinstaub usw.) | Reduktion der Emissionen des Jahres 2005 auf 55 % bis 2030 |
> | Gesundheit und Ernährung | Raucherquote von Erwachsenen | Senkung auf 19 % bis 2030 |
> | | Adipositas (starkes Übergewicht) von Erwachsenen ab 18 Jahre | Anstieg dauerhaft stoppen |
> | Nachhaltiger Konsum/nachhaltige Produktion | CO_2-Emissionen von Kraftfahrzeugen | signifikante Senkung |
> | | Energieverbrauch und CO_2-Emissionen des Konsums | kontinuierliche Reduzierung |

2.2 Gerechte Einkommens- und Vermögensverteilung

Die Schaffung von Verteilungsgerechtigkeit hat ebenfalls Eingang in die Deutsche Nachhaltigkeitsstrategie gefunden. Als Indikator für diesen Bereich fungiert der **Gini-Koeffizient**. Dieser soll für den Einkommensbereich gemäß Zielvorgabe bis 2030 unterhalb des Durchschnittswertes der 27 EU-Staaten liegen.

Der **Gini-Koeffizient** (auch als Gini-Index bezeichnet) ist ein vom italienischen Statistiker Corrado Gini entwickeltes Maß, mit dessen Hilfe Ungleichverteilungen beim Einkommen und Vermögen ermittelt werden können. Er kann einen Wert von 0 bis 1 (bzw. 0 bis 100 bei der Indexvariante) annehmen:

- Wert von **0: Absolute Gleichverteilung**; alle Personen (oder Haushalte) haben das gleiche Einkommen bzw. Vermögen.
- Wert von **1 bzw. (100): Absolute Ungleichverteilung**; nur eine Person (oder ein Haushalt) erhält das gesamte Einkommen bzw. besitzt das ganze Vermögen.

Deutschland gehört im internationalen Vergleich bei der Einkommensverteilung zu den Ländern mit einer relativ hohen Einkommensgerechtigkeit, bei den Vermögen zeigt sich jedoch eine relativ stark ausgeprägte Verteilungsungerechtigkeit. Die höchsten Werte für Verteilungsungerechtigkeit sind in Ländern Afrikas und Südamerikas zu verzeichnen.

Nach dem Sozialstaatsprinzip (Art. 20 Grundgesetz) ist staatliches Handeln auf die Schaffung sozialer Sicherheit und Gerechtigkeit gerichtet. Bei bestehenden oder drohenden Ungerechtigkeiten soll der Staat Maßnahmen zur **Umverteilung** ergreifen.

▶ **Umverteilung durch Steuerpolitik**

Bei der **Einkommensteuer** gibt es **Progressionsstufen**. Die Einkommensteuer erhöht sich mit zunehmendem Einkommen überproportional.

Auf bestimmte **Vermögenswerte** werden Steuern erhoben.

Beispiel

Grundsteuer für privat genutzte Immobilien

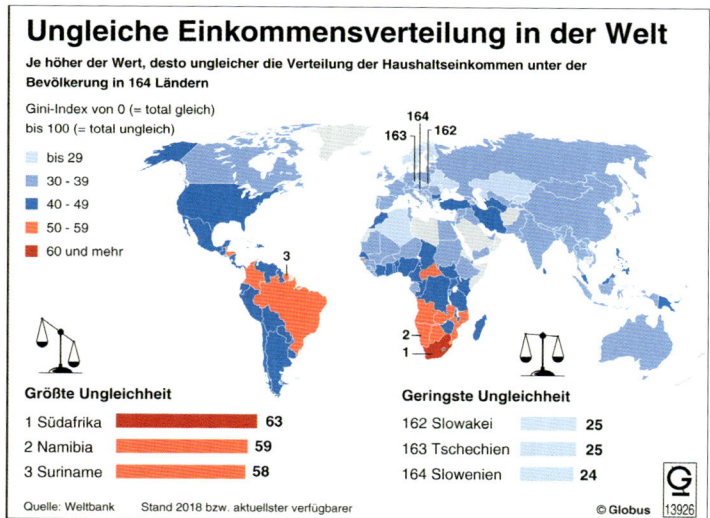

Ungleiche Einkommensverteilung in der Welt

Je höher der Wert, desto ungleicher die Verteilung der Haushaltseinkommen unter der Bevölkerung in 164 Ländern

Gini-Index von 0 (= total gleich) bis 100 (= total ungleich)

- bis 29
- 30 - 39
- 40 - 49
- 50 - 59
- 60 und mehr

Größte Ungleichheit

1 Südafrika	63
2 Namibia	59
3 Suriname	58

Geringste Ungleichheit

162 Slowakei	25
163 Tschechien	25
164 Slowenien	24

Quelle: Weltbank   Stand 2018 bzw. aktuellster verfügbarer   © Globus   13926

▶ **Umverteilung durch Transferzahlungen**

Ungerechtigkeiten bei der Einkommensverteilung (Löhne, Gehälter, Mieten, Zinsen usw.) kann der Staat teilweise durch Transferzahlungen ausgleichen.

Beispiele

- Kindergeld
- Wohngeld
- Ausbildungsbeihilfen

▶ **Umverteilung durch Förderung von Vermögensbildung und Altersvorsorge**

Die Förderung von Vermögensbildung und Altersvorsorge dient dazu, Verteilungsungerechtigkeiten in der Zukunft entgegenzuwirken. Personen mit relativ geringem Einkommen sollen frühzeitig in die Lage versetzt werden, einen Grundstock für Wertpapier- oder Immobilienvermögen zu legen bzw. eine Absicherung im Alter zu haben.

Beispiele

- Riester-Zulagen
- Arbeitnehmersparzulage

Konkrete Maßnahmen zur Umverteilung von Einkommen und Vermögen sind politisch oft umstritten. Sie stehen häufig im Zentrum kontroverser Diskussionen, in denen es um Zweck, Höhe, Wirksamkeit und Notwendigkeit geht.

Beispiele

- Eine Vermögensteuer wird seit 1997 nicht mehr erhoben, obwohl das Vermögensteuergesetz weiterhin in Kraft ist. Bestimmte politische Kreise treten für eine erneute Erhebung der Vermögensteuer ein, während andere Kreise dies für eine wachstumshemmende Maßnahme halten.
- Bei der Erbschaftsteuer gibt es unter bestimmten Voraussetzungen hohe Steuerbefreiungen bei der Vererbung von Betriebsvermögen, wenn der Erbe das Unternehmen fortführt (13a ErbStG). Viele kritisieren dies als eine unangemessene Bevorzugung der ohnehin schon Reichen. Verteidigt werden diese Sonderregelungen mit dem Argument, dass eine hohe Erbschaftsteuer die Existenz des Unternehmens gefährden kann.

Der Diskurs über solche Streitpunkte ist ein notwendiger Bestandteil einer offenen, demokratischen Gesellschaft.

3   Zielkonflikte und Zielharmonien in der Wirtschaftspolitik

Im Stabilitätsgesetz findet sich kein Hinweis auf eine Rangordnung der Ziele des „magischen Vierecks". Der Gesetzgeber soll dafür sorgen, dass diese wirtschaftspolitischen Ziele sowie die Zielerweiterungen möglichst gleichzeitig verwirklicht werden. Es gibt jedoch viele **Zielkonflikte**, bei denen die Verwirklichung eines Zieles tendenziell zu einer Verschlechterung bei einem anderen Ziel führt.

Beispiele

- Ein hoher Beschäftigungsstand geht zumeist mit höheren Inflationsraten einher. Sorgt der Staat durch seine Arbeitsmarktpolitik für die Schaffung zusätzlicher Arbeitsplätze, kann dies zu negativen Auswirkungen auf das Ziel der Preisniveaustabilität führen.
- Wirtschaftswachstum bringt negative Effekte auf die Umwelt mit sich. Auf das Wachstumsziel hin ausgerichtete wirtschaftspolitische Maßnahmen führen zu einem Zielkonflikt beim Umweltschutz.

Auf der anderen Seite können sich wirtschaftspolitische Ziele auch ergänzen. So geht beispielsweise Wirtschaftswachstum meist mit einer Verbesserung der Beschäftigungslage einher.

Das wirtschaftspolitische Handeln des Staates nach den Vorgaben des Stabilitätsgesetzes und seiner Erweiterungen folgt aufgrund der Zielkonflikte häufig dem **Prioritätsprinzip**: Der Staat konzentriert sich jeweils auf das Ziel, das aktuell am meisten gefährdet ist.

4 Störungen des gesamtwirtschaftlichen Gleichgewichts

In einem marktwirtschaftlichen System sind Schwankungen in der wirtschaftlichen Entwicklung aufgrund der unzähligen freien Entscheidungen von Verbrauchern und Unternehmen unvermeidbar. Krisen und Phasen der Wohlstandssteigerung wechseln sich regelmäßig ab. Je nach Betrachtungszeitraum lassen sich kurze (saisonale) und längerfristige (konjunkturelle) Wirtschaftsschwankungen beobachten.

4.1 Saisonale Schwankungen

Saisonale Schwankungen sind kurzfristiger Natur. Das Auf und Ab der wirtschaftlichen Aktivitäten vollzieht sich hier in einem Zeitraum von etwa drei Monaten. Häufigste Ursache solcher Schwankungen sind jahreszeitliche Einflüsse, die sich in der Regel auf einzelne Wirtschaftsbereiche auswirken.

Beispiele

- Durch sinkende Bautätigkeit in den Wintermonaten kommt es zu Auftragsrückgängen bei Unternehmen der Bauindustrie. Zum Frühjahr hin belebt sich das Geschäft wieder.
- Viele Unternehmen in der Gastronomie (z. B. Eisdielen, Biergärten, Ausflugslokale) müssen aufgrund des unterschiedlichen Konsumverhaltens der Haushalte im Verlauf der Jahreszeiten ihre Kapazitäten und ihren Personalbestand reduzieren (Winter) bzw. ausweiten (Sommer).

4.2 Konjunkturelle Schwankungen

Konjunkturelle Schwankungen betreffen alle Wirtschaftsbereiche und vollziehen sich über einen Zeitraum von mehreren Jahren hinweg. Ihre Ursachen sind auf Ungleichgewichte zwischen gesamtwirtschaftlichem Angebot und gesamtwirtschaftlicher Nachfrage zurückzuführen. Konjunkturelle Schwankungen verlaufen oft wellenförmig in vier Phasen, die in ihrer Gesamtheit einen **Konjunkturzyklus** bilden. In den einzelnen Phasen sind oft größere Veränderungen wirtschaftlicher Faktoren wie Wachstum, Beschäftigungslage, Konsum, Investitionen, Preisniveauentwicklung usw. festzustellen. Diese Faktoren werden als **Konjunkturindikatoren** bezeichnet.

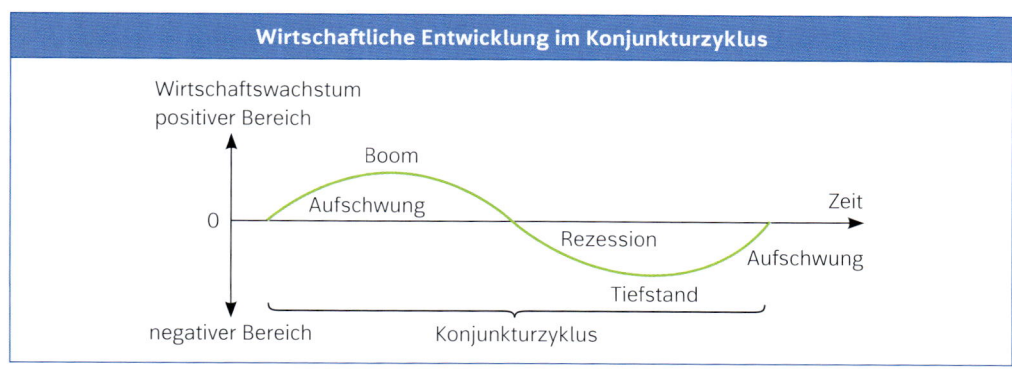

4.2.1 Frühindikatoren

Frühindikatoren geben Hinweise auf die zukünftige wirtschaftliche Lage. Sie „gehen der konjunkturellen Entwicklung voran".

▶ Auftragseingänge im verarbeitenden Gewerbe

Zur Erfassung dieses Frühindikators wird regelmäßig der Wert aller Aufträge ermittelt, die in Betrieben mit 50 oder mehr Beschäftigten des verarbeitenden Gewerbes (Maschinenbau, Kfz-Hersteller, Kfz-Zulieferer usw.) vorliegen. Das Ergebnis ist ein Indexwert auf der Basis eines bestimmten Jahres (z. B. 2015 = 100). Neben dem Gesamtindex gibt es Indizes mit den Auftragseingängen bei bestimmten Güterarten (z. B. Gebrauchsgüter, Verbrauchsgüter).

Beispiel

Gesamtindex im Juli 2020: 113,7
Gesamtindex im August 2020: 114,8

→ Der Auftragsbestand im verarbeitenden Gewerbe lag im August 2020 um 1,1 Prozentpunkte über dem Wert des Vormonats. Die „Auftragsbücher" hatten sich also um 1,1 Prozentpunkte „gefüllt."

▶ ifo-Geschäftsklimaindex

Das Ifo-Institut (offizielle Bezeichnung: Leibniz-Institut für Wirtschaftsforschung an der Universität München e. V.) ist eine Forschungseinrichtung, die sich mit der Analyse der Wirtschaftspolitik beschäftigt. Es veröffentlicht monatlich einen Geschäftsklimaindex, der auf einer Umfrage unter etwa 9 000 Unternehmen aus dem verarbeitenden Gewerbe, dem Bauhauptgewerbe sowie dem Groß- und Einzelhandel basiert. Erfragt werden die aktuelle Geschäftslage und die Geschäftserwartungen für die nächsten sechs Monate. Die Antworten werden in zweierlei Hinsicht gewichtet:

- Größe des Unternehmens: Antworten großer Unternehmen bekommen ein höheres Gewicht als Antworten kleinerer Unternehmen.
- Bedeutung der Branche: Bei dieser Gewichtung wird der gemäß Entstehungsrechnung des Bruttoinlandsprodukts vorhandene Wertschöpfungsanteil des Wirtschaftszweiges berücksichtigt, dem das Unternehmen angehört. Die Antwort eines befragten Unternehmens aus dem Landwirtschaftssektor erhält daher ein geringeres Gewicht als die Antwort eines gleich großen Unternehmens aus dem Bereich Handel, Verkehr Gastgewerbe.

Der Indexwert ergibt sich aus dem Verhältnis von negativen und positiven Antworten der Befragten. Es wird ein Basisjahr zugrunde gelegt (z. B. 2015).

Beispiel

Der Ifo-Geschäftsklimaindex lag im April 2020 bei 74,6 Punkten und im September bei 93,4 Punkten. Aktuelle Lage und Zukunftsaussichten wurden von den befragten Unternehmen im April 2020 als Folge der kurz zuvor ausgebrochenen Corona-Pandemie sehr negativ beurteilt. Im September waren die Einschätzungen wieder etwas optimistischer.

4.2.2 Präsensindikatoren

Präsensindikatoren geben Hinweise auf die aktuelle wirtschaftliche Entwicklung. Sie verlaufen weitgehend parallel zum Konjunkturzyklus. Wichtigster Indikator ist das **Bruttoinlandsprodukt**, das die aktuelle wirtschaftliche Lage durch die Wachstumsrate zeitnah abbildet. Weitere wichtige Indikatoren sind

- Lagerbestände,
- offene Stellen,
- Auslastung der Produktionskapazitäten und
- Sparquote der privaten Haushalte.

4.2.3 Spätindikatoren

Spätindikatoren laufen in ihrer Entwicklung „der Konjunktur hinterher". Ein wichtiger Spätindikator ist die Arbeitslosenquote. Befindet sich die Wirtschaft in einer Hochkonjunktur (Boom), werden viele Arbeitskräfte neu eingestellt, um die hohe Güternachfrage zu befriedigen. In einer anschließenden Rezession kann es aufgrund arbeitsrechtlicher Vorschriften meist nicht zu schnellen Entlassungen kommen. Daher ist die Arbeitslosenquote in der Phase einer beginnenden Rezession noch nicht sehr hoch. Umgekehrt kommt es vor, dass die Arbeitslosenquote in einer Aufschwungphase zunächst noch recht hoch ist, weil viele Unternehmen vorerst das vorhandene Arbeitskräftepotenzial durch Aufbau von Überstunden der Beschäftigten ausschöpfen. Erst bei einem nachhaltigen Aufschwung kommt es dann zu Neueinstellungen und damit zu einem Sinken der Arbeitslosenquote.

Neben der Arbeitslosenquote gelten auch

- die Inflationsrate,
- die Zahl der Insolvenzen und
- die Entwicklung der Löhne und Gehälter

als Spätindikatoren.

4.2.4 Darstellung und Merkmale eines Konjunkturverlaufs

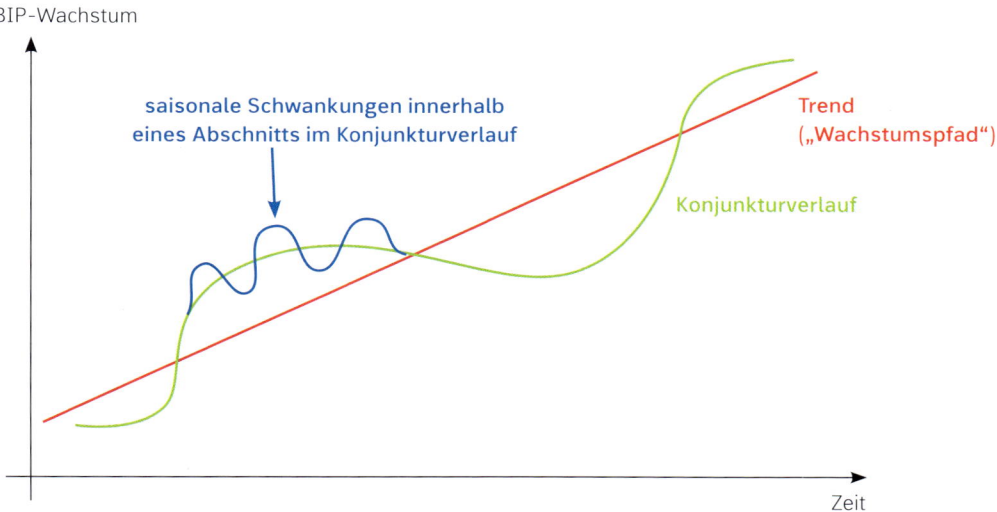

Im Konjunkturverlauf sind die Wachstumsraten des Bruttoinlandsproduktes (BIP) unterschied-lich. Die „Konjunkturwelle" ist dabei schräg nach oben geneigt; dies kennzeichnet den unse-rem Wirtschaftssystem innewohnenden Wachstumstrend. In eine solche Darstellung können auch die saisonalen Schwankungen einbezogen werden, die sich um den Konjunkturverlauf herum als „kleine Wellen" anordnen.

▶ **Merkmale der Konjunkturphasen**

Die Darstellung des klassischen Konjunkturverlaufs weist einen idealtypischen (modellhaften) Charakter auf, der in der Realität nicht in dieser „glatten" Form zu beobachten ist. Dennoch lassen sich Konjunkturzyklen weitgehend auf dieses grundsätzliche Muster zurückführen.

In einer mehrdimensionalen Betrachtung von Konjunkturzyklen werden außer dem Wachstum des realen BIP auch andere Indikatoren berücksichtigt und ergeben so ein Gesamtbild der Konjunkturphasen. Tendenziell lassen sich bestimmte Ausprägungen von Konjunkturindika-toren den verschiedenen Zyklusphasen zuordnen.

Ausprägungen einzelner Konjunkturindikatoren in den Zyklusphasen			
Aufschwung	**Boom**	**Abschwung**	**Tiefstand**
• langsam beginnen-der Rückgang der Arbeitslosenquote • ansteigender Auslas-tungsgrad des Pro-duktionspotenzials • Abbau von Lager-beständen durch erhöhte Konsum-tätigkeit • langsam steigende Preise • zunehmender Optimismus bei Unternehmen und Verbrauchern	• weiterer Rückgang der Arbeitslosen-quote/Vollbeschäfti-gung • hoher Auslastungs-grad des Produk-tionspotenzials • sehr niedrige Lager-bestände durch starke Konsumtätig-keit • steigende Inflations-raten • großer Optimismus bei Unternehmen und Verbrauchern	• langsamer Anstieg der Arbeitslosen-quote • sinkender Auslas-tungsgrad des Pro-duktionspotenzials • Erhöhung der Lager-bestände durch nachlassende Konsumtätigkeit • sinkende Inflations-raten • Anzeichen für Pessimismus bei Unternehmen und Verbrauchern	• sehr hohe Arbeits-losenquote • sehr geringer Auslas-tungsgrad des Pro-duktionspotenzials • weitere Erhöhung der Lagerbestände durch weiter nachlassende Konsumtätigkeit • geringe Inflations-raten/Gefahr von Deflation • großer Pessimismus bei Unternehmen und Verbrauchern

Von einem Abschwung (Rezession) sprechen Ökonomen in der Regel, wenn das reale Brutto-inlandsprodukt in zwei aufeinander folgenden Quartalen gegenüber dem Vorquartal sinkt.

4.2.5 Konjunkturforschung

Zentrale Aufgabe der staatlichen Wirtschaftspolitik ist es, konjunkturelle Schwankungen zu glät-ten, um ein gleichmäßiges Wachstum der Wirtschaft zu unterstützen. Der Staat benötigt Progno-sen über die zukünftige wirtschaftliche Entwicklung, um dazu geeignete Maßnahmen ergreifen zu können. Die Deutsche Bundesbank, das Bundeswirtschaftsministerium, der Sachverständi-genrat und Wirtschaftsforschungsinstitute analysieren laufend die gesamtwirtschaftliche Lage (**Konjunkturdiagnose**) und geben **Konjunkturprognosen** für die weitere Entwicklung ab.

Je nach Vorgehensweise und Annahmen kommen Forscher oft jedoch zu unterschiedlichen Konjunkturprognosen.

Beispiel

Prognosen am Ende des Jahres 2020 zum vermuteten realen Wachstum des BIP im Jahr 2021	
Institution	prognostizierte Wachstumsrate
Sachverständigenrat zur Begutachtung der gesamt- wirtschaftlichen Entwicklung („Wirtschaftsweise")	3,7 %
Ifo-Institut	5,1 %
Deutsche Bundesbank	4,5 %

Das Beispiel verdeutlich die Schwierigkeiten von Prognosen zu einem hochkomplexen Thema. Es soll eine „objektive" Messgröße (BIP-Wachstumsrate) vorhergesagt werden, deren Eintreffen (oder Nicht-Eintreffen) von den individuellen Entscheidungen vieler Millionen Menschen abhängt.

5 Fiskalpolitik

Unter den Begriff Fiskalpolitik fallen alle Veränderungen öffentlicher Einnahmen und Ausgaben zur Lenkung der konjunkturellen Entwicklung. Der Staat kann beispielsweise in einer Abschwungphase die Wirtschaft durch Vergabe öffentlicher Aufträge ankurbeln oder durch Subventionen bzw. Steuererleichterung die Konsum- und Investitionsbereitschaft stimulieren. Umgekehrt ist es ihm in einer überhitzten Konjunktur mit hohen Preissteigerungsraten möglich, seine Nachfrage zu reduzieren, Steuern zu erhöhen und Subventionen zu streichen.

5.1 Nachfrageorientierter Ansatz

Der Staat betreibt eine nachfrageorientierte Fiskalpolitik, wenn er in einer konjunkturellen Schwächephase seine Ausgaben erhöht und als Nachfrager von Gütern und Dienstleistungen auftritt. Der Grundgedanke dieses wirtschaftspolitischen Konzepts, das auch als Fiskalismus bezeichnet wird, geht auf den Wirtschaftswissenschaftler John Maynard Keynes (1883–1946) zurück.

▶ **Grundzüge des Konzepts von John Maynard Keynes**

Nach Ansicht von Keynes sind marktwirtschaftliche Systeme instabil. Angebot und Nachfrage auf Märkten führen nicht automatisch zu einem gesamtwirtschaftlichen Gleichgewicht mit Vollbeschäftigung. Konjunkturelle Einbrüche können eine Dynamik entwickeln, die sich immer weiter verschärft, wenn der Staat nicht korrigierend eingreift.

Dynamik konjunktureller Einbrüche
Rezessionen entstehen durch eine zu niedrige Nachfrage nach Gütern.

Aufgrund der sinkenden Nachfrage reduzieren die Unternehmen ihre Produktion und Investitionen.

Durch Produktionseinschränkungen und durch Rückgänge bei den Investitionen sinkt der Bedarf an Arbeitskräften, es kommt zu Entlassungen.

Höhere Arbeitslosigkeit führt zu Einkommensrückgängen.

Die Nachfrage nach Konsumgütern sinkt dadurch weiter, die Rezession verstärkt sich, es kommt zu weiteren Entlassungen und Einkommensrückgängen.

Um wieder den Zustand der Vollbeschäftigung zu erreichen, so Keynes, ist in einer solchen Lage eine Erhöhung der gesamtwirtschaftlichen Nachfrage notwendig. Dies schafft Arbeitsplätze, die zu neuen Einkommen führen, was sich wiederum positiv auf die Güternachfrage auswirkt.

Da die notwendige Steigerung der gesamtwirtschaftlichen Nachfrage nicht durch die Marktkräfte angestoßen werden kann, ist der Staat als Nachfrager gefordert. Er muss seine Ausgaben steigern und als „Investor" auftreten.

Beispiele

- Bau von Straßen
- Investitionen in Umweltschutzmaßnahmen
- Investitionen im Bildungssektor
- Ausbau von Datennetzen

▶ **Weitere fiskalpolitische Maßnahmen**

Darüber hinaus kann der Staat im Rahmen seiner fiskalpolitischen Maßnahmen auch indirekt auf die Konsum- und Investitionsbereitschaft von Haushalten und Unternehmen einwirken.

Beispiele

- Steuersenkungen
- Senkung von Sozialversicherungsbeiträgen
- Verbesserung von Abschreibungsmöglichkeiten
- Gewährung von Investitionszulagen

Wenn der Staat auf eine **konjunkturelle Schwächephase** durch aktive Nachfrage und den Einsatz indirekter fiskalpolitischer Maßnahmen reagiert, kann dies jedoch zu einem hohen Budgetdefizit (Fehlbetrag) im Staatshaushalt führen, weil

- die zusätzlichen Ausgaben den Staatshaushalt belasten und
- in einer Rezession die Steuereinnahmen sinken.

Steigenden Ausgaben stehen in einer konjunkturellen Schwächephase dann sinkende Einnahmen gegenüber.

In Phasen einer Hochkonjunktur (**Boom**) soll der Staat hingegen seine Nachfrage reduzieren und indirekte Maßnahmen zur Konjunkturdämpfung (z. B. Steuererhöhungen) einsetzen. Dadurch ergeben sich im Staatshaushalt **geringere Ausgaben** bei gleichzeitig **höheren Staatseinnahmen** aufgrund der positiven Wirtschaftslage. Die in der Phase des Abschwungs entstandenen **Budgetdefizite** kann der Staat dann wieder **ausgleichen** und seine Verschuldung reduzieren.

Der Staat soll bei der nachfrageorientierten Wirtschaftspolitik also entgegen dem Konjunkturverlauf (**antizyklisch**) handeln.

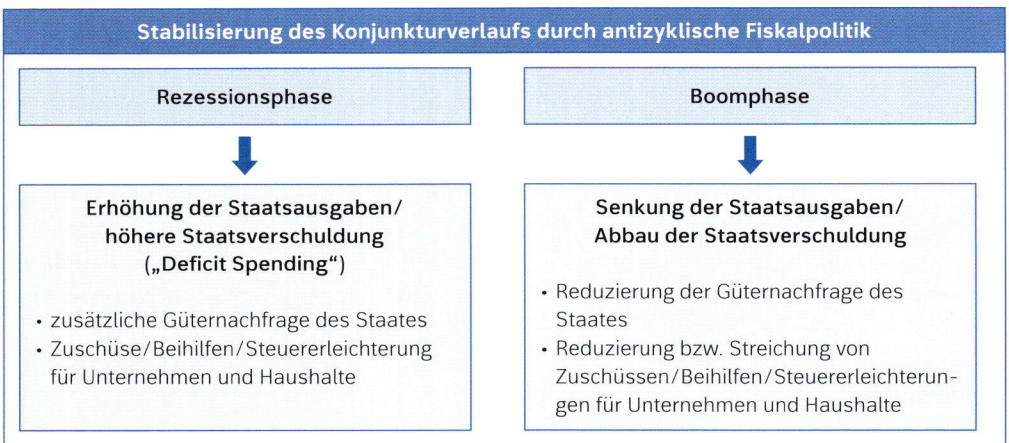

Kritiker sehen bei einer nachfrageorientierten Wirtschaftspolitik folgende Nachteile bzw. Schwächen:

- Eine nachfrageorientierte Wirtschaftspolitik führt tendenziell zu einer ständig wachsenden Staatsverschuldung, weil die verantwortlichen Politiker es aus wahltaktischen Gründen nicht schaffen, die Staatsausgaben in wirtschaftlich guten Zeiten zu reduzieren und die Verschuldung zu vermindern.

- Die Maßnahmen des Staates erfolgen tendenziell zu spät und können dann sogar kontraproduktiv wirken.

> **Beispiel**
>
> In einer Rezession möchte der Staat durch den Bau von neuen Straßen und Brücken die Konjunktur „ankurbeln". Bis die politischen Entscheidungsprozesses abgeschlossen sind und die erforderlichen Baugenehmigungen vorliegen, vergeht eine lange Zeit. Wenn die Bauaufträge dann tatsächlich erteilt werden, befindet sich die Wirtschaft vielleicht schon wieder in einer Hochkonjunktur.

- Das Konzept führt zu einer unangemessenen Dominanz des Staates als Gestalter wirtschaftlicher Prozesse.

5.2 Angebotsorientierter Ansatz

Eine **angebotsorientierte Wirtschaftspolitik** möchte nicht die Güternachfrage beeinflussen, sondern das Güterangebot (Produktion). Sie beruht auf der Annahme, dass freie Märkte stabil sind und sich durch den Preismechanismus von Angebot und Nachfrage selbst regulieren. Der Staat soll daher nicht selbst als Wirtschaftsakteur auftreten, sondern nur die Rahmenbedingungen für freie Märkte schaffen und Investitionen fördern.

Beispiele

- Deregulierung (Abbau staatlicher Vorschriften)
- Flexibilisierung von Arbeit
- Senkung von Steuern und Abgaben von Unternehmer
- Förderung von Forschung und Entwicklung

Als **Steuerungsgröße** dient die **Geldmenge**, die sich am Wachstum des Produktionspotenzials orientieren soll. Aus diesem Grund wird der angebotsorientierte Ansatz auch als **Monetarismus** bezeichnet. Dieses Konzept wurde wesentlich geprägt durch den US-amerikanischen Wirtschaftswissenschaftler Milton Friedman (1912–2006). Hauptziele dieser Strategie sind die Verringerung des Staatsanteils am Sozialprodukt und ein Abbau der Staatsverschuldung.

5.3 Die aktuelle Fiskal- und Wirtschaftspolitik

In der deutschen Wirtschaftspolitik finden sich oft Elemente beider Ansätze. Je nach politischer Ausrichtung tendieren Regierungen teilweise zu einer eher nachfrageorientierten und teilweise zu einer eher angebotsorientierten Fiskal- und Wirtschaftspolitik.

Konjunkturprogramme sind sowohl auf eine Steigerung öffentlicher Investitionen als auch auf eine Verbesserung der Investitionsbedingungen hin angelegt.

Beispiele

Als Reaktion auf die Corona-Pandemie legte die Bundesregierung im Sommer 2020 ein Konjunktur- und Krisenbewältigungspaket auf, das unter anderem folgende Eckpunkte enthält:

- Senkung der Mehrwertsteuer von 19 % auf 16 % (bzw. 7 % auf 5 %) von Juli bis Dezember 2020.
- erhöhte Abschreibungsbeträge (degressive Abschreibung) für Güter, die in den Jahren 2020 und 2021 angeschafft wurden
- Vorziehen von Investitionen des Bundes
- Entbürokratisierung durch Beschleunigung des Planungsrechts bei Investitionen

Zur Finanzierung des Paketes wurde ein Nachtragshaushalt mit einer Ausgabensteigerung um 40 % (von 362 Mrd. EUR auf 509 Mrd. EUR) beschlossen.

Aus den Maßnahmen geht hervor, dass die Bundesregierung zur Begrenzung der wirtschaftlichen Folgen der Corona-Pandemie sowohl auf Elemente einer angebotsorientierten Politik (z. B. verbesserte Abschreibungsmöglichkeiten, Entbürokratisierung) als auch auf nachfrageorientierte Elemente (z. B. Mehrwertsteuersenkung, erhöhte Staatsausgaben) setzte.

6   Geldpolitik

Geldpolitik umfasst alle Maßnahmen einer Zentralbank zur **Steuerung des Geldumlaufs** sowie der **Geld- und Kreditversorgung** der Wirtschaft. Ihr vorrangiges Ziel ist die **Sicherung der Währung**, das heißt die Erhaltung des Geldwertes einer Volkswirtschaft im Inland (Preisniveaustabilität) und gegenüber dem Ausland (Wechselkursstabilität).

6.1   Wirkung der Geldpolitik auf Preisniveau, Beschäftigung und Wachstum

Die **Geldmenge** und das **Zinsniveau** haben einen großen Einfluss auf die gesamtwirtschaftliche Nachfrage und damit auch auf Wachstum, Beschäftigung und Preisniveau.

Eine Erhöhung der Geldmenge und sinkende Zinsen fördern die Produktionsmöglichkeiten einer Volkswirtschaft. Auf der anderen Seite kann eine zu hohe Geldmenge auch zu einer Inflation führen. Geldpolitik bewegt sich daher im Spannungsfeld des Zielkonflikts zwischen den wirtschaftspolitischen Zielen „hoher Beschäftigungsstand" und „Preisniveaustabilität".

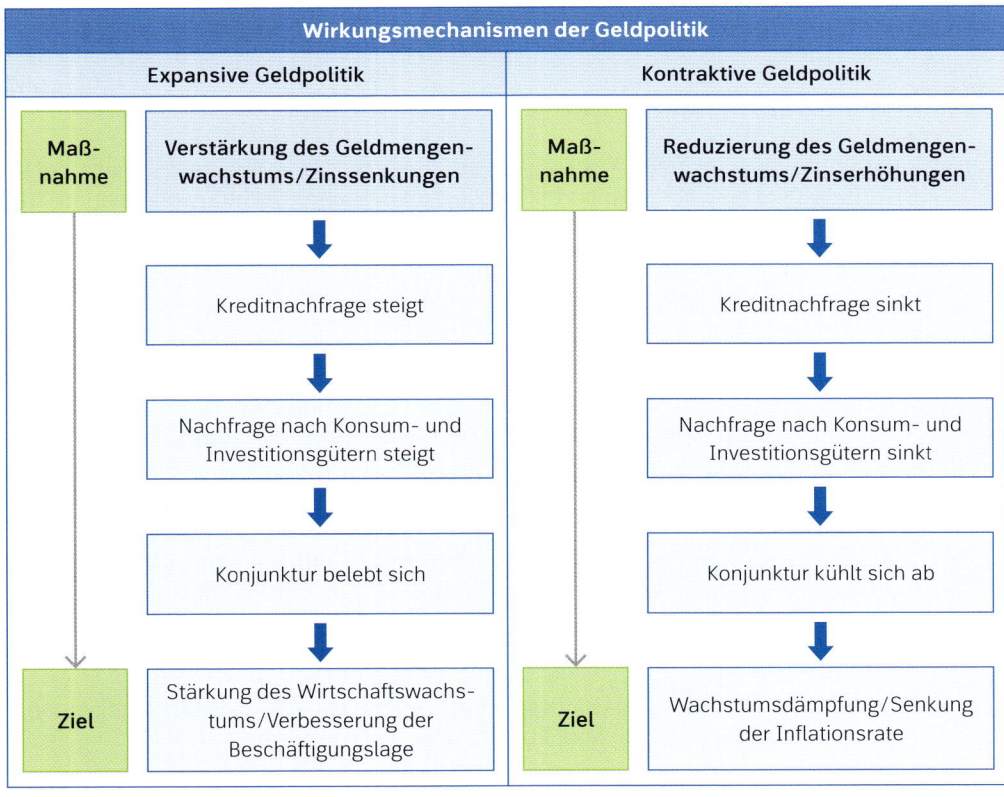

6.2 Geldarten und Funktionen des Geldes

Bei den Geldarten sind **Bargeld** und **Buchgeld** zu unterscheiden.

Geldarten		
Bargeld		**Buchgeld (im engeren Sinne)**
Euromünzen	**Euronoten**	
begrenzter Annahmezwang für Gläubiger (bis zu 50 Münzen je Zahlungsvorgang; Art. 11 Verordnung (EG) Nr. 974/98 über die Einführung des Euro)	unbegrenzter Annahmezwang für Gläubiger (§ 14 Abs. 1 BBankG)	Kontoguthaben bei Kreditinstituten Zur Verwendung als Zahlungsmittel dienen: • Sichteinlagen • eingeräumte Überziehungskredite auf Girokonten
gesetzliches Zahlungsmittel		kein gesetzliches, aber praxisübliches Zahlungsmittel

Elektronisches Geld ist eine Unterform des Buchgeldes. Bei Zahlungen per Geldkarte oder über eine Zahlungs-App wickeln Zahlungsdienstleister die Belastung des Zahlers und die Gutschrift für den Zahlungsempfänger über ein kontenbasiertes Verrechnungssystem ab. Eine **Ausnahme** bilden rein virtuell geschöpfte **Kryptowährungen**, die sich einer Steuerung und Kontrolle seitens des Zentralbanksystems entziehen.

Beispiele

- Bitcoin
- Ethereum

Geld dient in einer Volkswirtschaft als Zahlungsmittel, Recheneinheit und Wertaufbewahrungsmittel.

Funktionen des Geldes		
Zahlungsmittel	**Recheneinheit**	**Wertaufbewahrungsmittel**
• Erleichterung des Gütertauschs • Ermöglichung von Finanztransaktionen	• Vergleich von Gütern durch einheitliche Bezugsgröße • Maßstab zur Beurteilung des Wertes von Gütern	• Überbrückung von Gelderwerb und Geldausgabe • Ermöglichung von Sparvorgängen
Voraussetzungen für ein funktionierendes Geldsystem: • Teilbarkeit bis hin zu kleinen Einheiten • Wertbeständigkeit • allgemeine Akzeptanz		

6.3 Geldschöpfung

6.3.1 Ausgabe von Münzen

Die Mitgliedsstaaten der Euroländer haben das Recht zur Ausgabe von Euromünzen. Der Umfang der ausgegebenen Münzen muss von der Europäischen Zentralbank (EZB) genehmigt werden (Art. 128 Abs. 2 AEUV). In Deutschland hat die Bundesregierung das Recht, Euromünzen herauszugeben (sogenanntes Münzregal). Euromünzen sind sogenannte Scheidemünzen, da der Nennwert erheblich höher ist als die Herstellungskosten. In Umlauf gebracht werden die Münzen über die Deutsche Bundesbank.

Dieses **Münzregal** liegt in Deutschland bei der **Bundesregierung**. Sie lässt die Münzen prägen und verkauft diese zum Nennwert an die Deutsche Bundesbank.

6.3.2 Ausgabe von Banknoten

Auch die Ausgabe von Euro-Banknoten muss die EZB genehmigen. Das Recht zur Ausgabe liegt bei der EZB und bei den Nationalen Zentralbanken (NZB) der Euroländer (Art. 128, Abs. 1 AEUV). Die EZB gestattet den NZB regelmäßig ein bestimmtes Volumen zur Ausgabe von Banknoten.

Die Zentralbank weist ausgegebene Banknoten in der Bilanz unter der Passivposition „Banknotenumlauf" aus.

Beispiel

Veränderung des Banknotenumlaufs durch Verfügungen von Kreditinstituten über ihr Bundesbankkonto

Die Deutsche Bundesbank weist am 31.12.20.. u. a. folgende Bilanzwerte aus:

Aktiva		Passiva
	Banknotenumlauf	314 000 Mio. EUR
	Verbindlichkeiten gegen- über Kreditinstituten	480 000 Mio. EUR

Am 02.01. des nächsten Jahres heben Kreditinstitute zu Lasten ihrer Bundesbankkonten 100 Mio. EUR in Banknoten ab.

Bilanz der Deutschen Bundesbank nach Abhebung

Aktiva		Passiva
	Banknotenumlauf	314 100 Mio. EUR (+ 100 Mio. EUR)
	Verbindlichkeiten gegen- über Kreditinstituten	479 900 Mio. EUR (– 100 Mio. EUR)

Da Guthaben bei der Zentralbank jederzeit unbegrenzt in Bargeld getauscht werden können, bezeichnet man Bargeld und Guthaben bei der Zentralbank als Zentralbankgeld.

Zentralbankgeld = Bargeld + Guthaben bei der Zentralbank

6.3.3   Buchgeldschöpfung

Viele Zahlungen erfolgen in unserer Volkswirtschaft **bargeldlos** über Konten (z. B. Kartenzahlungen, Mobile Payment, Überweisungen, Lastschriften). Finanzdienstleister belasten das Konto des Zahlers und schreiben den Betrag dem Konto des Zahlungsempfängers gut.

Kontoguthaben, die für Zahlungen genutzt werden können, werden als **Buchgeld** bezeichnet. Buchgeld hat vom Volumen her eine weitaus höhere Bedeutung als Banknoten und Münzen. Die Geldmenge wird folglich zu einem überwiegenden Teil durch Buchgeld bestimmt. Bei der Buchgeldschöpfung kommt den Kreditinstituten eine zentrale Rolle zu.

Buchgeldschöpfung vollzieht sich im Bankensystem durch **Kreditvergaben**.

Beispiel

	Banken	Kontoguthaben
Auf dem Girokonto von Felix Schmitz bei der A-Bank gehen 1 000,00 EUR ein. Die A-Bank nutzt Einlagen für das Aktivgeschäft und gewährt dem Kunden Bert Förster ein Darlehen von 1 000,00 EUR. Dieser überweist den Betrag auf das Konto der Media-Group bei der B-Bank zur Bezahlung eines PC.	A-Bank	Felix Schmitz 1 000,00 EUR
Die B-Bank schreibt den Betrag dem Konto der Media-Group gut. Die neue Einlage nutzt sie zur Gewährung eines Darlehens an Helene Krüger. Frau Krüger überweist den Betrag an die C-Bank zugunsten der Travel GmbH.	B-Bank	Media-Group 1 000,00 EUR
Die C-Bank erteilt der Travel GmbH eine Kontogutschrift und kann diese Einlage wiederum für Darlehen nutzen.	C-Bank	Travel GmbH 1 000,00 EUR
Summe		**3 000,00 EUR**

Nach der obigen Darstellung könnten Kreditinstitute ohne Einschränkungen Buchgeld schöpfen. In der Praxis ist dies jedoch nicht der Fall, weil

- Kreditinstitute eine Liquiditätsreserve benötigen und weil sie
- für Einlagen bei der Zentralbank eine Mindestreserve unterhalten müssen.

Dadurch vermindert sich zwar auf jeder Stufe das potenzielle Kreditvergabevolumen, dennoch verfügen die Kreditinstitute über ein erhebliches Potenzial zur Buchgeldschöpfung. Der sogenannte **Geldschöpfungsmultiplikator** gibt an, wie stark die Buchgeldmenge auch unter Berücksichtigung von Mindestreserve und Liquiditätsreserve theoretisch ansteigen kann.

Beispiel

Buchgeldschöpfung im Modell des Geldschöpfungsmultiplikators auf der Basis einer Sichteinlage von 1 000,00 EUR	
Vorgang	**Entwicklung der Buchgeldmenge**
Auf dem Girokonto von Felix Schmitz bei der A-Bank gehen 1 000,00 EUR ein.	Guthaben A-Bank 1 000,00 EUR
Die A-Bank nutzt die Einlage für das Aktivgeschäft und gewährt dem Kunden Bert Förster ein Darlehen. Liquiditäts- reserve und Mindestreserve der A-Bank belaufen sich insge- samt auf 10 %, sodass sich ein Kreditbetrag von 900,00 EUR ergibt. Bert Förster überweist den Betrag auf das Konto der Media-Group bei der B-Bank zur Bezahlung eines PC.	Guthaben A-Bank 1 000,00 EUR Guthaben B-Bank + 900,00 EUR 1900,00 EUR
Die B-Bank vergibt den nicht als Reserve gehaltenen Teil der Einlage als Kredit an Helene Krüger. Bei gleichen Reser- vesätzen beläuft sich dieser Kredit auf 810,00 EUR (900,00 – 10 %). Frau Krüger überweist diesen Betrag auf das Konto der Travel GmbH bei der C-Bank.	Guthaben A + B-Bank 1900,00 EUR Guthaben C-Bank + 810,00 EUR 2 710,00 EUR
..	...
Würde diese „Kette" an Kreditvergaben immer weiter ver- folgt, könnte das Bankensystem eine Geldschöpfung betreiben, deren Höhe mithilfe des sogenannten Geld- schöpfungsmultiplikators ermittelt werden kann. Der Geldschöpfungsmultiplikator bestimmt sich nach der Formel: $$\frac{100}{\text{gesamter Reservesatz}}$$	Geldschöpfungsmultiplikator: $$\frac{100}{10} = 10$$ → Die Buchgeldmenge könnte theoretisch um das Zehnfache auf 10 000,00 EUR steigen.

6.4   Geldmenge

Die Zentralbanken unterteilen Geld in verschiedene Kategorien. Unterscheidungsmerkmal bei den verschiedenen Geldformen ist dabei die jeweilige „Nähe zum Bargeld". Die Europäische Zentralbank verwendet bei ihrer Geldpolitik die Geldmengenaggregate M1, M2 und M3.

Geldmengen M1, M2 und M3		
M1		
• bargeldumlauf (ohne Kassenbestände der Kreditinstitute) • täglich fällige Einlagen von Nichtbanken		

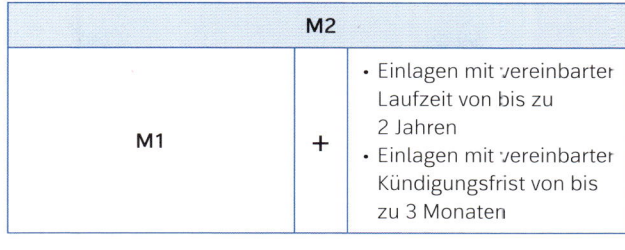

M2		
M1	+	• Einlagen mit vereinbarter Laufzeit von bis zu 2 Jahren • Einlagen mit vereinbarter Kündigungsfrist von bis zu 3 Monaten

M3		
M2	+	• Anteile an Geldmarktfonds • Geldmarktpapiere und Schuldverschreibungen mit ursprünglicher Laufzeit von bis zu 2 Jahren • Repogeschäfte[1]

[1] „Repo" steht für **Rep**urchase **O**peration.

Dabei vereinbarten die Beteiligten den Verkauf (Kauf) und späteren Rückkauf (Rückverkauf) von Vermögensgegenständen (z. B. Wertpapiere) zu bestimmten Pre sen.

Beispiel

A verkauft Wertpapiere zum Preis von 1 000,00 EUR an B mit der Vereinbarung, diese in drei Monaten zum Preis von 1 010,00 EUR wieder zurückzukaufen.

Auf diese Weise kann sich A für eine bestimmte Zeit Liquidität beschaffen. Der Preisaufschlag für den Rückkauf entspricht wirtschaftlich einem Zins. Das Kursrisiko verbleibt immer bei A, da er die Papiere zum festgelegten Preis zurückkaufen muss.

Geldmengen M1, M2, M3 im Eurowährungsraum (März 2020, in Mrd. EUR)

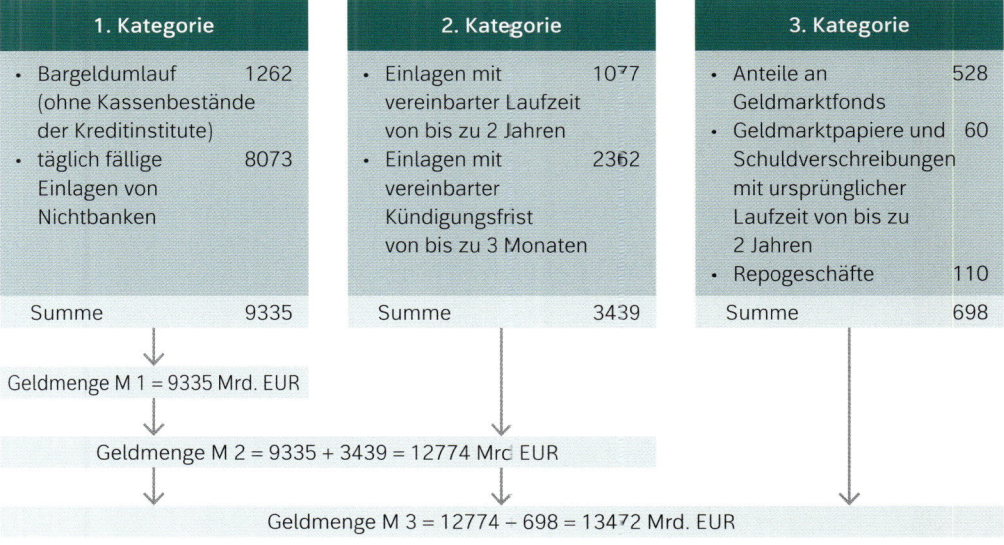

1. Kategorie		2. Kategorie		3. Kategorie	
• Bargeldumlauf (ohne Kassenbestände der Kreditinstitute)	1262	• Einlagen mit vereinbarter Laufzeit von bis zu 2 Jahren	1077	• Anteile an Geldmarktfonds	528
• täglich fällige Einlagen von Nichtbanken	8073	• Einlagen mit vereinbarter Kündigungsfrist von bis zu 3 Monaten	2362	• Geldmarktpapiere und Schuldverschreibungen mit ursprünglicher Laufzeit von bis zu 2 Jahren	60
				• Repogeschäfte	110
Summe	9335	Summe	3439	Summe	698

Geldmenge M 1 = 9335 Mrd. EUR

Geldmenge M 2 = 9335 + 3439 = 12774 Mrd. EUR

Geldmenge M 3 = 12774 – 698 = 13472 Mrd. EUR

Eigene Darstellung nach Daten der EZB

6.5 Der Wert des Geldes

Für den Wert des Geldes ist seine Knappheit ein wichtiger Faktor. Die Knappheit drückt sich im Verhältnis der Geldmenge zur Gütermenge aus.

Weitere Faktoren sind das Vertrauen in das politische und administrative System eines Landes sowie wirtschaftliche Faktoren.

Beispiele

- Wachstum des Bruttoinlandsprodukts
- Inflationsrate
- Pro-Kopf-Einkommen

Eine Beschreibung des Zusammenspiels von Geld- und Realwirtschaft liefert die **Verkehrsgleichung des Geldes**. In sie fließen die Größen Gütermenge, Geldmenge, Preisniveau und Umlaufgeschwindigkeit ein.

Beispiel

Die Geldmenge beträgt 1 000,00 EUR. Es stehen vier Güter mit jeweils unterschiedlichen Preisen zur Verfügung. Diese Güter werden nacheinander gekauft, das heißt der Käufer des Gutes 1 zahlt dem Verkäufer 1 000,00 EUR, dieser kauft mit dem Geld das Gut 2 – und so weiter.

Gut	Preis des Gutes je Stück	Umsatz in EUR	Umsatz in Stück
1	6,25 EUR	1 000,00 EUR	160 Stück
2	5,00 EUR	1 000,00 EUR	200 Stück
3	2,50 EUR	1 000,00 EUR	400 Stück
4	25,00 EUR	1 000,00 EUR	40 Stück
Gesamtsumme		**4 000,00 EUR**	**800 Stück**

Es wurden 800 Stück zum Gesamtumsatz von 4 000,00 EUR gehandelt. Dies ergibt einen gewichteten Durchschnittspreis von 4 000,00 : 800 = 5,00 EUR.

Aus diesen Vorgängen ergeben sich die Größen der Verkehrsgleichung des Geldes:
Geldmenge (G): 1 000,00 EUR
Umlaufgeschwindigkeit des Geldes (U): 4 Transaktionen
Handelsvolumen (H): 800 Stück der Güter 1 bis 4
Preisniveau (P): 5,00 EUR als gewichteter Durchschnittspreis

Es gilt die Beziehung: $G \cdot U = H \cdot P$

$\rightarrow 1\,000,00 \cdot 4 = 800 \cdot 5,00$

Durch Umstellen der Formel nach P ergibt sich:

$$P = \frac{G \cdot U}{H} = \frac{1\,000 \cdot 4}{800} = \underline{5}$$

10

Die Verkehrsgleichung des Geldes verdeutlicht den Zusammenhang zwischen den geld- und realwirtschaftlichen Größen.

Beispiel

Steigt die Geldmenge bei gleichbleibendem Handelsvolumen und unveränderter Umlaufgeschwindigkeit, steigt das Preisniveau, da der Zähler des Bruches bei gleicher Höhe des Nenners größer wird. Gesamtwirtschaftlich gesehen kommt es bei einer Erhöhung der Geldmenge bei gleicher Transaktionshäufigkeit zu Preiserhöhungen und damit zu einer inflationären Entwicklung, wenn Vollbeschäftigung in der Wirtschaft herrscht, die Gütermenge also nicht gleichzeitig erhöht werden kann.

Die Umlaufgeschwindigkeit des Geldes kann für eine gesamte Volkswirtschaft ermittelt werden, indem man das nominale Bruttoinlandsprodukt durch die Geldmenge (z. B. M3) teilt.

6.6 Geldpolitik im Europäischen System der Zentralbanken

In den Ländern der Europäischen Wirtschafts- und Währungsunion (Euroländer) steuert das Europäische System der Zentralbanken (ESZB oder Eurosystem) die Geldpolitik. Es besteht aus der Europäischen Zentralbank (EZB) und den nationalen Zentralbanken (NZB) der Euroländer.

Das ESZB unterstützt die allgemeine Wirtschaftspolitik der Gemeinschaft. Ihr oberstes Ziel ist die **Sicherung der Preisstabilität**. Grundlegende **Aufgaben** des ESZB sind Festlegung und Ausführung der Geldpolitik innerhalb der Gemeinschaft, Durchführung von Devisengeschäften, Verwaltung der Währungsreserven der Mitgliedsstaaten und Förderung eines reibungslosen Funktionierens der gemeinschaftlichen Zahlungssysteme (Art. 127 AEUV – Vertrag über die Arbeitsweise der Europäischen Union).

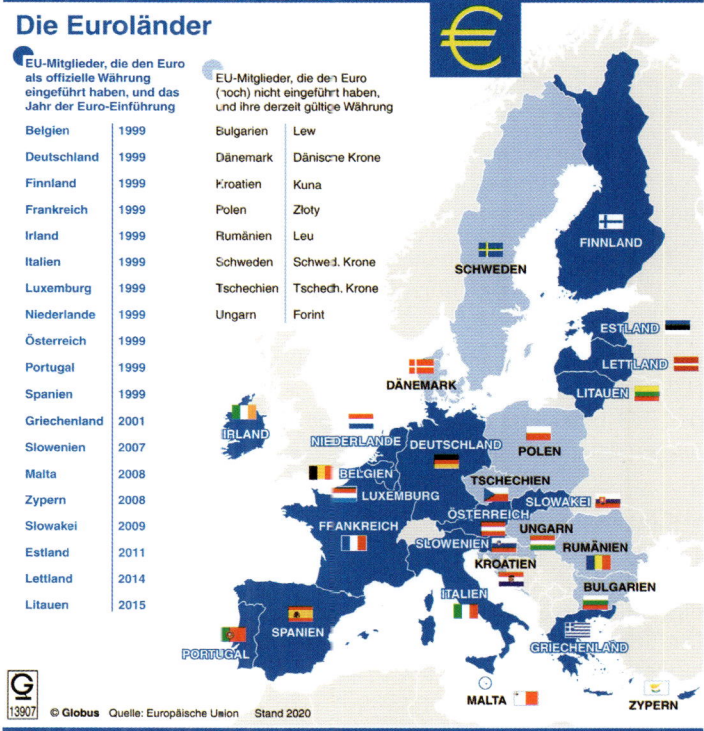

Die Euroländer

EU-Mitglieder, die den Euro als offizielle Währung eingeführt haben, und das Jahr der Euro-Einführung

Belgien	1999
Deutschland	1999
Finnland	1999
Frankreich	1999
Irland	1999
Italien	1999
Luxemburg	1999
Niederlande	1999
Österreich	1999
Portugal	1999
Spanien	1999
Griechenland	2001
Slowenien	2007
Malta	2008
Zypern	2008
Slowakei	2009
Estland	2011
Lettland	2014
Litauen	2015

EU-Mitglieder, die den Euro (noch) nicht eingeführt haben, und ihre derzeit gültige Währung

Bulgarien	Lew
Dänemark	Dänische Krone
Kroatien	Kuna
Polen	Złoty
Rumänien	Leu
Schweden	Schwed. Krone
Tschechien	Tschech. Krone
Ungarn	Forint

© Globus Quelle: Europäische Union Stand 2020
13907

6.6.1   Europäische Zentralbank

Die Europäische Zentralbank (EZB) ist eine gemeinsame Währungsbehörde der Euroländer.

Europäische Zentralbank	
Rechtsform	Eigene Rechtspersönlichkeit gem. Art. 282 AEUV
Sitz	Frankfurt am Main
Gezeichnetes Kapital	10,8 Mrd. EUR, aufgebracht durch die NZB der Mitgliedsländer und anderer EU-Länder. Die Höhe der Beteiligung richtet sich nach dem Bevölkerungs- anteil des Landes an der Bevölkerung der Gemeinschaft und dem Anteil des Bruttoinlandsprodukts des Landes am Bruttoinlandsprodukt der Gemein- schaft.
Gewinne und Gewinnverteilung	Die EZB erzielt Gewinne aus verschiedenen Quellen, z. B. aus der Ausgabe von Banknoten oder aus Zinsen ihrer Aktiva (Währungsreserven, Anleihen usw.). Der Gewinn wird im Verhältnis der Kapitalanteile verteilt.

▶ Beschlussorgane

Das wichtigste Beschlussorgan der EZB ist der **Europäische Zentralbankrat (EZB-Rat)**. Er legt die Leitlinien der Geldpolitik für den Euroraum fest.

Mitglieder des EZB-Rats sind

- die Präsidenten der NZB in den Euroländern und
- die Mitglieder des EZB-Direktoriums.

Die Mitgliedsstaaten des Eurowährungsraums ernennen die Mitglieder des EZB-Direktoriums. Das **Direktorium** besteht aus dem EZB-Präsidenten/der EZB-Präsidentin, dem Vizepräsiden- ten/der Vizepräsidentin sowie bis zu vier weiteren Mitgliedern. Es

- bereitet die Sitzungen des EZB-Rats vor,
- sorgt für die Umsetzung der Ratsbeschlüsse und
- führt die laufenden Geschäfte der EZB.

Die EU hat 27 Mitglieder, von denen 19 dem Eurowährungsraum angehören (Stand: 2021). Die NZB der 8 EU-Länder, die (noch) nicht den Euro eingeführt haben, aber dennoch am Kapital der EZB beteiligt sind, werden über den **erweiterten EZB-Rat** in die geldpolitischen Bera- tungen des ESZB einbezogen.

▶ Bankenaufsicht

Einige Banken in den Euroländern unterliegen einer besonderen Bankenaufsicht gemäß dem **einheitlichen europäischen Aufsichtsmechanismus** *(Single Supervisory Mechanism – SSM)*. Der SSM setzt sich zusammen aus der EZB und den nationalen Aufsichtsbehörden der Euro- länder. Betroffen sind Banken, deren Bilanzsumme über 30 Mrd. EUR oder 20 % der Wirt- schaftsleistung des entsprechenden Landes liegt. Zurzeit sind dies etwa 120 Banken.

10

Beispiele (deutsche Banken)

- Deutsche Bank AG
- Commerzbank AG
- Bayerische Landesbank

6.6.2 Deutsche Bundesbank

Die Deutsche Bundesbank ist die Nationale Zentralbank (NZB) der Bundesrepublik Deutschland.

Deutsche Bundesbank	
Rechtsform	Juristische Person des öffentlichen Rechts
Sitz	Frankfurt am Main
Gezeichnetes Kapital	2,5 Mrd. EUR, aufgebracht durch den Bund
Gewinne und Gewinnverteilung	Die Bundesbank erzielt vor allem Gewinne aus der Erfüllung der vom ESZB auf die NZB übertragenen geldpolitischen Aufgaben. Der Gewinn steht dem Bund zu.

▶ Organe

Die Verwaltung der Deutschen Bundesbank obliegt dem Vorstand. Ihm gehören an:

- Präsident/Präsidentin
- Vizepräsident/Vizepräsidentin

Bestellung durch Bundespräsident/Bundespräsidentin
→ auf Vorschlag der Bundesregierung

- vier weitere Mitglieder ⟶ → ein Mitglied auf Vorschlag der Bundesregierung, die übrigen drei Mitglieder auf Vorschlag des Bundesrates (§ 7 BbankG)

Die Deutsche Bundesbank unterhält neun Hauptverwaltungen, denen jeweils Filialen zugeordnet sind.

▶ Aufgaben

Als **integrierter Bestandteil des ESZB** wirkt die Deutsche Bundesbank an der Erfüllung der Aufgaben des ESZB mit dem vorrangigen Ziel der Gewährleistung von Preisstabilität mit. Sie
- verwaltet die Währungsreserven der Bundesrepublik Deutschland,
- sorgt für die bankmäßige Abwicklung des Zahlungsverkehrs und
- trägt zur Stabilität der Zahlungs- und Verrechnungssysteme bei (§ 3 BbankG).

6.6.3 Geldpolitische Strategie der EZB

Der EZB-Rat definiert Preisstabilität als Anstieg des **Harmonisierten Verbraucherpreisindex** (HVPI) von **unter, aber nahe 2 %** gegenüber dem Vorjahr.

Zur Erreichung dieses Zieles verfolgt die EZB eine **„Zwei-Säulen-Strategie"**:

Im Zentrum der ersten Säule steht die Analyse der **Geldmenge M3**. Hier analysiert die EZB den Zusammenhang zwischen Preisniveauentwicklung und Geldmengenwachstum.

Mit der zweiten Säule untersucht sie andere **ökonomische und finanzielle Größen**. Hierbei geht es um das Zusammenspiel von Angebot und Nachfrage an Güter-, Dienstleistungs- und Arbeitsmärkten. Zudem fließen Finanzmarktindikatoren (z. B. Entwicklung auf den Aktienmärkten) in die Analysen mit ein.

▶ **Anpassung der geldpolitischen Strategie**

Seit Gründung der EZB haben sich die wirtschaftlichen Rahmenbedingungen in Europa und der restlichen Welt fundamental verändert. Die Nachwirkungen von Wirtschafts- und Finanzkrisen haben das ESZB zu einer Niedrigzinspolitik veranlasst. Dadurch ist der Spielraum für die Schaffung von Wachstumsimpulsen über weitere geldpolitische Lockerungen in Form von Geldmengenerhöhung und Zinssenkungen nahezu ausgeschöpft.

Die EZB steht daher bei ihrer Geldpolitik vor großen Herausforderungen. Zu Beginn des Jahres 2020 begann sie daher mit einer Überprüfung ihrer geldpolitischen Strategie. Zur Disposition stehen dabei sowohl die Definition von Preisstabilität als auch die von der EZB eingesetzten geldpolitischen Instrumente.

6.6.4 Geldpolitische Instrumente

Die geldpolitischen Instrumente der EZB umfassen die Bereiche geldpolitische Operationen (mit den Unterbereichen Offenmarktpolitik und ständige Fazilitäten) und die Mindestreserve.

Geldpolitische Operationen		Mindestreserve
Offenmarktgeschäfte	**Ständige Fazilitäten**	Verpflichtung der Kreditinstitute, einen bestimmten Prozentsatz ihrer mindestreservepflichtigen Verbindlichkeiten als Guthaben auf dem Konto bei der NZB (Bundesbankkonto) zu unterhalten
Kauf oder Verkauf von Vermögenswerten (Wertpapiere, Kredite) mit oder ohne Rückkaufsvereinbarung Wichtigstes Instrument: Hauptrefinanzierungsgeschäfte	Bereitstellung kurzfristiger Liquidität für Kreditinstitute (Spitzenrefinanzierungsfazilität) Annahme kurzfristiger Überschussliquidität von Kreditinstituten (Einlagefazilität)	

Zinssätze (2020)	
Hauptrefinanzierungssatz („Leitzinssatz")	0,00 % p.a.
Spitzenrefinanzierungsfazilität	0,25 % p.a.
Einlagenfazilität	− 0,50 % p.a.
Mindestreserve	
Reservesatz	1 %

6.6.4.1 Offenmarktgeschäfte

Zu den Offenmarktgeschäften gehören

- Hauptrefinanzierungsgeschäfte und
- längerfristige Refinanzierungsgeschäfte.

▶ Hauptrefinanzierungsgeschäfte

Über die **Hauptrefinanzierungsgeschäfte** versorgt die EZB das Bankensystem im Euro-währungsraum regelmäßig mit **kurzfristiger Liquidität** gegen Hinterlegung von Sicherheiten (Anleihen, Kredite). Die Kreditinstitute unterhalten bei ihrer NZB einen „Sicherheitenpool". Die Zinskonditionen werden über sogenannte Tenderverfahren festgelegt bzw. ermittelt.

Tenderverfahren	
Mengentender	Die EZB gibt einen Zinssatz vor („Festsatz") ⬇ Die Kreditinstitute geben Liquiditätswünsche (Gebote) in Euro an. ⬇ Die EZB teilt das von ihr beabsichtigte Zuteilungsvolumen anteilmäßig zu. **Beispiel** Festsatz: 0,5 % p. a. Laufzeit: 7 Tage Volumen: 10 Mrd. EUR Gebote der Kreditinstitute: 20 Mrd. EUR darunter: Gebot der Regio-Bank AG: 8 Mio. EUR → Jedes Kreditinstitut, das ein Gebot abgegeben hat, erhält $\frac{10}{20} \cdot 100 = 50\%$ seines Gebotes; die Regio-Bank also 50% von 8 Mio. EUR = 4 Mio. EUR Zinsbelastung der Regio-Bank nach Ablauf des Geschäftes (Eurozinsmethode): $$\frac{4\,000\,000,00 \cdot 0,5 \cdot 7}{100 \cdot 360} = 388,89 \text{ EUR}$$
Zinstender	Die EZB gibt einen Mindestbietungssatz vor. ⬇ Die Kreditinstitute nennen Gebote in Euro mit einem Zinssatz, den sie zu zahlen bereit sind. Ein Kreditinstitut kann auch mehrere Gebote abgeben. ⬇ Die EZB teilt die Gebote nach der Höhe der Zinssätze so lange zu, bis das von ihr beabsichtigte Zuteilungsvolumen erreicht ist. **Beispiel** Mindestzinssatz: 0,4 % p. a. Laufzeit: 7 Tage

Zinstender	Gebote der Kreditinstitute: 600 Mio. EUR zu 0,6 % p. a. 700 Mio. EUR zu 0,5 % p. a. 800 Mio. EUR zu 0,4 % p. a.
	Darin enthalten sind die folgenden Gebote der Regio-Bank AG: 10 Mio. EUR zu 0,5 % p. a. 20 Mio. EUR zu 0,4 % p. a.
	Die EZB beschließt ein Zuteilungsvolumen von 1 900 Mio. EUR.
	Zuteilung: 600 Mio. EUR zu 0,6 % p.a. – volle Zuteilung aller Gebote zu 0,6 % 700 Mio. EUR zu 0,5 % p.a. – volle Zuteilung aller Gebote zu 0,5 % 600 Mio. EUR zu 0,4 % p.a. – Zuteilung der Gebote zu 0,4 % nach Quote: $$\frac{\text{Restvolumen}}{\text{Gebote zu 0,4 \% p.a.}} \cdot 100, \text{ also } \frac{1\,900 - (600 + 700)}{800} \cdot 100 = 75\,\%.$$ 75 % von 800 Mio. EUR (Gebote zu 0,4 %) = 600 Mio. EUR (Restzuteilung). Kreditinstitute, die Gebote zu 0,4 % p.a. abgegeben haben, erhalten 75 % ihres Gebotes. Die Regio-Bank AG erhält eine Zuteilung von 25 Mio. EUR. – 10 Mio. EUR zu 0,5 % p.a. – 15 Mio. EUR zu 0,4 % p.a. (75 % von 20 Mio. EUR) Zinsbelastung der Regio-Bank AG nach Ablauf des Geschäftes (Eurozinsmethode): $$\frac{10\,000\,000 \cdot 0,5 \cdot 7}{100 \cdot 360} = 972,22 \text{ EUR}$$ $$\frac{15\,000\,000 \cdot 0,4 \cdot 7}{100 \cdot 360} = 1\,166,67 \text{ EUR}$$ gesamter Zinsaufwand <u>2 138,89</u>

▶ **Längerfristige Refinanzierungsgeschäfte**

Zur Deckung eines Liquiditätsbedarfs, der über einen kurzfristigen Zeitraum hinausgeht, können Kreditinstitute zusätzlich bei der EZB längerfristige Refinanzierungsgeschäfte in Anspruch nehmen. Die Laufzeit kann von drei Monaten bis zu mehr als einem Jahr reichen. Die Abwicklung der Geschäfte erfolgt wie bei den Hauptrefinanzierungsgeschäften über ein Tenderverfahren.

In den vergangenen Jahren erhielten die Kreditinstitute bei allen Refinanzierungsgeschäften eine volle Zuteilung und zahlten keine Zinsen.

6.6.4.2 Ständige Fazilitäten

Über die ständigen Fazilitäten erhalten Kreditinstitute die Möglichkeit, überschüssige Liquidität kurzfristig, meist nur für einen Tag – „overnight" – anzulegen (Einlagefazilität) oder sich bei Bedarf fehlende Liquidität bei der EZB zu beschaffen (Spitzenrefinanzierungsfazilität).

Eine betragsmäßige Begrenzung besteht in beiden Fällen grundsätzlich nicht. Die Spitzenrefinanzierungsfazilität muss durch hinterlegte Sicherheiten (Wertpapiere) ausreichend gesichert sein.

Hauptrefinanzierungsgeschäfte und längerfristige Refinanzierungsgeschäfte von Oktober bis Dezember 2020

Gutschriftstag	Gebote Betrag	Zuteilung Betrag	Mengen-tender	Zinstender			Laufzeit
			Festsatz	Mindest-bietungssatz	marginaler Satz	gewichteter Durchschnittssatz	
	Mio. EUR		% p.a.				Tage
Hauptrefinanzierungsgeschäfte							
2020 11. Nov.	583	583	0,00	–	–	–	7
18. Nov.	470	470	0,00	–	–	–	7
25. Nov.	593	593	0,00	–	–	–	7
2. Dez.	256	256	0,00	–	–	–	7
9. Dez.	242	242	0,00	–	–	–	7
Längerfristige Refinanzierungsgeschäfte							
2020 29. Okt.	92	92	...	–	–	–	91
5. Nov.	747	747	...	–	–	–	266
26. Nov.	293	293	...	–	–	–	91
3. Dez.	1 881	1 881	...	–	–	–	238

Quelle: Deutsche Bundesbank: Monatsbericht Dezember 2020, 72. Jahrgang Nr. 12, Frankfurt am Main, 11.12.2020, Statistischer Teil S. 43*. In: https://www.bundesbank.de/resource/blob/852926/3dd4b20 47a9f6d9208612e534d520967/mL/2020-12-monatsbericht-data.pdf, S. 129 (03.02.2021)

6.6.4.3 Mindestreserve

Mindestreservepflichtig sind Verbindlichkeiten gegenüber Kunden sowie aus bestimmten Schuldverschreibungen.

Beispiele

- Sichteinlagen
- Einlagen mit einer vereinbarten Laufzeit bis zu zwei Jahren
- Einlagen mit einer vereinbarten Kündigungsfrist bis zu zwei Jahren
- Verbindlichkeiten aus ausgegebenen Schuldverschreibungen mit einer vereinbarten Laufzeit bis zu zwei Jahren

Im Rahmen ihrer Mindestreservepflicht ermittelt das Kreditinstitut die Monatsbestände seiner mindestreservepflichtigen Verbindlichkeiten (Reservebasis). Davon wird ein Freibetrag in Höhe von 100 000,00 EUR abgezogen. Durch Multiplikation mit dem Mindestreservesatz ergibt sich das Mindestreserve-Soll. Dieses wird abgeglichen mit dem Durchschnittsbestand auf dem Konto der NZB (Bundesbankkonto) im entsprechenden Berichtsmonat.

Beispiel

Die Regio-Bank AG ermittelt für einen bestimmten Monat eine Reservebasis in Höhe von 98 450 000,00 EUR. Der Mindestreservesatz beträgt 1,00 %.
Es ergibt sich ein Mindestreserve-Soll vor Abzug des Freibetrages in Höhe von 984 500,00 EUR (1 % von 98 450 000,00 EUR).
Von diesem Betrag kann die Regio-Bank AG den Freibetrag in Höhe von 100 000,00 EUR abziehen, somit beträgt das Mindestreserve-Soll 884 500,00 EUR.
Dieser Betrag muss im Monatsdurchschnitt als Mindestguthaben auf dem Bundesbank-konto vorhanden sein.

Kommt ein Kreditinstitut seiner Mindestreservepflicht nicht oder nicht vollständig nach, kann die EZB Sanktionen verhängen (Strafzahlungen, erhöhte Mindestreservepflicht, ggfs. Ausschluss des Kreditinstitutes von den Refinanzierungsmöglichkeiten des ESZB).

Mindestreserve der deutschen Kreditinstitute

Seit 2015 liegen die Durchschnittsguthaben der deutschen Kreditinstitute auf den Bundesbankkonten wegen der expansiven Geldpolitik der EZB erheblich über dem zu unterhaltenden Reserve-Soll. Dennoch kommt es in Einzelfällen mitunter immer noch zu Unterschreitungen.

Mio. EUR

Reserve-periode beginnend im Monat	Reserve-basis	Anteil Deutsch-lands an der Reserve-basis in %	Reserve-Soll vor Abzug des Frei-betrages	Reserve-Soll nach Abzug des Frei-betrages	Zentral-bankgut-haben der Kredit-institute auf Girokonten	Überschuss-reserven[1]	Summe aller Unterschrei-tungen des Reserve-Solls
2015	3 137 353	27,6	31 374	31 202	174 361	143 159	0
2016	3 371 095	28,3	33 711	33 546	301 989	268 443	0
2017	3 456 192	27,8	34 562	34 404	424 547	390 143	2
2018	3 563 306	27,9	35 633	35 479	453 686	418 206	1
2019	3 728 027	27,6	37 280	37 131	486 477	449 346	0
2020 Sept.	3 967 784	27,6	39 678	39 530	825 970	786 440	0

[1] *Durchschnittsguthaben abzüglich Mindestreserve-Soll*

Quelle: Deutsche Bundesbank: Monatsbericht Dezember 2020, 72. Jahrgang Nr. 12, Frankfurt am Main, 11.12.2020, Statistischer Teil S. 42. In: https://www.bundesbank.de/resource/blob/852926/3dd4b20 47a9f6d9208612e534d520967/mL/2020-12-monatsbericht-data.pdf, (03.02.2021)*

6.6.4.4 Wertpapierkäufe

Nach der Finanzkrise im Jahr 2008 senkte die EZB kontinuierlich die Leitzinsen, um die wirtschaftliche Erholung zu fördern. Der Hauptrefinanzierungssatz als Leitzins, der im Jahr 2008 noch 2,5 % betrug, liegt seit März 2016 bei 0,0 %.

Diese „Nullzinspolitik" führte jedoch nicht zu nachhaltigen Wachstumsimpulsen. Auch blieb die Steigerung des HVPI meist deutlich unterhalb der Zielgröße von „unter, aber nahe 2 %". Hinzu kamen große wirtschaftliche Probleme in einigen Euroländern (z. B. Griechenland und Italien), die dazu führten, dass Staatsanleihen aus diesen Ländern mit hohen Risikoaufschlägen gehandelt wurden.

Seit 2009 führt die EZB umfangreiche Programme zum Ankauf von Anleihen durch. Diesem *Quantitative Easing*, bei dem die EZB den Kreditinstituten Staatsanleihen, aber auch Unternehmensanleihen gegen Liquidität abkauft, liegen zwei Zielvorstellungen zugrunde:

- Durch die Ankäufe steigt der Kurs der Anleihen. Damit sinkt die Rendite. Emittenten (insbesondere Staaten) können sich damit bei Neuemissionen Geld zu niedrigeren Zinssätzen beschaffen. Dies entlastet die Staatshaushalte.
- Die Banken erhalten beim Verkauf von Anleihen an die EZB zusätzliche Liquidität, die sie für zinsgünstige Kreditvergaben an die Wirtschaft nutzen können. Dies soll die Wirtschaft „ankurbeln".

Die Programme der EZB zum Ankauf von Anleihen haben inzwischen ein beträchtliches Volumen erreicht. So weist z. B. das im Jahr 2020 zur Bekämpfung von negativen Auswirkungen der Corona-Pandemie beschlossene EZB-Programm PEPP *(Pandemic Emergency Purchase Programm)* einen Umfang von 1 350 Mrd. EUR auf. Seit 2009 erhöhte sich die Bilanzsumme des ESZB durch die zahlreichen Ankaufprogramme von knapp 2 000 Mrd. EUR auf fast 7 000 Mrd. EUR im Jahr 2020.

Anleihenkäufe von Notenbanken werden kontrovers diskutiert.

- Kritiker halten diese Maßnahme für eine Staatsfinanzerung, die dem ESZB nach ihren Statuten nicht erlaubt ist und daher den Rahmen der Geldpolitik unzulässig überschreitet. Zudem befürchten sie, dass die Programme „schwache" Euroländer dazu verleiten, immer mehr Schulden aufzunehmen und strukturelle Wirtschaftsreformen (z.B. Umbau der Sozialsysteme, Arbeitsmarktreformen) zu vernachlässigen.
- Befürworter der Ankaufprogramme halten hingegen die Anleihenkäufe zur Stützung der Wirtschaft und zur Eindämmung von Spekulationen mit Anleihen schwacher Euroländer für dringend erforderlich.

Zweifellos haben die Eingriffe der EZB in die Anleihenmärkte erhebliche Auswirkungen auf das Zinsniveau im Eurowährungsraum:

- Bundesanleihen weisen eine negative Rendite (Minusrendite) auf. Der Anleger erhält keine Zinsen; der Rückzahlungsbetrag liegt unter dem Ausgabepreis.
- Auf Spareinlagen und andere Einlagen erhalten Anleger in der Regel keine Zinsen.
- Viele Kreditinstitute stellen ihren Kunden inzwischen bei hohen Einlagesummen Minuszinsen als sogenanntes Verwahrentgelt in Rechnung.
- Die private Altersvorsorge ist gefährdet bzw. stark beeinträchtigt, da viele Vorsorgeprodukte (z.B. Lebensversicherungen) nur noch eine äußerst geringe Rendite abwerfen.

7 Außenwirtschaftliche Aspekte der Wirtschaftspolitik

Außenwirtschaft umfasst die Bereiche

- Warenhandel,
- Austausch von Dienstleistungen und
- Kapitalverkehr

eines Landes mit anderen Ländern.

Unter Außenwirtschaftspolitik versteht man die Gesamtheit aller staatlichen Maßnahmen im Bereich der außenwirtschaftlichen Beziehungen eines Landes.

Ein Staat oder ein Staatenverbund (z.B. Europäische Union) kann tendenziell eine liberale oder eine interventionistische Außenwirtschaftspolitik verfolgen.

Eine **liberale Außenwirtschaftspolitik** präferiert die Förderung und Aufrechterhaltung globaler Handelsbeziehungen. Staatliche Eingriffe in den Außenwirtschaftsverkehr sollten weitgehend vermieden werden, die öffentliche Hand sollte sich auf Gestaltung und Verbesserung von Rahmenbedingungen im globalen Austausch von Gütern, Dienstleistungen und Kapitaltransaktionen beschränken.

Eine **interventionistische Außenwirtschaftspolitik** ordnet das Interesse an regen Außenwirtschaftsbeziehungen den nationalen Interessen unter. Die öffentliche Hand greift hier stark regulierend durch Zölle, Mengenbeschränkungen (Kontingente), Devisenbewirtschaftung und Exportkontrollen ein.

7.1 Außenwirtschaftspolitik in der Europäischen Union (EU)

Die EU-Außenwirtschaftspolitik weist sowohl liberale als auch interventionistische Elemente auf.

Die EU ist ein Staatenverbund, in dem die beteiligten Länder ihre staatliche Souveränität behalten und gleichzeitig in vielen politischen und wirtschaftlichen Handlungsfeldern eng zusammenarbeiten. Daher bezieht sich die Außenwirtschaftspolitik einerseits auf den europäischen Binnenmarkt und andererseits auf das Verhältnis der EU zu Staaten außerhalb des Verbundes (Drittstaaten).

Grundsätze für Wirtschaftsbeziehungen im europäischen Binnenmarkt

Die Beziehungen der EU-Länder untereinander sind durch vier Grundfreiheiten bestimmt.

1. Freier Warenverkehr (Art. 26 und 28–37 AEUV)
   - Abschaffung von Zöllen und mengenmäßigen Beschränkungen im Außenhandel
   - gegenseitige Anerkennung von Produktionsstandards
   - Abschaffung technischer und physikalischer Hindernisse beim Warenaustausch
   - Förderung von Normierungsvorhaben

2. Freier Kapitalverkehr (Art. 63–66 AEUV)
   - Abschaffung von Beschränkungen zwischen EU-Mitgliedsstaaten bei finanziellen Transaktionen
   - Erleichterungen bei der Abwicklung von Zahlungen, bei der Kontoführung, bei Wertpapier-/Immobilienanlagen usw.

3. Niederlassungs- und Dienstleistungsfreiheit für Privatpersonen und Unternehmen (Art. 49 und 56 AEUV)
   - Niederlassungsfreiheit: Recht von Staatsangehörigen eines Mitgliedsstaates, im Hoheitsgebiet eines anderen Mitgliedsstaates zwecks Aufnahme einer Tätigkeit ohne Beschränkungen ansässig sein zu dürfen
     Beispiele
     – Ein deutscher Architekt lässt sich in Italien nieder.
     – Eine niederländische Personalserviceagentur eröffnet eine Filiale in Deutschland.
   - Dienstleistungsfreiheit: Recht des Staatsangehörigen eines Mitgliedslandes, Dienstleistungen in einem anderen Mitgliedsland anbieten zu können, ohne dort dauerhaft ansässig zu sein.
     Beispiele
     – Eine deutsche Immobilienmaklerin bietet Vermittlungsaufträge in Österreich an.
     – Ein belgisches Bedachungsunternehmen führt Reparaturarbeiten in Deutschland aus.

4. Freizügigkeit der Arbeitnehmer (Art. 20 AEUV)
   - Recht von Arbeitnehmern eines EU-Mitgliedslandes, sich frei in einem anderen Mitgliedsland zu bewegen und niederzulassen
   - Zuzugs- und Aufenthaltsrecht für Familienmitglieder
   - Recht, in der EU zu arbeiten, und so wie ein Staatsangehöriger des anderen Mitgliedslandes behandelt zu werden

Grundsätze für Wirtschaftsbeziehungen der EU zu Staaten außerhalb der EU (Drittstaaten)

Gemeinsame Handelspolitik
Zielvorstellungen:
- harmonische Entwicklung des Welthandels
- Beseitigung von Handelsbeschränkungen
- Abbau von Zollschranken

Dennoch stehen Zölle, Importkontingente und weitere Beschränkungen (z. B die Festlegung einzuhaltender technischer Standards) als Steuerungsinstrumente zur Verfügung; diese sollen letztendlich den Interessen der EU-Staaten dienen.

Beispiele
- Gemeinsame Außenzölle: Für Warenimporte aus Drittländern gelten EU-einheitliche Zollsätze. Da auf Warenlieferungen innerhalb der EU keine Zölle anfallen, werden die Unternehmen innerhalb des Binnenmarktes bevorzugt.
- Antisubventionspolitik: Sie soll die Einfuhr subventionierter (und daher preislich besonders günstiger) Waren aus Drittländern verhindern. Die EU kann hier durch befristete Strafzölle oder Mengenbeschränkungen die Unternehmen im Binnenmarkt vor der Konkurrenz ausländischer „Billigproduzenten" schützen.

7.2 Institutionen zur Förderung außenwirtschaftlicher Beziehungen

▶ Weltbank

Die Weltbank ist eine Sonderorganisation der Vereinten Nationen mit Sitz in Washington D. C. Als multinationale Entwicklungsbank besteht ihre Kernaufgabe in der Förderung der wirtschaftlichen Entwicklung ihrer 189 Mitgliedsländer und des Lebensstandards der Bevölkerung. Dies geschieht durch Vergabe von Darlehen (Finanzhilfen), Gewährung von technischer Hilfe bei Entwicklungsprojekten, Koordinierung von Entwicklungshilfe und einer Zusammenarbeit mit anderen Entwicklungshilfeorganisationen.

▶ Internationaler Währungsfonds (IWF)

Auch der IWF ist eine Sonderorganisation der Vereinten Nationen, der 189 Mitgliedsländer angehören. Sitz des IWF ist ebenfalls Washington D. C. Er vergibt Kredite an Länder, die keine hinreichenden Währungsreserven besitzen und eine defizitäre Zahlungsbilanz aufweisen. Eine besondere Rolle spielen dabei sogenannte Ziehungsrechte (Drawing Rights). Diese geben einem Mitgliedsland das Recht zur Beschaffung von Devisen gegen eigene Währung im Rahmen bestimmter Kontingente. Hinzu kommen Sonderziehungsrechte (Special Drawing Rights); diese werden den Mitgliedsländern nach einer bestimmten Quote zugeteilt.

Bei einem Finanzierungsbedarf kann sich ein Mitgliedsland über den IWF an ein Land mit hohen Devisenreserven wenden und seine Sonderziehungsrechte gegen „harte" Devisen tauschen. Jedes Mitgliedsland ist zum Tausch verpflichtet, dabei besteht aber eine Höchstgrenze (das Zweifache der eigenen Zuteilung). Das abgebende Land erhält eine Verzinsung für die zur Verfügung gestellten Devisen. Sonderziehungsrechte sind keine eigene Währung. Ihr Wert kann dennoch fortlaufend ermittelt werden, da er auf einem „Korb" von festgelegten Beträgen aus fünf Währungen (Chinesischer Yuan, Euro, Japanischer Yen, Pfund Sterling und US-Dollar) basiert.

Beispiel

Der Wert eines Sonderziehungsrechts (ISO-Code: XDR) beträgt am 10.11.20.. 0,70 XDR je US-Dollar. Ein Entwicklungsland benötigt 300 Mio. USD zur Finanzierung von Importen. Die Zentralbank dieses Landes stellt der amerikanischen Zentralbank (Federal Reserve) 210 Mio. XDR zur Verfügung und erhält im Gegenzug 300 Mio. USD.

0,70 XDR – 1,00 USD
210 Mio. XDR – x USD   x = 300 Mio. USD

▶ Bank für Internationalen Zahlungsausgleich (BIZ)

Die BIZ ist eine internationale Finanzorganisation mit Sitz in Basel. Da sich ihre 60 Mitglieder aus dem Kreis der Zentralbanken zusammensetzen, wird sie auch als „Bank der Zentralbanken" bezeichnet. Die BIZ verwaltet einen Teil der Währungsreserven ihrer Mitgliedsbanken. Ihr Hauptziel ist die Unterstützung der internationalen Währungs- und Finanzstabilität. Bei der BIZ ist auch der Baseler Ausschuss für Bankenaufsicht angesiedelt, der die Kapital- und Liquiditätsvorschriften für Kreditinstitute („Basel III") erlassen hat.

▶ Konferenz der Vereinten Nationen für Handel und Entwicklung (UNCTAD)

Die UNCTAD (United Nation Conference on Trade and Development) ist ein Organ der UN-Generalversammlung mit Sitz in Genf. Ihre Hauptziele sind die Förderung des Handels zwischen Industrie- und Entwicklungsländern.

▶ Welthandelsorganisation (WTO)

Die WTO (World Trade Organisation) mit Sitz in Genf verfolgt das Ziel, den Welthandel zu liberalisieren und Handelshemmnisse abzubauen.

▶ Organisation für wirtschaftliche Zusammenarbeit und Entwicklung (OECD)

Der OECD (Organisation for Economic Cooperation and Development) mit Sitz in Paris gehören 37 Industriestaaten an. Ihre Ziele sind die Förderung der Wirtschaftsentwicklung ihrer Mitglieder und die Förderung des Welthandels.

7.3   Außenwert des Geldes

7.3.1   Nominaler und realer Außenwert

Der Außenwert des Geldes wird durch das Umtauschverhältnis von zwei Währungen bestimmt. Dieses Umtauschverhältnis wird in Form einer **Mengennotierung** ausgedrückt, bei der die Inlandswährung als feste Bezugsgröße vorangestellt wird.

Beispiel

> Kursnotierung des Euro in Frankfurt für US-Dollar:
> 1,00 EUR = 1,18 USD

Über den Wechselkurs können Eurobeträge in Fremdwährungen und Fremdwährungen in Eurobeträge umgerechnet werden. Die Kaufkraft der Beträge kann jedoch unterschiedlich sein.

Beispiel

> Sarah Weber besorgt sich für einen Kurzurlaub in Zürich bei der Regio-Bank AG 200,00 SFR in Sorten. Die Regio-Bank AG berechnet einen Kurs von 1,08 SFR je 1,00 EUR.
>
> 1,08 SFR – 1,00 EUR
> 200,00 SFR –   x EUR   x = 185,19 EUR

Sarah Weber wird mit 185,19 EUR auf ihrem Girokonto belastet. Die Kaufkraft von 185,19 EUR in Deutschland unterscheidet sich jedoch von der Kaufkraft von 200,00 SFR in der Schweiz. Sarah kann dort für 200,00 SFR weniger Güter und Dienstleistungen erwerben als für 185,19 EUR in Deutschland.

Bei dem **realen Außenwert** der Währung wird neben dem Wechselkurs auch das unterschiedliche Preisniveau in den Ländern berücksichtigt.

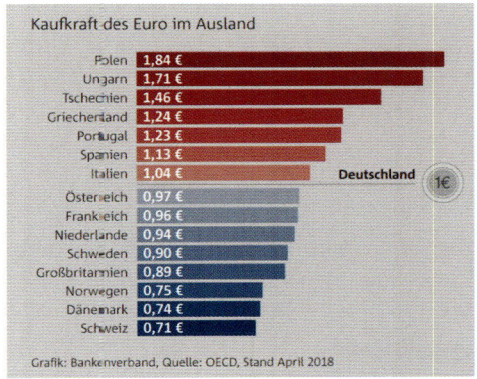

Kaufkraft des Euro im Ausland

Polen	1,84 €
Ungarn	1,71 €
Tschechien	1,46 €
Griechenland	1,24 €
Portugal	1,23 €
Spanien	1,13 €
Italien	1,04 €	Deutschland 1€
Österreich	0,97 €
Frankreich	0,96 €
Niederlande	0,94 €
Schweden	0,90 €
Großbritannien	0,89 €
Norwegen	0,75 €
Dänemark	0,74 €
Schweiz	0,71 €

Grafik: Bankenverband, Quelle: OECD, Stand April 2018

Beispiel

Ein Schokoriegel kostet in Deutschland 1,00 EUR und in den USA 1,20 USD.
Der nominale Wechselkurs des US-Dollar zum Euro ist: 1,00 EUR = 1,20 USD.

Der nominale Wechselkurs entspricht in Bezug auf dieses Gut genau dem realen Wechselkurs, da man für 1,00 EUR 1,20 USD erhält und man sich davon in den Vereinigten Staaten den Schokoriegel kaufen kann. Würde der Schokoriegel in den USA einige Zeit später 1,32 USD kosten und der nominale Wechselkurs unverändert bleiben, ergäbe sich eine Senkung der Kaufkraft des Euro gegenüber dem US-Dollar und damit eine reale Wechselkurssenkung.

Um jetzt einen Schokoriegel in den USA kaufen zu können, müssten beim gleichen nominalen Wechselkurs mehr Euro in US-Dollar umgetauscht werden:

1,20 USD – 1,00 EUR
1,32 USD –   x EUR

x = 1,10 EUR

Der nominale Wechselkurs zeigt eine **Unterbewertung des Euro** gegenüber dem US-Dollar an. Diese Unterbewertung bringt den Effekt mit sich, dass es beim nominalen Wechselkurs von 1,20 USD je EUR für US-Amerikaner günstiger ist, Schokoriegel zum Stückpreis von 1,00 EUR (= 1,20 USD) in Deutschland zu beziehen statt 1,32 USD an den einheimischen Anbieter zu zahlen. Volkswirtschaftlich gesehen begünstigt also eine Unterbewertung den Export beim unterbewerteten Land, während sich umgekehrt Importe verteuern.

Der Big-Mac-Index

Einen anschaulichen Vergleich der Kaufkraft von verschiedenen Währungen ermöglicht der sogenannte „Big-Mac-Index", den die britische Wochenzeitung The Economist laufend veröffentlicht.

Bei diesem Index werden die Preise für einen Big Mac in verschiedenen Ländern erhoben. Durch Umrechnung über den Wechselkurs der jeweiligen Währungen in US-Dollar ergibt sich ein Vergleich, aus dem heraus eine Unter- bzw. Überbewertung einer Währung ablesbar ist.

Beispiel (Werte von 2021)

Land	Preis (USD)	Überbewertung (+) Unterbewertung (−)
USA	5,66 USD (Basispreis)	0,0 %
Schweiz	7,29 USD	+ 28,8 %
Eurozone	5,16 USD	− 8,8 %

Ein Produkt wie der Big Mac ist für einen internationalen Preisvergleich besonders geeignet, da er nach einheitlichen Standards hergestellt wird und überall in der Welt erhältlich ist.

Das Marktgeschehen sorgt tendenziell dafür, dass die Unter- oder Überbewertung einer Währung durch eine Veränderung des Wechselkurses wieder aufgehoben wird.

Unterbewertung einer Währung	Überbewertung einer Währung
Exporte steigen/Importe nehmen ab	Exporte sinken/Importe steigen
⬇	⬇
Nachfrage nach einheimischer (unterbewerteter) Währung steigt bzw. Nachfrage nach ausländischer (überbewerteter) Währung sinkt	Nachfrage nach einheimischer (überbewerteter) Währung sinkt bzw. Nachfrage nach ausländischer (unterbewerteter) Währung steigt
⬇	⬇
Unterbewertung wird ausgeglichen	Überbewertung wird ausgeglichen

Die Verengung der Betrachtung von Unter- und Überbewertungen einer Währung auf das Preisniveau ist jedoch eine Vereinfachung der Realität. In Wirklichkeit werden Wechselkurse noch von sehr vielen anderen Faktoren bestimmt.

Beispiele

- Zölle und Abgaben
- Wirtschaftskraft eines Landes
- Lebensstandard der Menschen in einem Land
- Zinsniveau
- Spekulationsgeschäfte mit Devisen

7.3.2 Wechselkurssysteme

Bei den Wechselkurssystemen sind zu unterscheiden:

- freie Wechselkurse,
- feste Wechselkurse und
- Wechselkurse mit Bandbreiten.

7.3.2.1 Freie Wechselkurse

Freie Wechselkurse ergeben sich durch freie Preisbildung nach Angebot und Nachfrage auf dem Devisenmarkt. Für die Darstellung der Kursbildung bei freien (flexiblen) Wechselkursen eignet sich das Preis-Mengen-Diagramm des vollkommenen Marktes, da Devisenmärkte die Bedingungen eines vollkommenen Marktes annäherungsweise erfüllen:

- Homogenität: Die gehandelten Devisen einer bestimmten Währung sind in jeder Hinsicht gleichartig. („Ein Dollar ist ein Dollar, ein Euro ist ein Euro.")
- Polypolistische Konkurrenz: Die Zahl der Marktteilnehmer auf den Devisenmärkten ist sehr groß.
- Keine persönlichen Präferenzen: Es spielt keine Rolle, von wem ein bestimmter Währungsbetrag gekauft bzw. an wen er verkauft wird.
- Markttransparenz und Reaktionsgeschwindigkeit: Die Marktteilnehmer verfügen über alle kursrelevanten Informationen und können schnell auf Marktveränderungen reagieren.

Bei der Darstellung in einem Angebots-/Nachfrageschema wird auf der Preisachse der Preis in Fremdwährung für 1,00 EUR angegeben. Die Mengenachse bezeichnet die Menge an Euro, die bei verschiedenen Preisen angeboten bzw. nachgefragt wird.

Beispiel

Angebot und Nachfrage nach Euro in den USA

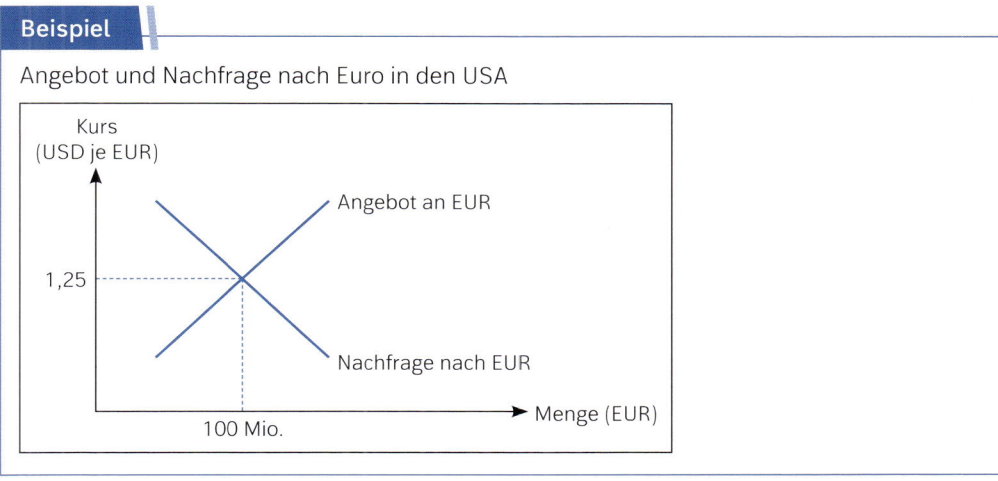

In dieser Marktsituation hat sich ein Gleichgewichtspreis von 1,25 USD für 1,00 EUR mit einer Gleichgewichtsmenge von 100 Mio. EUR gebildet.

▶ **Anpassungsreaktionen bei Veränderungen von Angebot und Nachfrage**

Devisen werden „rund um die Uhr" weltweit gehandelt. Bei dem fortlaufenden Handel können sich die Kurse im Sekundentakt ändern.

1. Beispiel

Zunahme der Euro-Nachfrage

Ausgehend von der obigen Marktsituation fragen amerikanische Unternehmen verstärkt Waren aus dem Eurowährungsraum nach. Zur Begleichung der Rechnungen für diese Importe benötigen die Unternehmen Euro. Es kommt zu einer verstärkten Nachfrage nach Euro. Dadurch verschiebt sich die Nachfragekurve nach rechts.

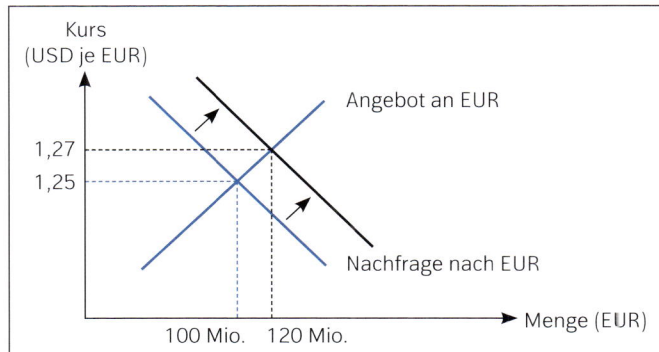

Durch die Verschiebung der Nachfragekurve ergibt sich ein neuer Gleichgewichtspreis von 1,27 USD je EUR mit einer Gleichgewichtsmenge von 120 Mio. EUR.

Insgesamt ergibt sich gegenüber der Ausgangssituation eine **Aufwertung des Euro** bzw. eine **Abwertung des US-Dollar**, da jetzt **mehr US-Dollar für 1.00 EUR** zu zahlen sind.

Weitere Faktoren für eine Rechtsverschiebung der Nachfragekurve (und damit einer Dollar-Abwertung bzw. Euro-Aufwertung) können sein:

- **Zinsniveau:** Die EZB erhöht die Zinsen für Euro-Geldanlagen.
- **Devisengeschäfte der Zentralbanken:** Zentralbanken fragen verstärkt EUR gegen USD nach.
- **Kapitalverkehr:** Amerikanische Anleger kaufen verstärkt europäische Aktien oder Immobilien.
- **Zukunftserwartungen:** Anleger oder Spekulanten erwarten eine Schwächung des US-Dollar gegenüber dem Euro aus politischen oder wirtschaftlichen Gründen.
- **Reiseverkehr:** Amerikanische Touristen reisen verstärkt in Euroländer.

2. Beispiel

Zunahme des Euro-Angebots

Ausgangspunkt ist wieder der Gleichgewichtspreis von 1,25 USD je EUR bei einer Gleichgewichtsmenge von 100 Mio. EUR. In dieser Marktsituation senkt die EZB die Leitzinsen im Eurowährungsraum. Daraufhin ziehen US-amerikanische Investoren Geldanlagen aus Europa ab und legen diese in den USA an. Dadurch steigt das Euro-Angebot, die Angebotskurve verschiebt sich nach rechts.

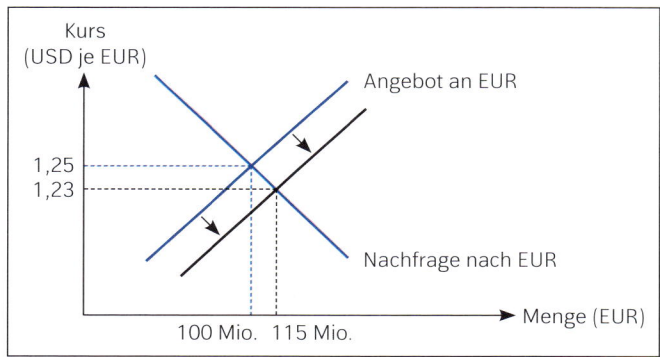

Durch die Rechtsverschiebung der Angebotskurve ergibt sich ein neuer Gleichgewichtspreis von 1,23 USD je EUR mit einer Gleichgewichtsmenge von 115 Mio. EUR.

Insgesamt ergibt sich gegenüber der Ausgangssituation eine **Abwertung des Euro** bzw. eine **Aufwertung des US-Dollar**, da jetzt **weniger US-Dollar für einen Euro** zu zahlen sind.

Weitere Faktoren für eine Rechtsverschiebung der Angebotskurve (und damit einer Dollaraufwertung bzw. Euro-Abwertung) können sein:

- **Warenverkehr:** Amerikanische Unternehmen exportieren verstärkt Waren in die EU.

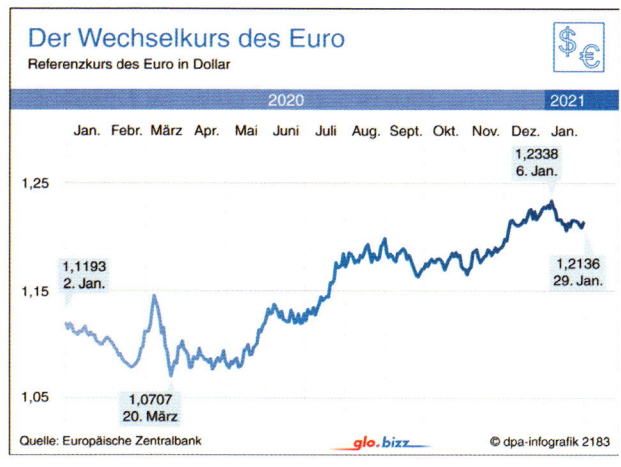

Der Wechselkurs des Euro

Referenzkurs des Euro in Dollar

2020   2021

Jan. Febr. März Apr. Mai Juni Juli Aug. Sept. Okt. Nov. Dez. Jan.

1,2338
6. Jan.

1,25

1,1193
2. Jan.

1,15

1,2136
29. Jan.

1,05

1,0707
20. März

Quelle: Europäische Zentralbank   glo.bizz   © dpa-infografik 2183

- **Kapitalverkehr:** Europäische Anleger kaufen verstärkt amerikanische Aktien und Immobilien.
- **Zinsniveau:** Wegen steigender Zinsen in der USA kaufen europäische Anleger US-Anleihen.
- **Devisengeschäfte der Zentralbanken:** Die Zentralbanken bieten verstärkt Euro gegen US-Dollar an.
- **Zukunftserwartungen:** Anleger oder Spekulanten erwarten eine Schwächung des Euro gegenüber dem US-Dollar aus politischen oder wirtschaftlichen Gründen.
- **Reiseverkehr:** Europäische Touristen reisen verstärkt in die USA.

Flexible Wechselkurse geben einen transparenten Überblick über das Marktgeschehen, bringen jedoch auch Nachteile mit sich:

- Flexible Wechselkurse erschweren die Kalkulation von Außenhandelsgeschäften: International tätige Unternehmen müssen hohe Summen zur Absicherung ihrer Import- bzw. Exportgeschäfte durch Swap- oder Optionsgeschäfte tätigen.

- Flexible Wechselkurse verleiten zu Spekulationsgeschäften. An den Märkten werden pro Handelstag Devisen im Gegenwert von etwa 6,5 Billionen USD umgesetzt. Dieser Wert ist fast doppelt so hoch wie noch vor zehn Jahren. Der **tägliche Devisenumsatz** erreicht eine Dimension, die fast so hoch ist wie das **weltweite Bruttoinlandsprodukt in einem Monat**. Ein großer Teil des Handels in Fremdwährungen ist nicht auf realwirtschaftliche Vorgänge zurückzuführen.

7.3.2.2 Feste Wechselkurse

Bei einem Währungssystem mit festen (fixen oder auch starren) Wechselkursen legt der Staat ein festes Umtauschverhältnis der inländischen Währung gegenüber ausländischen Währungen oder auch einem anderen Wertanker (z. B. Gold, Währungskorb) fest. Damit haben Exporteure und Importeure eine feste Kalkulationsgrundlage.

Da der Kurs jedoch meist nicht die Marktverhältnisse widerspiegelt, ergeben sich wirtschaftliche Folgeprobleme bei Über- bzw. Unterbewertung der Währung.

So kann beispielsweise eine durch feste Wechselkurse verursachte Unterbewertung einer Währung die Geldwertstabilität gefährden, da laufend Exportüberschüsse produziert werden und ein Ausgleichsmechanismus über eine freie Devisenkursbildung fehlt; dieser würde die Währung verteuern und für einen Exportrückgang sorgen. Andauernde Exportüberschüsse können dann zu einer importierten Inflation führen, da die Geldmenge durch die Erlöse aus den Exportgeschäften steigt und die inländische Gütermenge sinkt.

Feste Wechselkurse mit einem langfristig festen Verhältnis zu einem Wertanker sind heutzutage nicht mehr anzutreffen, da die betreffenden Länder entweder zu freien Wechselkursen übergegangen sind oder sich für ein Mischsystem mit Bandbreiten entschieden haben.

7.3.2.3 Wechselkurse mit Bandbreiten

Bei einem Wechselkurssystem mit Bandbreiten liegt eine Übereinkunft mehrerer Staaten vor, in der vereinbart wird, dass der Wechselkurs ihrer Währungen nur innerhalb festgelegter Bandbreiten um einen festgelegten Leitkurs schwanken darf.

Die Kurse der am System beteiligten Währungen bilden sich wie bei freien Wechselkursen nach Angebot und Nachfrage auf dem Devisenmarkt. Ist jedoch abzusehen, dass eine Währung gegenüber einer anderen Währung den Kurs durchbrechen wird, der durch die obere bzw.

untere Bandbreite bestimmt ist, sind die Zentralbanken der betroffenen Länder zur Intervention verpflichtet.

Beispiel

Für die Dänische Krone (DKK) wurde gegenüber dem Euro ein Leitkurs von 7,46038 DKK je EUR festgelegt. Die Bandbreiten sind so vereinbart, dass eine maximale Abweichung von ± 2,25 % vom Leitkurs möglich ist.

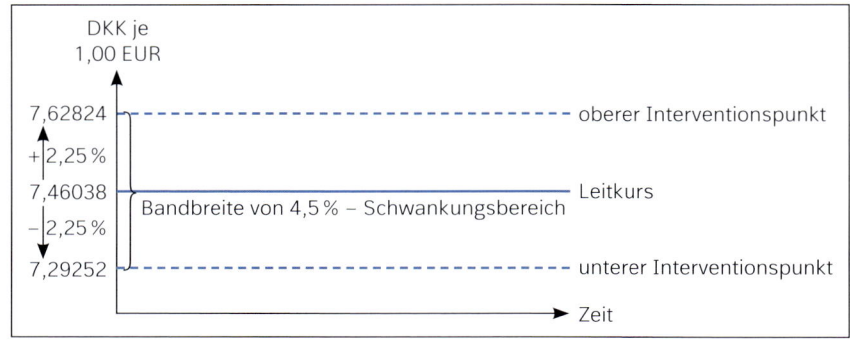

Wenn sich der Kurs der Dänischen Krone der **oberen Bandbreite** nähert, befindet sie sich in einem Prozess der **Abwertung** gegenüber dem Euro. (Es sind mehr DKK für 1,00 EUR zu zahlen.) Die EZB und die dänische Nationalbank sind dann zu folgenden Interventionen verpflichtet:

- Die EZB kauft Dänische Kronen gegen Euro.
- Die dänische Nationalbank verkauft Euro gegen Dänische Kronen.

Durch beide Maßnahmen kann die Dänische Krone gestützt werden, die Währung bewegt sich dann von oben in Richtung des Leitkurses.

Nähert sich der Kurs der Dänischen Krone der **unteren Bandbreite**, befindet sie sich in einem Prozess der **Aufwertung** gegenüber dem Euro. (Es sind weniger DKK für 1,00 EUR zu zahlen.) Die EZB und die dänische Nationalbank sind dann zu folgenden Interventionen verpflichtet:

- Die EZB verkauft Dänische Kronen gegen Euro.
- Die dänische Nationalbank kauft Euro gegen Dänische Kronen.

Beide Maßnahmen führen zu einer Abwertung der Dänischen Krone gegenüber dem Euro, die Währung bewegt sich dann von unten in Richtung des Leitkurses.

▶ **Das chinesische Wechselkurssystem**

Der Devisenmarkt in China ist staatlich reguliert. Die Währung (Renminbi, auch Yuan genannt) war lange Zeit mit sehr geringen Bandbreiten an den US-Dollar gekoppelt und galt aufgrund der staatlichen Wechselkurspolitik stets als deutlich unterbewertet. Dadurch verschaffte die chinesische Regierung ihren Exportunternehmen erhebliche Vorteile auf dem Weltmarkt. Seit 2015 ist der Yuan an einen Währungskorb, bestehend aus mehreren Währungen (vor allem USD, EUR und JPY) gekoppelt. Die Regierung legt regelmäßig einen Leitkurs fest; es gilt eine Bandbreite von ± 2 %.

7.3.3 Bandbreitensystem zur Vorbereitung des Beitritts zur Europäischen Wirtschafts- und Währungsunion

Grundlage der Europäischen Wirtschafts- und Währungsunion (EWWU) ist der 1992 geschlossene Vertrag von Maastricht, in dem die Einführung der Einheitswährung Euro sowie die Voraussetzungen für eine Aufnahme in den Euroverbund festgelegt wurden.

Die in diesem **Stabilitäts- und Wachstumspakt** festgelegten Voraussetzungen sollen den Zweck erfüllen, dass wichtige volkswirtschaftliche Daten in den Euroländern weitgehend übereinstimmen (konvergieren); sie werden daher als **Konvergenzkriterien** bezeichnet.

Voraussetzungen für eine Aufnahme in den Euroverbund (Konvergenzkriterien)	
Preisstabilität	Die Inflationsrate darf den Durchschnitt der drei preisstabilsten Länder um nicht mehr als 1,5 Prozentpunkte übersteigen.
Wechselkursstabilität	Die Währung eines Mitgliedslandes muss dem Europäischen Währungssystem angehören und darf in den letzten beiden Jahren nicht abgewertet worden sein.
Kapitalmarktzinsniveau	Die Durchschnittsrendite langfristiger Staatsanleihen darf höchstens 2 Prozentpunkte über dem Durchschnitt der entsprechenden Zinsen in den drei Ländern mit der niedrigsten Inflationsrate liegen.
Haushaltsdisziplin	Die jährliche Neuverschuldung der öffentlichen Haushalte darf höchstens 3 % des Bruttoinlandsprodukts betragen, es sei denn, die Quote ist erheblich rückläufig und liegt in der Nähe des Höchstsatzes.
Staatsverschuldung	Die Gesamtverschuldung der öffentlichen Haushalte darf nicht mehr als 60 % des Bruttoinlandsprodukts betragen, es sei denn, die Quote ist rückläufig und nähert sich rasch genug dem Höchstsatz.

Zu den Kriterien Haushaltsdisziplin und Staatsverschuldung wurden im Zuge einer Reform des Stabilitäts- und Wachstumspakts später einige Präzisierungen vorgenommen, nachdem die Staatsverschuldung aufgrund von Finanzkrisen immer weiter zugenommen hat. Die dort festgelegten Regelungen sehen vor, dass die Staatshaushalte mittelfristig ausgeglichen sein müssen und ein kontinuierlicher Abbau der Staatsschulden auf die Zielmarke von 60 % vorgenommen werden muss. Im Falle der Nichteinhaltung dieser Vorgaben kann die EU-Kommission Sanktionen verhängen.

Im Zusammenhang mit dem Konvergenzkriterium **Wechselkursstabilität** hat die EU mit einigen Nicht-Euroländern das Wechselkurs-Bandbreitensystem WKM II geschlossen. Dem WKM II gehören zurzeit die Währungen der Länder Bulgarien, Dänemark und Kroatien an.

WKM II			
Land	**Währung/ISO-Code**	**Leitkurs**	**Bandbreite**
Bulgarien	Lew/BGN	1,00 EUR = 1,95583 BGN	± 15 %
Dänemark	Krone/DKK	1,00 EUR = 7,46038 DKK	± 2,25 %
Kroatien	Kuna/HRK	1,00 EUR = 7,53450 HRK	± 15 %

Für Bulgarien und Kroatien ist ein Beitritt zur EWWU für 2022 bzw. 2023 geplant. Für Dänemark liegen bislang keine Beitrittspläne vor.

8 Konsequenzen gesamtwirtschaftlicher Einflüsse auf Anlage- und Kreditentscheidungen

Für eine qualifizierte Kundenberatung sind Kenntnisse über gesamtwirtschaftliche Zusammenhänge unabdingbar, um Kundinnen und Kunden über Hintergründe zu konjunktureller Entwicklung, Staatverschuldung, Zinserwartungen, Umweltpolitik usw. zu informieren, damit sie ihre Anlage- und Kreditentscheidungen auch unter Berücksichtigung gesamtwirtschaftlicher Aspekte treffen können.

8.1 Wachstum und Konjunktur

Bei Aktienanlagen sind zwar kurzfristig hohe Kursverluste möglich, bei langfristiger Betrachtung bieten sie jedoch deutlich höhere Ertragschancen als Anlagen in Anleihen. Durch ein Investment in Aktien partizipieren Anleger direkt am Wachstum von Unternehmen, und dieses ist auch vom gesamtwirtschaftlichen Wachstum abhängig. Der Zusammenhang zwischen BIP-Entwicklung bzw. den Schwankungen des Bruttoinlandsprodukts im Konjunkturverlauf darf jedoch nicht dazu verleiten, daraus einen Begründungszusammenhang zu konstruieren. So lässt ein gegenwärtiges oder zukünftig zu erwartendes Wachstum des Bruttoinlandsprodukts nicht zwangsläufig auf aktuell oder demnächst steigende Aktienkurse schließen; umgekehrt müssen positive Entwicklungen auf den Aktienmärkten nicht auf demnächst anstehende Steigerungsraten des Bruttoinlandsprodukts hinweisen. Bei der Kundenberatung sind diese Zusammenhänge zu durchleuchten. Kenntnisse zu den Begriffen Bruttoinlandsprodukt und Konjunktur sowie zu den Hintergründen dieser Begriffe sind daher unerlässlich.

Ein Beispiel für die Bedeutung dieser gesamtwirtschaftlichen Hintergründe von Wachstum und Konjunktur bei Anlageentscheidungen in Aktien ist die **Fundamentalanalyse**, die diese Aspekte oft zunächst analysiert und dann auf branchen- und unternehmensspezifische Kriterien eingeht.

Im Zusammenhang mit Kreditentscheidungen spielen Wachstumsaspekte ebenfalls eine wichtige Rolle. Auch hier geht es um zukünftige Ertragsaussichten, die darüber Aufschluss geben, ob sich eine Investition „rechnen" wird oder nicht. Diese Ertragsaussichten hängen wiederum, neben unternehmens- und branchenspezifischen Aspekten, von gesamtwirtschaftlichen Wachstumsperspektiven ab.

8.2 Ökologie

Ein „Wirtschaftswachstum um jeden Preis" ist angesichts der gravierenden ökologischen Probleme nicht sinnvoll. Bei Anlageentscheidungen rückt Nachhaltigkeit, das heißt ein schonender Umgang mit den Ressourcen unseres Planeten, sozial verantwortliches Handeln und eine gute Unternehmensführung, immer mehr in den Fokus der Anleger. Kundenberaterinnen und Kundenberater müssen daher über Hintergründe zu Nachhaltigkeit und nachhaltiger Geldanlage Bescheid wissen.

Bei nachhaltigen Anlagen werden die klassischen Beurteilungskriterien Liquidität, Sicherheit und Rentabilität ergänzt durch die Dimensionen Ökologie (**E**nvironment), **S**oziales (Social) und Unternehmensführung (**G**overnance), kurz: ESG.

Es gibt inzwischen eine Fülle an Möglichkeiten zur nachhaltigen Geldanlage.

Beispiele

- Einlagen bei einer Bank mit Nachhaltigkeitsstandards
- Aktienanlage in nachhaltige Unternehmen
- aktiv verwaltete Fonds mit Nachhaltigkeitsstandards
- ETF mit Nachhaltigkeitsstandards

Im Einzelfall ist die Beurteilung der Nachhaltigkeit jedoch schwierig, da es keine einheitlichen und verbindlichen Nachhaltigkeitsstandards gibt. Bei der Auswahl geeigneter Finanzinstrumente lassen sich zwei Ansätze unterscheiden – Ausschlusskriterien und „Best-In-Class-Verfahren".

Ansätze zur Auswahl nachhaltiger Geldanlagen	
Ausschlusskriterien	**„Best-In-Class-Verfahren"**
Verzicht bestimmter „No-Go-Anlagen": Ausschluss von Aktien, Anleihen, Zertifikaten usw. von Unternehmen aus Branchen, die aus ökologischen oder ethischen Gründen abzulehnen sind	Festlegung nachhaltiger Kriterien: • Identifizierung einer Gesamtheit gleichartiger Anlagealternativen • Auswahl des Unternehmens aus der Gesamtheit, das bei einem Kriterium als „Klassenbester" abschneidet
Beispiele Finanzprodukte aus den Branchen – Tabakindustrie – Waffenherstellung – Glücksspielmarkt – Mineralölkonzerne	**Beispiel** Das Management eines aktiv verwalteten nachhaltigen Fonds investiert einen Teil des Fondsvermögens in Unternehmen der Energieerzeugung und wählt aus den infrage kommenden Unternehmen dasjenige mit dem höchsten Anteil an Energieerzeugung aus Windkraft und Photovoltaik aus.

Generell gilt der Best-In-Class-Ansatz als weniger konsequent im Vergleich zum Ausschlussverfahren, da hier immer noch Finanzprodukte mit „Gefährdungspotenzial" gekauft werden.

8.3 Inflation

Für Anleger spielt die Inflationsrate, besonders bei einem langfristigen Vermögensaufbau, eine äußerst wichtige Rolle. Kundenberaterinnen und Kundenberater müssen Anleger nachdrücklich darüber aufklären, wie sich Preissteigerungen auf zukünftig zu erwartende Kapitalauszahlungen oder zukünftige Rentenzahlungen auswirken. Dazu sind Kenntnisse zur Ermittlung bzw. Messung von Inflationsrate und Kaufkraft vonnöten. Schlüsselbegriffe sind in diesem Zusammenhang Nominalzins und Realzins.

Wert eines Anlagebetrages von 100,00 EUR nach ... Jahren unter Berücksichtigung einer Inflationsrate von ... %

	10 Jahre	20 Jahre	30 Jahre
2 %	82,00 EUR	67,00 EUR	55,00 EUR
5 %	61,00 EUR	38,00 EUR	23,00 EUR
10 %	39,00 EUR	15,00 EUR	6,00 EUR

Der Wertverlust ist auch bei einer gemäßigten Inflationsrate von jährlich 2 % bei einer hohen Anlagedauer beträchtlich. Für einen Anlagebetrag von 100,00 EUR ist dann z. B. nach 30 Jahren nur noch etwas mehr als die Hälfte an Kaufkraft vorhanden.

- **Nominalzins:** bei einem Finanzprodukt angegebene Verzinsung
- **Realzins:** nominale Verzinsung unter Berücksichtigung der Inflationsrate

Beispiel

Ein Anleger erwirbt eine 2,5 %-Anleihe. Er erhält nach einem Jahr für 100,00 EUR nominal aus der Anleihe einen Zinsertrag von 2,50 EUR. Der HVPI zu Beginn des Jahres lag bei 101 und ein Jahr später bei 103.

- Die Inflationsrate beträgt 1,98 %.

$$= \frac{103 - 101}{101} \cdot 100 = 1,98\,\%$$

Den Realzins kann man näherungsweise dadurch ermitteln, dass man die Inflationsrate vom Nominalzins abzieht. In diesem Fall ergibt sich der (finanzmathematisch nicht ganz exakte) Realzins von 2,5 % − 1,98 % = 0,52 %.

Nominaler und realer Zinssatz 10jährige deutsche Staatsanleihen

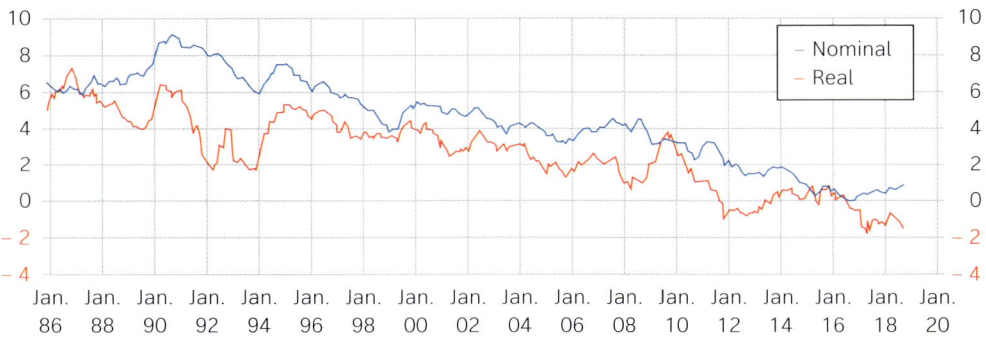

8.4 Geldpolitische Aspekte

Die Entwicklung von Real- und Nominalzinsen steht in einem engen Zusammenhang zur Geldpolitik der Zentralbank. Anleger sind gerade in Zeiten von Nullzinsen und Minuszinsen verunsichert. Kundenberaterinnen und Kundenberater müssen sie daher über Hintergründe zu geldpolitischen Aktivitäten der EZB aufklären. Dabei geht es einerseits um die Zinspolitik (Leitzinsfestsetzung) und andererseits um Auswirkungen geldpolitischer Instrumente auf die Inflation bzw. Deflation. So hat beispielsweise die expansive Geldpolitik der EZB zu verstärkten Investition in Aktien und Immobilien geführt und bei diesen Anlageformen eine so genannte Vermögenspreisinflation verursacht, da viele Investoren Gelder in diese Anlageformen investiert haben, nachdem sie Gelder aus sicheren, aber „zinslosen" Anlageformen abgezogen hatten.

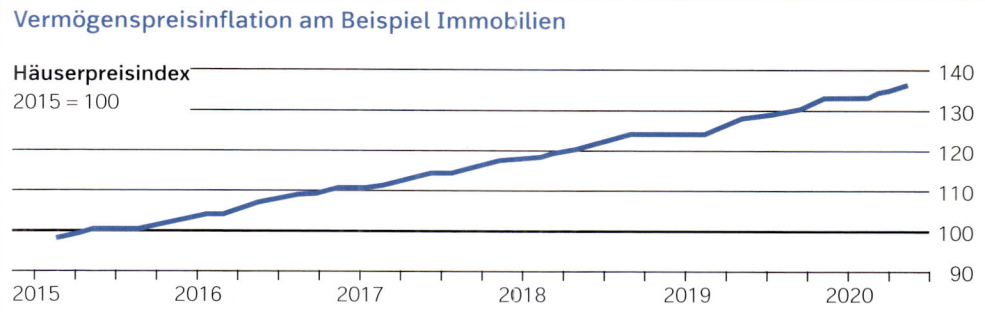

Vermögenspreisinflation am Beispiel Immobilien

Quelle: eigene Darstellung nach https://www.destatis.de/DE/Presse/Pressemitteilungen/2020/09/ PD20_369_61262.html (23.12.2020) © Statistisches Bundesamt (Destatis), 2021

Der Häuserpreisindex bildet die Preisentwicklung für Wohnimmobilien in Deutschland ab. Dieser Index ist in den letzten fünf Jahren um fast 40 % gestiegen. Der HVPI stieg im gleichen Zeitraum hingegen lediglich um knapp 5 %.

8.5 Außenwirtschaftliche Aspekte

Bei der Anlage in ein Finanzprodukt aus einem anderen Währungsraum sind außenwirtschaftliche Aspekte von Bedeutung.

Beispiel

Ein Kunde legt 10 000,00 EUR in einen ETF auf den MSCI World an. Dieser Index umfasst Aktien aus vielen Ländern mit unterschiedlichen Währungen (amerikanische Aktien, japanische Aktien, britische Aktien usw.), die jeweils in ihrer Währung gehandelt werden. Die Devisenkursentwicklung bei diesen Währungen muss in eine Betrachtung der Risiken des Investments einbezogen werden, auch wenn der Fonds in Euro notiert.

Kursveränderungen des Euro gegenüber ausländischen Währungen sind in Beratungsgesprächen zum Kauf solcher Finanzprodukte unter dem Aspekt „Währungsrisiko" zu behandeln. Diese Veränderungen sind im Zusammenhang mit anderen Ertragsbestandteilen einer Anlage zu betrachten und können sich positiv oder negativ auf die Rendite auswirken.

Beispiel

Ein Anleger hat in einen Fonds investiert, der sich zu einem großen Teil aus Aktien exportstarker amerikanischer Unternehmen zusammensetzt. Der Außenwert des US-Dollar gegenüber dem Euro steigt. Dies wirkt sich in zweifacher Hinsicht auf den Wert der Anlage aus:

- Die Umsätze der exportorientierten US-amerikanischen Unternehmen sinken. Dies wirkt sich negativ auf die Aktienkurse dieser Unternehmen aus; der Fondswert sinkt.
- Bei der Umrechnung des Fondswertes in Euro ergibt sich aufgrund des gestiegenen US-Dollar-Außenwertes ein positiver Effekt.

Je nach Ausprägung der beiden Effekte ergibt sich für den Anleger eine positive oder auch negative Wertentwicklung. Gleichgerichtete Effekte verstärken eine positive bzw. negative Wertentwicklung.

Wertverlust des Fonds-vermögens in US-Dollar	>	Wertgewinn des US-Dollar gegenüber dem Euro	⟶	negative Wertentwicklung der Fondsanlage
Wertverlust des Fonds-vermögens in US-Dollar	<	Wertgewinn des US-Dollar gegenüber dem Euro	⟶	positive Wertentwicklung der Fondsanlage
Wertgewinn des Fonds-vermögens in US-Dollar	+	Wertgewinn des US-Dollar gegenüber dem Euro	⟶	stark positive Wertentwicklung der Fondsanlage
Wertverlust des Fonds-vermögens in US-Dollar	+	Wertverlust des US-Dollar gegenüber dem Euro	⟶	stark negative Wertentwicklung der Fondsanlage

Bei der Erörterung des Währungsrisikos im Beratungsgespräch sind solche Aspekte zu erläutern.

Lernfeld 11:

Wertschöpfungsprozesse erfolgsorientiert steuern

Zielbeschreibung:

Sie verfügen über die Kompetenz, Wertschöpfungsprozesse auf Grundlage der Kosten- und Erlösrechnung zu analysieren und zu beurteilen.

Lernfeld 11: Wertschöpfungsprozesse erfolgsorientiert steuern

Sie informieren sich über den funktionalen **Zusammenhang** zwischen **interner und externer Rechnungslegung**. Sie grenzen die Finanzbuchführung von der Kosten- und Erlösrechnung ab und begründen die **Bedeutung der internen Rechnungslegung** für die erfolgs- und zielorientierte **Steuerung und Überwachung** eines Kreditinstituts. Sie erkundigen sich über die Aufgaben einer Controllingabteilung und werten statistische Daten digital aus.

Sie analysieren **Kosten** (Grundkosten, Zusatzkosten, fixe und variable Kosten) und Erlöse (Grunderlöse, Zusatzerlöse) im **Wert- und Betriebsbereich** auf Grundlage der Daten der Finanzbuchhaltung (Zweckaufwendungen, neutrale Aufwendungen, Zweckerträge, neutrale Erträge). Sie treffen auf der Basis dieser Analyse **Investitionsentscheidungen** (Gewinn- und Kostenvergleichsrechnung).

Bei der **Gesamtbetriebskalkulation** stellen Sie Erlöse den Kosten gegenüber und ermitteln das **Betriebsergebnis** auf Basis der Daten aus der Gewinn- und Verlustrechnung. Sie bewerten anhand der Ergebnisse den internen Leistungsprozess des Kreditinstitutes.

Sie ermitteln den Erfolgsbeitrag für das Kreditinstitut durch Gegenüberstellung des Kundengeschäfts mit alternativen Geldanlagen und -aufnahmen am Geld- und Kapitalmarkt (**Marktzinsmethode**).

Sie analysieren die Kosten und Erlöse von **Betriebsleistungen** und erfassen die direkt zurechenbaren Einzelkosten eines Geschäftsprozesses im Kreditinstitut (**prozessorientierte Standardeinzelkostenrechnung**). Sie berechnen den **Standardstückkostensatz**, vergleichen diesen mit dem Erlös und bewerten den Teilerfolg im Betriebsbereich. Sie beurteilen die Auswirkung von **Overheadkosten** in der Berechnung.

Sie kalkulieren für zinsabhängige Aktiv- und Passivgeschäfte des Kreditinstituts die **Preisober- und Preisuntergrenzen**. Sie wenden die mehrstufige **Deckungsbeitragsrechnung** im Produkt- und Kundenbereich an und prüfen die Vorteilhaftigkeit für das Kreditinstitut.

1 Aufgaben des Controllings

> Aufgabe des **Controllings** ist es, der Geschäftsleitung **Daten bereitzustellen**, die sie für die **Planung, Information, Kontrolle und Steuerung der Geschäftsprozesse** benötigt.

11

Das Controlling soll

- das Management bei der Definition von Unternehmenszielen unterstützen.
- Informationen zur Festlegung von Planzahlen (Soll-Werte) liefern.
- die Umsetzung der Planungen kontrollieren und Abweichungen der Ist-Werte von den Soll-Werten feststellen.
- Ursachen von Planabweichungen analysieren und Vorschläge für neue Steuerungsmaßnahmen und Ziele erarbeiten.

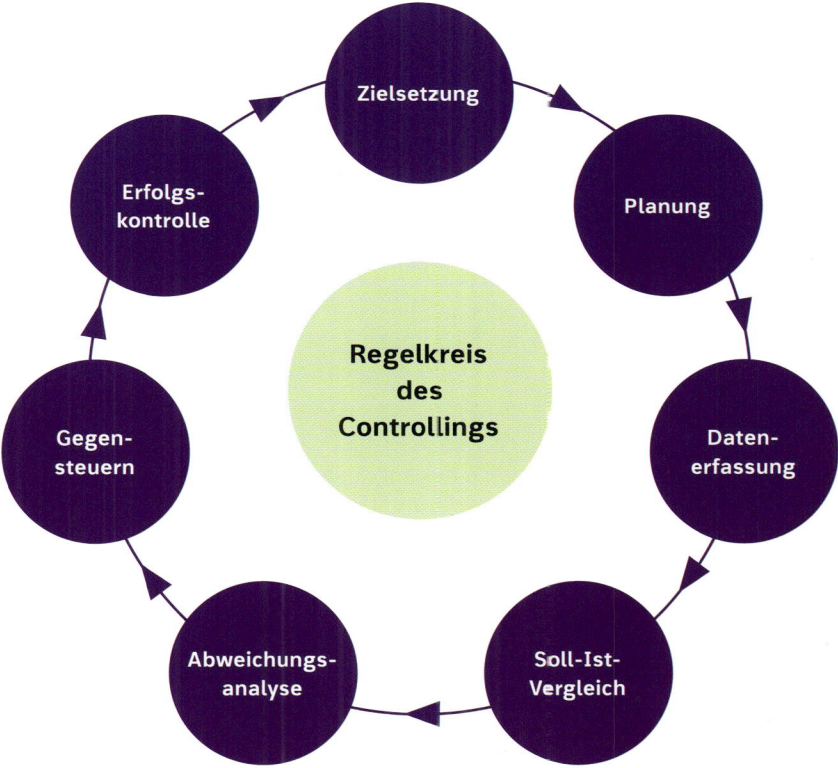

Die vom Controlling ermittelten Daten sind für die Geschäftsleitung eine wichtige Grundlage für eine fundierte Geschäftspolitik und für eine effektive Gestaltung der Geschäftsprozesse.

Im Hinblick auf den Zeithorizont sind das **strategische** und das **operative Controlling** zu unterscheiden.

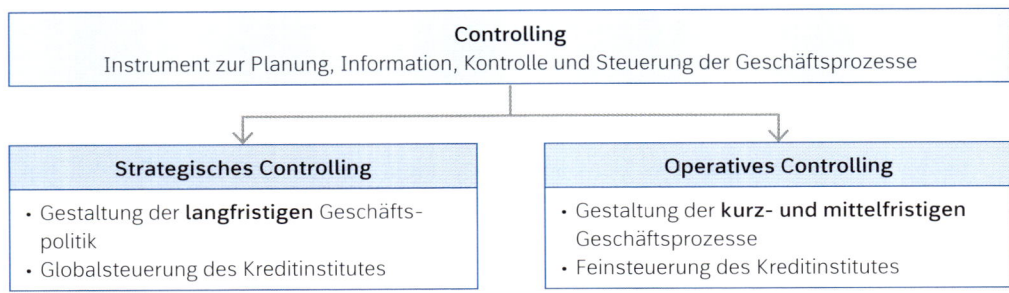

Controlling
Instrument zur Planung, Information, Kontrolle und Steuerung der Geschäftsprozesse

Strategisches Controlling	**Operatives Controlling**
• Gestaltung der **langfristigen** Geschäftspolitik • Globalsteuerung des Kreditinstitutes	• Gestaltung der **kurz- und mittelfristigen** Geschäftsprozesse • Feinsteuerung des Kreditinstitutes

▶ Strategisches Controlling

Unternehmen möchten langfristig erfolgreich sein. Das Management muss dazu Unternehmensziele definieren und eine Strategie entwickeln, wie die Ziele im Laufe der nächsten Jahre erreicht werden können.

Das strategische Controlling soll Informationen darüber bereitstellen, welche Geschäftsbereiche, Produkte und Vertriebswege zukünftig dem Kreditinstitut gute Chancen bieten und welche Risiken zu beachten sind.

Die Geschäftsleitung muss beispielsweise Antworten auf folgende Fragen finden:

* Wie tätigen Kunden ihre Bankgeschäfte in fünf Jahren?
  Kunden wickeln Bankgeschäfte zunehmend online ab und suchen nur noch selten Filialen auf. Kreditinstitute reagieren darauf mit einem Ausbau ihrer digitalen Angebote. Dazu sind erhebliche Investitionen in die IT notwendig. Zudem ist die Frage zu klären, wie viele Geschäftsstellen das Kreditinstitut unterhalten möchte.

* Welche Geschäftsbereiche sollen in Zukunft erweitert bzw. eingeschränkt werden?
  Das Kreditinstitut muss dazu seine Zielgruppen (z. B. Privatkunden, vermögende Privatkunden, Geschäftskunden) definieren. Dabei ist auch der demografische Wandel zu berücksichtigen.

* Wie entwickelt sich die Konkurrenz?
  Kreditinstitute können ihre Marktanteile nur auf Kosten anderer Banken vergrößern, da der Markt bereits aufgeteilt ist. Der Wettbewerb verstärkt sich zudem durch neue innovative Unternehmen (FinTechs), die in Konkurrenz zu den etablierten Kreditinstituten kostengünstig Bankleistungen (z. B. Zahlungsverkehrsleistungen) anbieten.

Ein Instrument zur Entwicklung einer langfristigen Unternehmensstrategie ist die sogenannte **SWOT**-Analyse, um Stärken und Schwächen (unternehmensinterne Analysefelder) sowie Chancen und Risiken (externe Analysefelder) zu bestimmen.

	Analysefelder	Beispiele
intern	**S** = Strengths (Stärken)	– kompetente Mitarbeiter – gutes Markenimage – hohe finanzielle Ressourcen – loyale Kunden – niedrige Kosten
intern	**W** = Weakness (Schwächen)	– „schwache" Produkte – aufwendige Abläufe – hohe Kosten – veraltete IT-Systeme
extern	**O** = Opportunities (Chancen)	– neue Technologien – neue Zielgruppen – neue Kundenbedürfnisse – Kooperationen/Fusionen
extern	**T** = Threats (Risiken)	– neue gesetzliche Regularien – neue Wettbewerber – steigende Kreditausfälle bei einem Konjunktureinbruch – Kurseinbruch an den Börsen

Die Gegenüberstellung der externen Umfeldanalyse von Chancen und Risiken mit dem eigenen Stärke-Schwächen-Profil bildet eine Basis für strategische Entscheidungen. Diese sind fortlaufend zu überprüfen und gegebenenfalls zu revidieren, da ihnen langfristige Prognosen zugrunde liegen und Marktverhältnisse sowie Rahmenbedingungen einem ständigen Wandel unterworfen sind.

▶ Operatives Controlling

Das **operative Controlling** liefert Daten zur Planung, Kontrolle und Steuerung von **kurz- und mittelfristigen** Geschäftsprozessen. Unternehmensziele werden durch erfolgsrelevante Planzahlen (Sollzahlen) konkretisiert und überprüfbar.

Die Geschäftsleitung formuliert Planzahlen für das gesamte Kreditinstitut und für einzelne organisatorische Einheiten (Geschäftsbereiche, Geschäftsstellen usw.), die innerhalb eines bestimmten Zeitraumes (z. B. ein Monat, ein Quartal, ein Jahr) erreicht werden sollen. Die Planzahlen beziehen sich auf erfolgsrelevante Größen (z. B. Kosten, Erlöse, Umsatz, Zahl von Neukunden, Volumen neu abgeschlossener Altersvorsorgeverträge).

Beispiel

Die Regio-Bank AG möchte im nächsten Geschäftsjahr ihr Baufinanzierungsgeschäft um 800 Mio. EUR ausweiten.

- Die Geschäftsregion Norddeutschland soll dazu 200 Mio. EUR beitragen.
  - Die Niederlassung in Hannover soll ihre Baudarlehen um 50 Mio. EUR steigern.
    - Die Filiale Schillerstraße in Hannover soll ihre Baudarlehen um 8 Mio. EUR erhöhen.

Neben der Planzahl für die Baudarlehen erhält die Filiale Schillerstraße weitere Vorgaben für den Monat Mai 20..:

Personalkosten	436 000,00 EUR
Sachkosten	293 000,00 EUR
Zinskosten	653 200,00 EUR
Zinserlöse	1 097 500,00 EUR
Provisionserlöse	322 800,00 EUR

Zusätzlich gibt es Planzahlen für die einzelnen Geschäftsbereiche (z. B. Bausparen, Verbraucherdarlehen, Altersvorsorgeverträge) und auch für einzelne Mitarbeiter/innen.

Planzahlen sind keine bloße Fortschreibung der Vergangenheitswerte, sondern berücksichtigen erwartete Entwicklungen.

Mitarbeiter/innen der Controllingabteilung vergleichen die tatsächlichen Werte (Ist-Werte) mit den Sollwerten, analysieren Abweichungen und entwickeln Maßnahmen zur Verbesserung der Kennzahlen.

Kundengeschäfte müssen grundsätzlich für das Kreditinstitut profitabel sein. Für Bankprodukte ist ein Preis zu kalkulieren, der die Kosten deckt und nach Möglichkeit darüber hinaus einen Gewinn generiert. Im Wettbewerb mit anderen Kreditinstituten ist der „gewünschte" Preis jedoch nicht immer erzielbar. Bankmitarbeiter/innen bzw. Führungskräfte müssen dann wissen, ob und gegebenenfalls in welcher Höhe sie Preisnachlässe gewähren können.

Zur Steuerung eines Kreditinstitutes benötigt die Geschäftsleitung genaue Informationen darüber, welchen Erfolgsbeitrag einzelne Geschäfte, Kunden und Geschäftsstellen geleistet haben.

Beispiele

Preiskalkulation	Luisa Bach beantragt ein Verbraucherdarlehen. Die Regio-Bank AG kalkuliert einen Sollzinssatz von 8 % für das Darlehen. Zu diesem Zinssatz sind alle Kosten gedeckt und darüber hinaus erzielt die Regio-Bank AG einen Gewinn. Die Regio-Bank AG ermittelt auch einen Mindestsollzinssatz von 6,00 %, zu dem das Darlehen noch kostendeckend angeboten werden kann.
Ermittlung von Erfolgsbeiträgen einzelner Geschäfte	Die Regio-Bank AG schließt mit Luisa Bach einen Darlehensvertrag zu einem Zinssatz von 7,00 % ab. Sie ermittelt für das Darlehen die Erfolgsbeiträge (Deckungsbeiträge).
Ermittlung von Erfolgsbeiträgen einzelner Kunden	Die Regio-Bank AG ermittelt den Gewinn aus der gesamten Geschäftsverbindung mit Luisa Bach. Sie berücksichtigt dabei neben dem Darlehen auch alle anderen Geschäfte mit der Kundin (z. B. Girokonto, Sparkonto, Depot, Wertpapiergeschäfte, Versicherungen).

2   Kosten- und Erlösrechnung

Kreditinstitute verfügen neben der **Finanzbuchhaltung** (externes Rechnungswesen) über eine **Betriebsbuchhaltung** (internes Rechnungswesen), um die für das Controlling benötigten Informationen zu beschaffen und auszuwerten. Zentraler Teil der Betriebsbuchhaltung ist die **Kosten- und Erlösrechnung**.

In der **Finanzbuchhaltung** erfüllt das Kreditinstitut die gesetzlichen Informations- und Dokumentationspflichten. Sie soll externe Adressaten (z. B. Bankenaufsicht, Kunden, Gesellschafter) über die wirtschaftliche Lage des Unternehmens informieren.[1] Die Daten der Finanzbuchhaltung geben jedoch keine detaillierte Auskunft über die Erfolgsbeiträge einzelner Geschäftsbereiche, Kunden und Geschäfte.

Das **interne Rechnungswesen** kann das Kreditinstitut individuell nach seinen Bedürfnissen gestalten. Es soll der Geschäftsleitung **Daten zur Steuerung und Kontrolle der Geschäftsprozesse** liefern. In der **Kosten- und Erlösrechnung** werden Preise für Bankleistungen kalkuliert und die Erfolgsbeiträge von einzelnen Geschäften, Kunden, Filialen und Geschäftsbereichen ermittelt.

2.1   Kosten und Erlöse

In der **Kosten- und Erlösrechnung** werden Kosten und Erlöse erfasst, analysiert und bewertet.

- **Kosten** sind der ordentliche (gewöhnliche, regelmäßige) Verbrauch von Produktionsfaktoren (Werteverzehr) für die Erstellung von Bankleistungen.
- **Erlöse** sind die ordentlichen (gewöhnlichen, regelmäßigen) Entgelte aus dem Verkauf von Bankleistungen (Wertschöpfung).

Die Differenz zwischen Erlösen und Kosten ist das **Betriebsergebnis**.

Betriebsergebnis = Erlöse – Kosten

Zur Steuerung und Kontrolle der Geschäftsprozesse ist die Kosten- und Erlösrechnung besser geeignet als die Finanzbuchhaltung, da hier Kosten und Erlöse einzelnen Bankleistungen zugeordnet werden. Grundsätzlich ist es ein Ziel des Kreditinstitutes, dass alle bei der Erstellung einer Bankleistung entstandenen Kosten mindestens durch entsprechende Erlöse gedeckt sind.

Die Kosten- und Erlösrechnung nutzt Daten aus der Finanzbuchhaltung, insbesondere von den Erfolgskonten. Die Daten aus der Finanzbuchhaltung können jedoch nicht unverändert übernommen werden, sondern sie müssen an die Anforderungen der Betriebsbuchhaltung angepasst werden.

In den Erfolgskonten der **Finanzbuchhaltung** werden Aufwendungen und Erträge erfasst.

- **Aufwendungen** sind <u>alle</u> Minderungen des Eigenkapitals mit Ausnahme von Eigenkapitalentnahmen (Ausschüttungen).
- **Erträge** sind <u>alle</u> Mehrungen des Eigenkapitals mit Ausnahme von Eigenkapitaleinlagen (Kapitalerhöhungen).

---

[1] *Weitergehende Informationen zur Finanzbuchhaltung vgl. GUT BERATEN in der Bank 2. AJ, Seite 59 ff.*

Bei Aufwendungen und Erträgen ist es unerheblich, ob sie zu betrieblichen oder nicht-betrieblichen Zwecken entstanden sind und ob sie regelmäßig anfallen oder einen außerordentlichen Charakter haben.

Die Differenz zwischen Erträgen und Aufwendungen ist der **Jahresüberschuss bzw. Jahresfehlbetrag**.

Jahresüberschuss bzw. Jahresfehlbetrag = Erträge – Aufwendungen

Neutrale Aufwendungen und Erträge sind **außerordentliche, betriebsfremde und periodenfremde** Aufwendungen und Erträge, die zwar in der Finanzbuchhaltung berücksichtigt werden, nicht aber in der Kosten- und Erlösrechnung.

Kosten	Bankleistungen	Erlöse
Die Erbringung von Bankleistungen verursacht Kosten: • Personalkosten • Sachkosten • Zinskosten • usw.	• Kontoführung • Zahlungsverkehrsleistungen • Einlagen • Darlehen • Wertpapiergeschäfte • usw.	Der Verkauf von Bankleistungen führt zu Erlösen: • Zinserlöse • Provisionserlöse • usw.

Zwischen Aufwendungen und Kosten sowie zwischen Erträgen und Erlösen gibt es jedoch eine große Schnittmenge. Deshalb nutzt die Betriebsbuchhaltung die Werte aus der Finanzbuchhaltung für die Kosten- und Erlösrechnung. Die Zahlen der Finanzbuchhaltung (Aufwendungen und Erträge) müssen aber für die Verwendung im Controlling (Kosten und Erlöse) neu aufbereitet werden.

In die Kosten- und Erlösrechnung werden aus der Finanzbuchhaltung nur die betrieblichen, ordentlichen Aufwendungen und Erträge übernommen, nicht aber betriebsfremde, außerordentliche und periodenfremde Aufwendungen und Erträge.

- **Grundkosten** sind die betrieblichen, ordentlichen und periodengerechten Aufwendungen (Zweckaufwendungen).
- **Grunderlöse** sind die betrieblichen, ordentlichen und periodengerechten Erträge (Zweckerträge).
- Aufwendungen und Erträge, die nicht in die Kosten- und Erlösrechnung einfließen, werden als **neutrale Aufwendungen** bzw. **neutrale Erträge** bezeichnet.

Neutrale Aufwendungen	Neutrale Erträge
• Steuern vom Einkommen und Ertrag • Steuernachzahlungen • Spenden • Abschreibungen, soweit die gebuchten Abschreibungen höher sind als der tatsächliche Wertverlust • außerordentliche Abschreibungen	• Erträge aus Anlagenverkäufen (z. B. Verkauf eines Pkw über Buchwert) • Steuererstattungen • Mieterträge aus der Vermietung von Wohnungen • Erträge aus der Auflösung von Rückstellungen und Wertberichtigungen • Subventionen

11

▶ Zusatzkosten[1]

In der Kosten- und Erlösrechnung werden auch kalkulatorische Kosten (Zusatzkosten) berücksichtigt, die nicht als Aufwendungen in der Finanzbuchhaltung gebucht werden dürfen.

Beispiele

- **kalkulatorische Miete**
  Für Geschäftsstellen in eigenen Gebäuden des Kreditinstitutes fällt keine Miete an. Der Mietwert ist jedoch in der Kosten- und Erlösrechnung zu berücksichtigen, da das Kreditinstitut die Räume alternativ vermieten könnte. Die Geschäftsstelle muss auch ihre „Miete" verdienen.

- **kalkulatorische Eigenkapitalverzinsung**
  Eigenkapitalgeber haben keinen Anspruch auf eine bestimmte Ausschüttung. Allerdings erwarten sie, dass sich ihre Beteiligung rentiert. Die Renditeerwartung eines Eigenkapitalgebers ist höher als die eines Darlehensgebers, da er ein größeres Risiko eingeht. Das Kreditinstitut muss für die Anteilseigner eine angemessene Verzinsung erwirtschaften.

Übernahme von Zweckerträgen und Zweckaufwendungen in die Betriebsbuchhaltung als Grundkosten und Grunderlöse

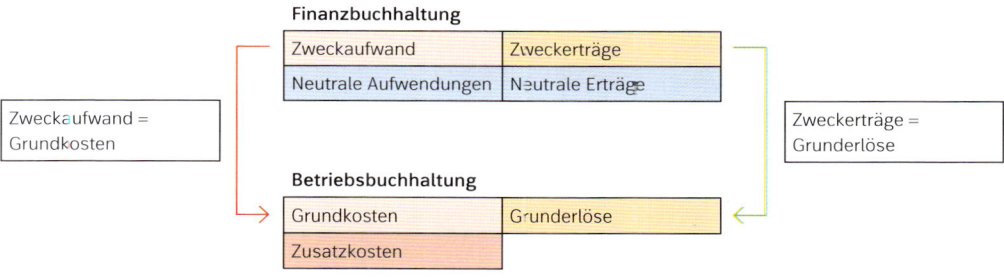

Merksätze

- *Grundkosten sind zugleich Aufwendungen (Zweckaufwand). Grunderlöse sind zugleich Erträge (Zweckerträge).*
- *Neutrale Aufwendungen sind keine Kosten. Neutrale Erträge sind keine Erlöse.*
- *Zusatzkosten sind keine Aufwendungen.*

2.2   Anderskosten

Die in der Finanzbuchhaltung gebuchten Aufwendungen können von den Werten abweichen, die in der Kosten- und Erlösrechnung verwendet werden. Dies gilt vor allem für Abschreibungen auf Forderungen und für Abschreibungen auf Anlagen.

---

[1] *Analog zu Zusatzkosten gibt es auch Zusatzerlöse. Zusatzerlöse werden nicht als Erträge in der Finanzbuchhaltung gebucht, sondern nur im Controlling berücksichtigt. Industrieunternehmen erfassen zum Beispiel Zusatzerlöse, wenn sie Produktionsanlagen für den eigenen Gebrauch herstellen. Da Zusatzerlöse in Kreditinstituten nur selten anfallen, werden sie hier nicht behandelt.*

2.2.1 Abschreibungen auf Forderungen

Die Höhe der Forderungsausfälle weist im Zeitverlauf oft große Schwankungen auf. In einer Rezession gibt es viele Unternehmensinsolvenzen und die Arbeitslosigkeit steigt. Entsprechend hoch sind in dieser Zeit die Forderungsausfälle bei Firmenkrediten und Verbraucherdarlehen. Bei besserer Konjunkturlage verringern sich die Forderungsausfälle dann wieder.

Im Controlling könnten die unterschiedlichen Werte zu Fehlinterpretationen führen. In einem Jahr mit hohen Forderungsausfällen fallen im Darlehensgeschäft vielleicht Verluste an und die Geschäftsleitung könnte auf die Idee kommen, das Geschäft herunterzufahren. Dies wäre eine falsche Entscheidung, wenn in den Folgejahren weniger Forderungen ausfallen und in diesem Bereich wieder Gewinne erzielt werden könnten. Zudem berücksichtigt das Kreditinstitut Forderungsausfälle bei der Kalkulation von Sollzinssätzen. Bei stark schwankenden Forderungsausfällen würden sich auch die Sollzinssätze von Jahr zu Jahr erheblich verändern. Dies wäre Kunden nur schwer zu vermitteln und könnte zu Geschäftseinbußen führen.

Deswegen rechnen Kreditinstitute in der Kosten- und Erlösrechnung mit Durchschnittswerten aus den vergangenen Jahren.

Fallbeispiel

Die Regio-Bank AG ermittelt den durchschnittlichen Forderungsausfall für die Jahre 05, 06 und 07 auf Basis der jeweils vorhergehenden fünf Jahre.

Jahre	tatsächlicher Forderungsausfall (Aufwendungen)		
01	12 598 000,00 EUR		
02	4 783 000,00 EUR	4 783 000,00 EUR	
03	3 428 000,00 EUR	3 428 000,00 EUR	3 428 000,00 EUR
04	10 693 000,00 EUR	10 693 000,00 EUR	10 693 000,00 EUR
05	6 832 000,00 EUR	6 832 000,00 EUR	6 832 000,00 EUR
06		8 875 000,00 EUR	8 875 000,00 EUR
07			5 920 000,00 EUR
Summe	38 334 000,00 EUR	34 611 000,00 EUR	35 748 000,00 EUR
Durchschnitt (Kosten)	7 666 800,00 EUR	6 922 200,00 EUR	7 149 600,00 EUR

Aufwendungen und Kosten für die Jahre 05, 06 und 07

Jahre	Aufwendungen (tatsächlicher Forderungsausfall)	Kosten (Gesamt)	Grundkosten (zugleich Aufwand)	Zusatzkosten (kein Aufwand)	Neutrale Aufwendungen (keine Kosten)
05	6 832 000,00 EUR	7 666 800,00 EUR	6 832 000,00 EUR	834 800,00 EUR	0,00 EUR
06	8 875 000,00 EUR	6 922 200,00 EUR	6 922 200,00 EUR	0,00 EUR	1 952 800,00 EUR
07	5 920 000,00 EUR	7 149 600,00 EUR	5 920 000,00 EUR	1 229 600,00 EUR	0,00 EUR

In der Finanzbuchhaltung ist immer der tatsächliche Forderungsausfall als Aufwand zu buchen.

In der **Kosten- und Erlösrechnung** berücksichtigt die Regio-Bank AG jedoch immer den **durchschnittlichen Forderungsausfall** der vergangenen fünf Jahre als Kosten.

Durchschnittlicher Forderungsausfall in den vergangenen fünf Jahren

Jahr 05	7 666 800,00 EUR (12 598 000,00 + 4 783 000,00 + 3 428 000,00 + 10 693 000,00 + 6 832 000,00) : 5 = 7 666 800,00 EUR
Jahr 06	6 922 200,00 EUR (4 783 000,00 + 3 428 000,00 + 10 693 000,00 + 6 832 000,00 + 8 875 000,00) : 5 = 6 922 200,00 EUR
Jahr 07	7 149 600,00 EUR (3 428 000,00 + 10 693 000,00 + 6 832 000,00 + 8 875 000,00 + 5 920 000,00) : 5 = 7 149 600,00 EUR

Aus dem Vergleich der Werte in der Finanzbuchhaltung und in der Kosten- und Erlösrechnung ergeben sich die Grundkosten, die Zusatzkosten und die neutralen Aufwendungen.

Grundkosten wurden als Aufwand (Zweckaufwand) gebucht.
- Wenn die Aufwendungen größer sind als die Kosten, ergeben sich neutrale Aufwendungen in Höhe der Differenz.
- Wenn die Aufwendungen kleiner sind als die Kosten, ergeben sich Zusatzkosten in Höhe der Differenz.

Ermittlung von Grundkosten, Zusatzkosten und neutralen Aufwendungen

Jahr 05	Aufwendungen 6 832 000,00 EUR < Kosten 7 666 800,00 EUR → Grundkosten 6 832 000,00 EUR + Zusatzkosten 834 800,00 EUR = Kosten 7 666 800,00 EUR
Jahr 06	Aufwendungen 8 875 000,00 EUR > Kosten 6 922 200,00 EUR → neutrale Aufwendungen = 8 875 000,00 EUR – 6 922 200,00 EUR = 1 952 800,00 EUR
Jahr 07	Aufwendungen 5 920 000,00 EUR < Kosten 7 149 600,00 EUR → Grundkosten 5 920 000,00 EUR + Zusatzkosten 1 229 600,00 EUR = Kosten 7 149 600,00 EUR

Merksätze

Kosten = Grundkosten (Zweckaufwand) – Zusatzkosten

Neutrale Aufwendungen = Aufwendungen – Kosten

2.2.2 Abschreibungen auf Anlagen

In der **Finanzbuchhaltung** richtet sich die Höhe der Abschreibungen nach den Vorschriften des Handelsgesetzbuches und des Einkommensteuergesetzes. Danach sind die **Anschaffungskosten** gleichmäßig (monatsgenau) auf die gewöhnliche **Nutzungsdauer gemäß AfA-Liste der Finanzverwaltung** zu verteilen.[1]

Geringwertige Wirtschaftsgüter können nach vereinfachten Vorschriften abgeschrieben werden:

- **Sammelpostenmethode**
  - Güter bis zu Anschaffungskosten von 250,00 EUR werden sofort als Aufwand gebucht.
  - Güter mit Anschaffungskosten von über 250,00 EUR bis 1 000,00 EUR werden im Anschaffungsjahr und den vier folgenden Jahren zu jeweils einem Fünftel abgeschrieben.

---

1 vgl. GUT BERATEN in der Bank 2. AJ, Seite 96 ff.

    – Güter mit Anschaffungskosten von über 1 000,00 EUR gelten nicht mehr als geringwertige Wirtschaftsgüter und werden gemäß AfA-Liste abgeschrieben.

oder

- **800,00-EUR-Methode**
  - Güter bis zu Anschaffungskosten von 250,00 EUR können sofort als Aufwand gebucht werden.
  - Güter mit Anschaffungskosten bis 800,00 EUR werden am Ende des Anschaffungsjahres komplett abgeschrieben.
  - Güter mit Anschaffungskosten von über 800,00 EUR gelten nicht mehr als geringwertige Wirtschaftsgüter und werden gemäß AfA-Liste abgeschrieben.

In der **Kosten- und Erlösrechnung** kann das Kreditinstitut den Wertverlust von Anlagegegenständen nach eigenen Kriterien und Erfahrungen ermitteln.

- Im Controlling rechnet das Kreditinstitut gegebenenfalls mit einer von der AfA-Liste **abweichenden Nutzungsdauer**.
- Statt der Anschaffungskosten kann es die erwarteten **Wiederbeschaffungskosten** des Gutes als Grundlage für die Berechnung der Abschreibungsraten nehmen. Diese Vorgehensweise geht von der Annahme aus, dass der Gegenstand nach Ablauf der Nutzungsdauer ersetzt werden muss. Bei einer erwarteten Preissteigerung ist es sinnvoll, mit den höheren Wiederbeschaffungskosten zu kalkulieren.

Fallbeispiel

Die Regio-Bank AG erwirbt im Januar 20.. einen Belegscanner zum Preis von 30 000,00 EUR. Die gewöhnliche Nutzungsdauer beträgt nach AfA-Liste sechs Jahre.

In der innerbetrieblichen Kalkulation geht die Regio-Bank AG von einer tatsächlichen Nutzungsdauer von acht Jahren aus. Zudem erwartet sie Preissteigerungen bei dem Scanner und rechnet in ihrer Kalkulation mit Wiederbeschaffungskosten von 34 000,00 EUR.

Jahre	Aufwendungen	Kosten (Gesamt)	Grundkosten (Zweckaufwand)	Zusatzkosten	neutraler Aufwand
1	5 000,00 EUR	4 250,00 EUR	4 250,00 EUR	0,00 EUR	750,00 EUR
2	5 000,00 EUR	4 250,00 EUR	4 250,00 EUR	0,00 EUR	750,00 EUR
3	5 000,00 EUR	4 250,00 EUR	4 250,00 EUR	0,00 EUR	750,00 EUR
4	5 000,00 EUR	4 250,00 EUR	4 250,00 EUR	0,00 EUR	750,00 EUR
5	5 000,00 EUR	4 250,00 EUR	4 250,00 EUR	0,00 EUR	750,00 EUR
6	5 000,00 EUR	4 250,00 EUR	4 250,00 EUR	0,00 EUR	750,00 EUR
7		4 250,00 EUR	0,00 EUR	4 250,00 EUR	0,00 EUR
8		4 250,00 EUR	0,00 EUR	4 250,00 EUR	0,00 EUR
Summe	30 000,00 EUR	34 000,00 EUR	25 500,00 EUR	8 500,00 EUR	4 500,00 EUR

jährliche Aufwendungen = 30 000,00 EUR Anschaffungskosten : 6 Jahre = 5 000,00 EUR

jährliche Kosten = 34 000,00 EUR Wiederbeschaffungskosten : 8 Jahre = 4 250,00 EUR

Jahr 1 bis Jahr 6	Aufwendungen 5 000,00 EUR > Kosten 4 250,00 EUR
	→ neutrale Aufwendungen = 5 000,00 EUR – 4 250,00 = 750,00 EUR
Jahr 7 und Jahr 8	Aufwendungen 0,00 EUR < Kosten 4 250,00 EUR
	→ Grundkosten 0,00 EUR + 4 250,00 EUR Zusatzkosten = Kosten 4 250,00 EUR

Zusammenhang von Finanz- und Betriebsbuchhaltung

11

Finanzbuchhaltung

Aufwendungen	GuV-Konto	Erträge

betriebliche, ordentliche Aufwendungen → Zweckaufwendungen (= Grundkosten)
z. B. Personalaufwand, Sachaufwand, Abschreibungen auf Anlagen und auf Forderungen

betriebliche, ordentliche Erträge → Zweckerträge (= Grunderlöse)
z. B. Zinserträge, Provisionserträge

neutrale Aufwendungen
- betriebsfremde Aufwendungen
  z. B. Spenden
- periodenfremde Aufwendungen
  z. B. Steuernachzahlung für das Vorjahr
- außergewöhnliche Aufwendungen
  z. B. Abfindungszahlungen an Arbeitnehmer bei Schließung einer Geschäftsstelle

neutrale Erträge
- betriebsfremde Erträge
  z. B. Mieterträge für Wohnungen
- periodenfremde Erträge
  z. B. Steuererstattung aus dem Vorjahr
- außergewöhnliche Erträge
  z. B. Verkauf eines Grundstücks über Buchwert

Jahresüberschuss bzw. Jahresfehlbetrag = Erträge – Aufwendungen

Neutrales Ergebnis = neutrale Erträge – neutrale Aufwendungen

Betriebsbuchhaltung (Kosten- und Erlösrechnung)

Kosten	Erlöse

betriebliche, ordentliche Aufwendungen → Grundkosten (= Zweckaufwendungen)
z. B. Personalkosten, Sachkosten, Abschreibungen auf Anlagen und auf Forderungen

betriebliche, ordentliche Erträge → Grunderlöse (= Zweckerträge)
z. B. Zinserlöse, Provisionserlöse

Zusatzkosten (kalkulatorische Kosten, keine Aufwendungen)
- kalkulatorische Miete für die eigene Geschäftsstelle
- kalkulatorische Eigenkapitalkosten
- kalkulatorische Abschreibungen (Anderskosten, die nicht als Aufwand gebucht wurden)

Kosten = Grundkosten + Zusatzkosten

Betriebsergebnis = Erlöse – Kosten

Überleitung unter Berücksichtigung von Anderskosten

Überleitung

2.3   Wertbereich und Betriebsbereich

Kreditinstitute nehmen Einlagen von Kunden herein (Passivgeschäft) und geben die erhaltenen Gelder als Darlehen an andere Kunden weiter oder legen sie in Wertpapieren an (Aktivgeschäft). Zudem erbringen sie weitere Finanzdienstleistungen, wie zum Beispiel Zahlungsverkehrsleistungen und Beratungsleistungen bei Wertpapieranlagen.

Bankleistungen werden im **Wertbereich** (Finanzbereich) und im **Betriebsbereich** (technisch-organisatorischer Bereich) erbracht.

- Wertleistungen verursachen Wertkosten und führen zu Werterlösen.
- Betriebsleistungen verursachen Betriebskosten und führen zu Betriebserlösen

Bankleistungen (Marktleistungen)

Wertleistungen	**Betriebsleistungen**
... werden im **Wertbereich** (finanzieller Bereich) erstellt.	... werden im **Betriebsbereich** (technisch-organisatorischer Bereich) erstellt.
Beispiele – Einlagen (z. B. Spareinlagen) – Darlehen (z. B. Ratenkredite) – Wertpapieranlagen (z. B. Geldanlage in Bundesanleihen)	**Beispiele** – Kontoführung – Zahlungsverkehr – Kundenberatung – Prüfung der Kreditwürdigkeit von Kunden
... verursachen **Wertkosten**. • Zinskosten • Abschreibungen auf Forderungen und Wertpapiere • kalkulatorische Eigenkapitalkosten • kalkulatorische Risikokosten	... verursachen **Betriebskosten**. • Personalkosten • Sachkosten • Abschreibungen auf Anlagen • Betriebssteuern (z. B. Grundsteuer, Kfz-Steuer)
... führen zu **Werterlösen**. • Zinserlöse aus Darlehen • Wertpapierzinserlöse • Dividendenerlöse • Kursgewinne	... führen zu **Betriebserlösen**. • Kontoführungsgebühren • Provisionen bei Wertpapiergeschäften • Inkassoprovisionen • Depotgebühren • Erlöse aus der Vermietung von Schrankfächern
Ergebnis im Wertbereich = Werterlöse – Wertkosten	Ergebnis im Betriebsbereich = Betriebserlöse – Betriebskosten

Bei der Erbringung von Wertleistungen fallen neben Wertkosten auch Betriebskosten an. Deshalb sind bei der Produktkalkulation im Wertbereich (z. B. Kalkulation des Sollzinssatzes bei einem Verbraucherdarlehen) neben den Wertkosten auch die zugehörigen Betriebskosten (z. B. Personal- und Sachkosten für Beratung und Abwicklung) zu berücksichtigen.

Merksätze

Erfolgsgrößen in der Finanzbuchhaltung

> *Jahresüberschuss bzw. Jahresfehlbetrag = Erträge − Aufwendungen*

> *Neutrales Ergebnis = neutrale Erträge − neutrale Aufwendungen*

Erfolgsgrößen in der Betriebsbuchhaltung (Kosten- und Erlösrechnung)

> *Betriebsergebnis = Erlöse − Kosten*

> *Betriebsergebnis nach Bereichen =*
> *Ergebnis im Wertbereich + Ergebnis im Betriebsbereich*

> *Ergebnis im Wertbereich = Werterlöse − Wertkosten*

> *Ergebnis im Betriebsbereich = Betriebserlöse − Betriebskosten*

> *Erlöse = Werterlöse + Betriebserlöse*

> *Kosten = Wertkosten + Betriebskosten*

> *Erlöse nach der Herleitung =*
> *Grunderlöse (Zweckerträge) + Zusatzerlöse (kalkulatorische Erlöse)*

> *Kosten nach der Herleitung =*
> *Grundkosten (Zweckaufwand) + Zusatzkosten (kalkulatorische Kosten)*

2.4 Ermittlung des Betriebsergebnisses

Die in der Finanzbuchhaltung gebuchten Aufwendungen und Erträge werden für die Kosten- und Erlösrechnung aufbereitet und ergänzt:

- Zweckaufwendungen werden als Grundkosten, Zweckerträge als Grunderlöse in die Kosten- und Erlösrechnung aufgenommen.
- Bei einzelnen Positionen können Aufwendungen und Kosten unterschiedlich hoch sein (Anderskosten). In der Kosten- und Erlösrechnung ist der von der Controllingabteilung ermittelte Betrag maßgeblich.
- Neutrale Aufwendungen und Erträge werden in der Kosten- und Erlösrechnung nicht berücksichtigt.
- In der Kosten- und Erlösrechnung sind Zusatzkosten (kalkulatorische Kosten) zu berücksichtigen.

Fallbeispiel

Der Controllingabteilung der Regio-Bank AG liegen aus der Finanzbuchhaltung folgende Daten vor:

Finanzbuchhaltung

	Aufwendungen			Erträge	
	Zinsen und zinsähnliche Aufwendungen	83 798 000,00 EUR		Zinsen und zinsähnliche Erträge	115 423 000,00 EUR
	Abschreibungen auf Forderungen	4 560 000,00 EUR		Wertpapierzinserträge	48 715 000,00 EUR
	Personalaufwendungen	78 688 000,00 EUR		Nettoertrag aus Finanzgeschäften	6 560 000,00 EUR
	Allgemeine Verwaltungsaufwendungen	32 780 000,00 EUR		Provisionserträge	35 886 000,00 EUR
Anderskosten {	Abschreibungen auf Anlagen	2 440 000,00 EUR		Erträge aus Anlagenverkäufen	320 000,00 EUR
	Provisionsaufwendungen	963 000,00 EUR		Erträge aus der Vermietung von Wohnungen	219 000,00 EUR
neutrale Aufwendungen {	Steuern vom Einkommen und Ertrag	1 748 000,00 EUR		Erträge aus der Auflösung von Rückstellungen	407 000,00 EUR
	Spenden	24 000,00 EUR			
	Gewerbesteuernachzahlung	55 000,00 EUR			
	Jahresüberschuss	**2 474 000,00 EUR**			
		207 530 000,00 EUR			207 530 000,00 EUR

(neutrale Erträge)

Die Controllingabteilung möchte für die Kosten- und Erlösrechnung folgende Korrekturen bzw. Ergänzungen vornehmen:

- Neutrale Aufwendungen und Erträge werden nicht berücksichtigt.
- Der tatsächliche Wertverlust bei Anlagen beträgt nur 2 270 000,00 EUR statt der in der Finanzbuchhaltung gebuchten Aufwendungen von 2 440 000,00 EUR (Anderskosten).
- Die kalkulatorischen Eigenkapitalkosten betragen 1 860 000,00 EUR (Zusatzkosten).
- Der Mietwert von eigenen Geschäftsräumen beträgt 460 000,00 EUR (Zusatzkosten).

Kosten- und Erlösrechnung

	Kosten			Erlöse	
Wertkosten {	Zinsen und zinsähnliche Aufwendungen	83 798 000,00 EUR		Zinsen und zinsähnliche Erträge	115 423 000,00 EUR
	kalkulatorische Eigenkapitalkosten (Zusatzkosten)	**1 860 000,00 EUR**		Wertpapierzinserträge	48 715 000,00 EUR
	Abschreibungen auf Forderungen	4 560 000,00 EUR		Nettoertrag aus Finanzgeschäften	6 560 000,00 EUR
Betriebskosten {	Personalaufwendungen	78 688 000,00 EUR		Provisionserträge	35 886 000,00 EUR
	Allgemeine Verwaltungsaufwendungen	32 780 000,00 EUR			
	kalkulatorische Mietkosten (Zusatzkosten)	**460 000,00 EUR**			
	Abschreibungen auf Anlagen (Anderskosten)	**2 270 000,00 EUR**			
	Provisionsaufwendungen	963 000,00 EUR			
	Betriebsergebnis	**1 205 000,00 EUR**			
		206 584 000,00 EUR			206 584 000,00 EUR

(Werterlöse / Betriebserlöse)

Werterlöse	170 698 000,00 EUR	Betriebserlöse	35 886 000,00 EUR
– Wertkosten	–90 218 000,00 EUR	– Betriebskosten	–115 161 000,00 EUR
Ergebnis im Wertbereich	80 480 000,00 EUR	Ergebnis im Betriebsbereich	–79 275 000,00 EUR

Ergebnis im Wertbereich	80 480 000,00 EUR
– Ergebnis im Betriebsbereich	–79 275 000,00 EUR
Betriebsergebnis	**1 205 000,00 EUR**

Wertkosten	90 218 000,00 EUR	Werterlöse	170 698 000,00 EUR
+ Betriebskosten	115 161 000,00 EUR	+ Betriebserlöse	35 886 000,00 EUR
Kosten	205 379 000,00 EUR	Erlöse	206 584 000,00 EUR

Grundkosten	203 059 000,00 EUR	(83 798 000,00 + 4 560 000,00 + 78 688 000,00 + 32 780 000,00 + 2 270 000,00 + 963 000,00)
+ Zusatzkosten	2 320 000,00 EUR	(1 860 000,00 – 460 000,00)
Kosten	205 379 000,00 EUR	

Erlöse	206 584 000,00 EUR
– Kosten	–205 379 000,00 EUR
Betriebsergebnis	**1 205 000,00 EUR**

3 Gesamtzinsspannenrechnung und Gesamtbetriebskalkulation

Instrumente zur **Beurteilung der Ertragslage** von Kreditinstituten sind die **Gesamtzinsspannenrechnung** und die **Gesamtbetriebskalkulation**.

3.1 Gesamtzinsspannenrechnung

Kreditinstitute nehmen von Kunden Einlagen entgegen (Passivgeschäft), die sie zum größten Teil als Darlehen weiterreichen oder in Wertpapieren anlegen (Aktivgeschäft). Die im Aktivgeschäft erzielten Zinserträge sollten deutlich höher sein als die im Passivgeschäft gezahlten Zinsen, um insbesondere die Betriebskosten zu decken.

Die **Bruttozinsspanne** ist die Differenz zwischen den im Aktivgeschäft durchschnittlich erzielten Zinssätzen und den im Passivgeschäft durchschnittlich gezahlten Zinssätzen.

Eine **Zinsertragsbilanz** gibt Auskunft über die Zinserlöse und Zinskosten in einzelnen Geschäftsbereichen.

Fallbeispiel

Die Regio-Bank AG ermittelt folgende Bilanzwerte und GuV-Werte:

Aktiva	Bilanz in TEUR	Passiva	
1. Barreserve	88 500	1. Verbindlichkeiten gegenüber Kreditinstituten	
2. Forderungen an Kreditinstitute		a) Laufzeit bis 4 Jahre	6 600
a) Laufzeit bis 4 Jahre	92 600	b) Laufzeit über 4 Jahre	212 000
b) Laufzeit über 4 Jahre	54 400	2. Verbindlichkeiten gegenüber Kunden	
3. Forderungen an Kunden		a) Sichteinlagen	576 000
a) Laufzeit bis 4 Jahre	786 500	b) Termineinlagen	397 000
b) Laufzeit über 4 Jahre	1 292 000	c) Spareinlagen	1 153 200
4. Anleihen u. Schuldverschreibungen	203 500	3. Eigenkapital	217 200
5. Betriebs- und Geschäftsausstattung	44 500		
	2 562 000		2 562 000

Aufwendungen	GuV in TEUR	Erträge	
1. Zinsaufwendungen: Verbindl. gg. Kreditinstituten		1. Zinserträge aus Ford. an Kreditinstituten	
a) Laufzeit bis 4 Jahre	99	a) Laufzeit bis 4 Jahre	1 482
b) Laufzeit über 4 Jahre	3 710	b) Laufzeit über 4 Jahre	653
2. Zinsaufwendungen: Verbindl. gg. Kunden		2. Zinserträge aus Kundendarlehen	
a) täglich fällig	2 880	a) Laufzeit bis 4 Jahre	43 258
b) Termineinlagen	7 940	b) Laufzeit über 4 Jahre	45 220
c) Spareinlagen	14 415	3. Zinserträge aus Anleihen	4 579
3. Provisionsaufwendungen	300	4. Provisionserträge	11 860
4. Personalaufwand	24 500	5. Sonstige betriebliche Erträge	520
5. Andere Verwaltungsaufwendungen	16 200	6. Außerordentliche Erträge	0
6. Abschreibungen auf Anlagen	5 350		
7. Abschreibungen auf Forderungen	12 700		
8. Sonstige betriebliche Aufwendungen	3 300		
(Überschuss aus normaler Geschäftstätigkeit (Betriebsergebniss 16178))			
9. Außerordentliche Aufwendungen	264		
10. Steuern vom Einkommen und Ertrag	3 800		
Jahresüberschuss	**12 114**		
	107 572		107 572

In einer Zinsertragsbilanz werden für die einzelnen Bilanzpositionen durchschnittliche Zinssätze ermittelt.

Zinsertragsbilanz							
Aktiva	Bestand in TEUR	Zinserlöse		Passiva	Bestand in TEUR	Zinskosten	
		in TEUR	in %			in EUR	in %
1. Barreserve	88 500	0	0,00 %	1. a) Verb. KI bis 4 Jahre	6 600	99	1,50 %
2. a) Ford. KI bis 4 Jahre	92 600	1 482	1,60 %	1. b) Verb. KI über 4 Jahre	212 000	3 710	1,75 %
2. b) Ford. KI über 4 Jahre	54 400	653	1,20 %	2. a) Sichteinlagen	576 000	2 880	0,50 %
3. a) Ford. Kunden bis 4 Jahre	786 500	43 258	5,50 %	2. b) Termineinlagen	397 000	7 940	2,00 %
3. b) Ford. Kunden über 4 Jahre	1 292 000	45 220	3,50 %	2. c) Spareinlagen	1 153 200	14 415	1,25 %
4. Anleihen	203 500	4 579	2,25 %	3. Eigenkapital	217 200	0	0,00 %
5. BGA	44 500	0	0,00 %				
	2 562 000	95 192	3,716 %		2 562 000	29 044	1,134 %

Zinsüberschuss: 95 192 – 29 044 =	66 148

Bruttozinsspanne: 3,716 % – 1,134 % =	2,58 %

Ermittlung der Zinserlöse in % für 2 a) Ford. KI bis 4 Jahre $= \dfrac{1\,482 \cdot 100}{92\,600} = \underline{1,60\,\%}$

Ermittlung der durchschnittlichen Zinserlöse $= \dfrac{95\,191,05 \quad 100}{2\,562\,000} = \underline{3,72\,\%}$

Der **Zinsüberschuss** ist die Differenz in Euro zwischen den Zinserlösen im Aktivgeschäft und den Zinskosten im Passivgeschäft.

Die **Bruttozinsspanne** ist die Differenz zwischen durchschnittlichen Zinsätzen im Aktivgeschäft und im Passivgeschäft. In der Praxis erzielen viele Kreditinstitute eine Bruttozinsspanne von 1,5 % bis 2,5 %.

3.2 Gesamtbetriebskalkulation

Auf Basis der GuV-Rechnung und der Bilanz kann eine **Gesamtbetriebskalkulation** erstellt werden, um detaillierte Auskünfte über die Ertragslage des Kreditinstitutes zu erhalten. Damit ist es möglich, die Entwicklung eines Kreditinstitutes im Zeitvergleich über mehrere Jahre zu analysieren und die Erfolgskennzahlen von verschiedenen Instituten miteinander zu vergleichen.

Die Deutsche Bundesbank und viele Kreditinstitute verwenden das folgende Schema zur Analyse von GuV-Rechnungen.

Aufwendungen und Erträge	
in EUR	**in % der durchschnittlichen Bilanzsumme**
Zinsüberschuss (Zinserträge – Zinsaufwendungen)	Bruttozinsspanne
+ **Provisionsüberschuss** (Provisionserträge – Provisionsaufwendungen)	+ Provisionsspanne
– **Verwaltungsaufwand** (Personalaufwand, Andere Verwaltungsaufwendungen, Abschreibungen auf Anlagen)	– Bruttobedarfsspanne
= **Teilbetriebsergebnis**	
+/– Nettoergebnis aus Finanzgeschäften (Ergebnis aus dem Eigenhandel mit Finanzinstrumenten und Währungen; einen Eigenhandel betreiben nur große Kreditinstitute.)	+/– Handelsergebnis
+/– Saldo der Sonstigen betrieblichen Erträgen und Aufwendungen	+/– Sonstige Ertragsspanne
– Bewertungsergebnis (Risikovorsorge) (Abschreibungen auf Forderungen und Wertpapiere – Zuschreibungen auf Forderungen und Wertpapiere)	– Bewertungsspanne (Risikospanne)
= **Betriebsergebnis** (**Überschuss der normalen Geschäftstätigkeit**)	= **Nettogewinnspanne**

11

Fallbeispiel

Gesamtbetriebskalkulation der Regio-Bank AG

Bilanzsumme:	2 562 000 TEUR

Position der Gewinn- und Verlustrechnung	Betrag in TEUR	in Prozent der Bilanzsume

Zinserträge	95 192	Zinserträge	3,716 %
+ Laufende Erträge aus Aktien und Beteiligungen	0		
+ Erträge aus Gewinnabführungsverträgen etc.	0		
– Zinsaufwendungen	– 29 044	Zinsaufwendungen	– 1,134 %
= Zinsüberschuss (1)	**66 148**	**Bruttozinsspanne (11)**	**2,582 %**

Provisionserträge	11 860		
– Provisionsaufwendungen	– 300		
= Provisionsüberschuss (2)	**11 560**	**Provisionsspanne (12)**	**0,451 %**

Personalaufwand	24 500	Personalaufwandsspanne	0,956 %
+ Andere Verwaltungsaufwendungen	16 200		
+ Abschreibungen und Wertberichtigungen auf Anlagen	5 350	Sachaufwandsspanne	0,841 %
= Verwaltungsaufwand (3)	**46 050**	**Bruttobedarfsspanne (13)**	**1,797 %**

Teilbetriebsergebnis (1) + (2) – (3)	**31 657**

Nettoergebnis aus Finanzgeschäften (4)	**0**	**Handelsergebnis (14)**	**0,00 %**

+ Sonstige betriebliche Erträge	520		
– Sonstige betriebliche Aufwendungen	– 3 300		
= Saldo der Sonstigen betr. Erträge und Aufwendungen (5)	**– 2 780**	**Sonstige Ertragsspanne (15)**	**– 0,109 %**
+ Abschreibungen und Wertberichtigungen auf Forderungen und Werpapiere	12 700		
– Erträge aus Zuschreibungen zu Forderungen und Wertpapieren			
= Bewertungsergebnis (Risikovorsorge) (6)	**– 12 700**	**Bewertungsspanne (16)**	**– 0,496 %**

Betriebsergebnis aus normaler Geschäftstätigkeit (Summe 1–6)	**16 178**	**Nettogewinnspanne**	**0,631 %**

Bruttozinsspanne (11)	2,582 %		Bruttoertragsspanne	2,924 %
+ Provisionsspanne (12)	0,451 %		– Bruttobedarfsspanne (13)	– 1,797 %
+ Handelsergebnis (14)	0,00 %		**= Bruttogewinnspanne**	**1,127 %**
+ Sonstige Ertragsspanne (15)	– 0,109 %		– Bewertungsspanne (16)	– 0,496 %
= Bruttoertragsspanne	**2,924 %**		**= Nettogewinnspanne**	**0,631 %**

Die in der Tabelle dargestellten Werte geben detailliert Auskunft über die im Wert- und Betriebsbereich erzielten Erfolge. Die relativen Zahlen (Bruttozinsspanne, Provisionsspanne, usw.) ermöglichen einen Vergleich mit den Vorjahren und mit den Werten anderer Kreditinstitute.

Neutrale Aufwendungen und neutrale Erträge haben keinen Einfluss auf das Betriebsergebnis. Sie sind jedoch bei der Ermittlung des Jahresüberschusses bzw. Jahresfehlbetrages zu berücksichtigen.

Betriebsergebnis
− Außerordentliche Aufwendungen
+ Außerordentliche Erträge
− Steuern vom Einkommen und Ertrag
= **Jahresüberschuss bzw. Jahresfehlbetrag**

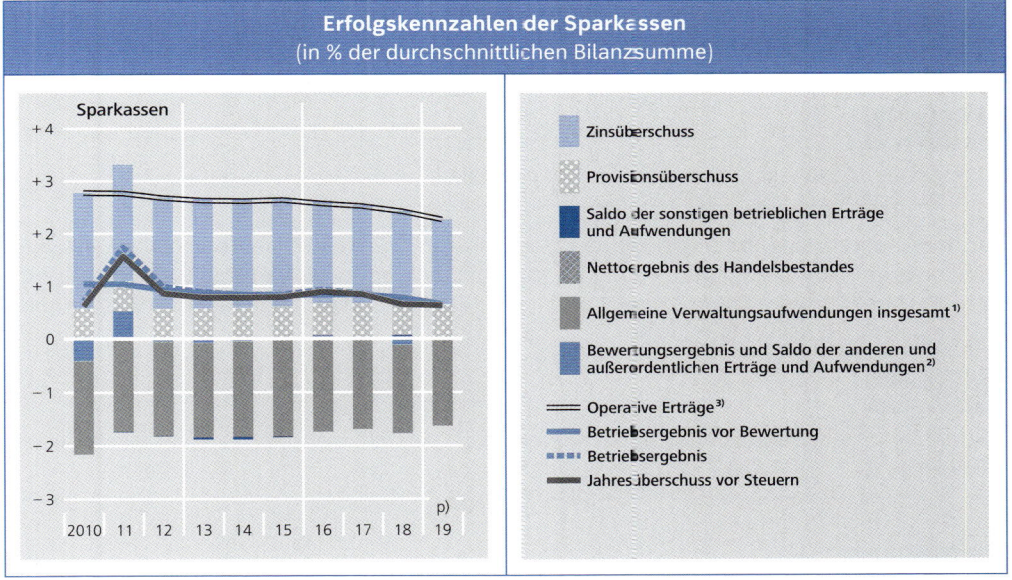

Deutsche Bundesbank, Monatsbericht September 2020

Die Grafik verdeutlicht, dass in den vergangenen Jahren der von Sparkassen erzielte Zinsüberschuss tendenziell gesunken ist. Diese Tendenz gilt auch für andere Kreditinstitute.

Ursachen dafür sind

- eine erhöhte Transparenz für Kunden (gesetzliche Informationspflichten über Kosten, Vergleichsportale im Internet),
- die Niedrigzinspolitik der EZB und
- preisbewusste Kunden, die einen Wechsel des Kreditinstitutes nicht scheuen.

Zudem sind die allgemeinen Verwaltungskosten gesunken.

Ursachen dafür sind
- eine zunehmende Digitalisierung der Geschäftsprozesse (Onlinebanking) und
- die Schließung von Geschäftsstellen und eine Verminderung der Beschäftigtenzahl.

4 Investitionsrechnung

Investitionen sind betriebswirtschaftlich sinnvoll, wenn die erwarteten Erlöse aus der Investition höher sind als die Kosten.

Beim Erwerb von Anlagegegenständen (z. B. Geldautomaten) sollte das Kreditinstitut Angebote von mehreren Herstellern hereinholen und eine Kosten- und Erlösanalyse durchführen, um eine optimale Kaufentscheidung treffen zu können.

4.1 Fixe und variable Kosten

Nach ihrer Abhängigkeit vom Beschäftigungsgrad sind fixe und variable Kosten zu unterscheiden.

Fixe Kosten sind unabhängig vom Beschäftigungsgrad. Sie entstehen auch dann, wenn das Unternehmen keine Leistungen erbringt bzw. keine Produkte herstellt. Fixkosten sind also die Kosten, die übrig bleiben, wenn das Kreditinstitut seine Türen schließt und keine Geschäfte mehr tätigt.

Beispiele

Personalkosten, Abschreibungen auf Anlagen, Miete für die Geschäftsstelle

Variable Kosten sind abhängig von der Beschäftigung. Sie entstehen durch die Leistungserstellung. Je mehr Leistungen erstellt werden, desto höher sind die variablen Kosten. Wenn das Kreditinstitut seine Türen schließt und keine Geschäfte mehr tätigt, fallen keine variablen Kosten an.

Beispiele

Formularkosten, Stromkosten für Rechner, Lohn für Aushilfskräfte, Zinsen für täglich fällige Gelder

Fallbeispiel

Die Regio-Bank AG prüft, ob es sich lohnt, in einem Einkaufszentrum am Stadtrand einen Geldautomaten aufzustellen.

Die fixen Kosten betragen pro Jahr 1 500,00 EUR.
Die variablen Kosten betragen pro Auszahlung 0,12 EUR.

Auszahlungen pro Jahr	fixe Kosten	variable Kosten	Gesamtkosten
1	1 500,00 EUR	0,12 EUR	1 500,12 EUR
2 000	1 500,00 EUR	240,00 EUR	1 740,00 EUR
4 000	1 500,00 EUR	480,00 EUR	1 980,00 EUR
6 000	1 500,00 EUR	720,00 EUR	2 220,00 EUR
8 000	1 500,00 EUR	960,00 EUR	2 460,00 EUR
10 000	1 500,00 EUR	1 200,00 EUR	2 700,00 EUR
12 000	1 500,00 EUR	1 440,00 EUR	2 940,00 EUR

In Abhängigkeit von der Zahl der Auszahlungen steigen die variablen Kosten und die Gesamtkosten, während die fixen Kosten konstant bleiben.

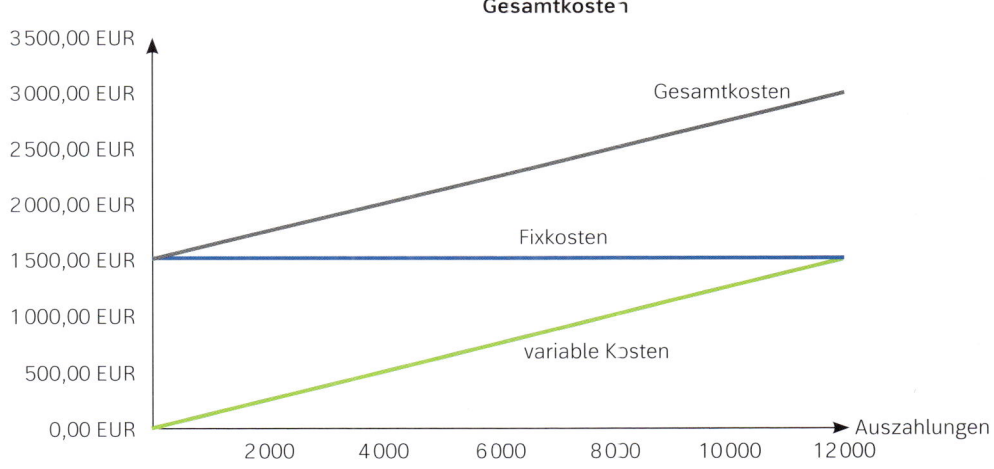

Gesamtkosten

Die **Kosten pro Auszahlung** (Stückkosten) **sinken** mit der zunehmenden Zahl von Auszahlungen, weil sich die Fixkosten auf eine immer größere Menge verteilen.

Auszahlungen pro Jahr	fixe Kosten pro Auszahlung	variable Kosten pro Auszahlung	Kosten pro Auszahlung
2 000	0,75 EUR	0,12 EUR	0,87 EUR
4 000	0,38 EUR	0,12 EUR	0,50 EUR
6 000	0,25 EUR	0,12 EUR	0,37 EUR
8 000	0,19 EUR	0,12 EUR	0,31 EUR
10 000	0,15 EUR	0,12 EUR	0,27 EUR
12 000	0,13 EUR	0,12 EUR	0,25 EUR

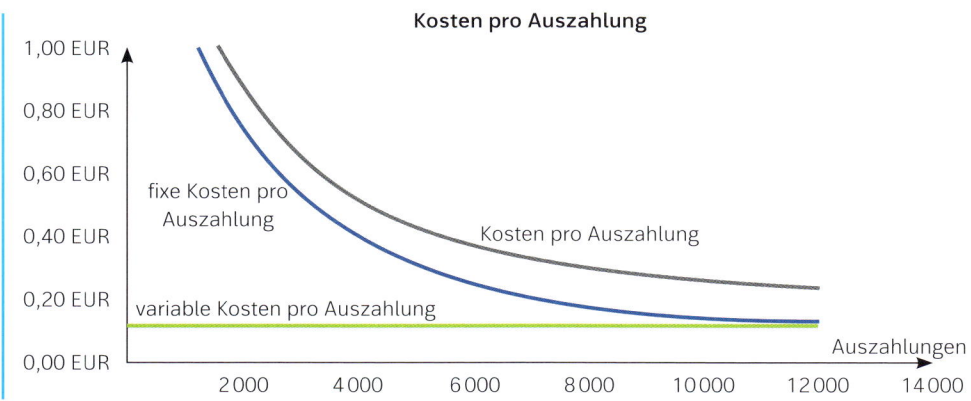

4.2 Kostenvergleichsrechnung

Bei der Anschaffung von Sachanlagen (z. B. Geldautomaten) hat der Käufer oft die Wahl zwischen verschiedenen Produkten, die sich im Preis und in der Qualität unterscheiden.

Mit einer **Kostenvergleichsrechnung** wird ermittelt, welches Produkt die niedrigeren Kosten verursacht. In die Berechnung fließen alle fixen und variablen Kosten einschließlich kalkulatorischer Abschreibungen und kalkulatorischer Zinsen ein.

Fallbeispiel

Die Regio-Bank AG plant den Kauf von mehreren Geldautomaten. Ihr liegen zwei Angebote vor:

	Angebot I (Geldautomaten Typ NBS 4580)	Angebot II (Geldautomaten Typ NBX 8860)
Anschaffungskosten	280 000,00 EUR	345 000,00 EUR
erwartete Nutzungsdauer	8	10
kalkulatorischer Zinssatz	6 %	6 %
sonstige Fixkosten pro Jahr	15 300,00 EUR	14 500,00 EUR
variable Kosten pro Jahr bei erwarteter Kundennutzung	25 400,00 EUR	21 800,00 EUR

Die jährlichen **kalkulatorischen Abschreibungen** werden aus den Anschaffungskosten und der erwarteten Nutzungsdauer ermittelt.

$$\text{Angebot I} = \frac{280\,000,00}{8} = \underline{\underline{35\,000,00 \text{ EUR}}}$$

Kalkulatorische Zinsen werden berücksichtigt, da die in der Investition gebundenen Finanzmittel eine angemessene Verzinsung erbringen sollen.
Da der Restwert der Geldautomaten sich jedes Jahr mindert, ist das durchschnittlich gebundene Kapital die Berechnungsgrundlage für die kalkulatorischen Zinsen.

Ermittlung der kalkulatorischen Zinsen für Angebot I

durchschnittlich gebundenes Kapital

$$= \frac{\left(\begin{array}{l}\text{gebundenes Kapital im 1. Jahr (Anschaffungskosten)}\\ + \text{gebundenes Kapital im letzten Jahr (Restbuchwert im 8. Jahr)}\end{array}\right)}{2}$$

$$= \frac{(280\,000,00 + 35\,000,00)}{2} = 157\,500,00 \text{ EUR}$$

kalkulatorische Zinsen pro Jahr: 6 % von 157 500,00 = 9 450,00 EUR

	Angebot I (Geldautomaten Typ NBS 4580)	Angebot II (Geldautomaten Typ NBX 8860)
kalkulatorische Abschreibungen	35 000,00 EUR	34 500,00 EUR
kalkulatorische Zinsen	9 450,00 EUR	11 385,00 EUR
sonstige Fixkosten pro Jahr	15 300,00 EUR	14 500,00 EUR
variable Kosten pro Jahr bei erwarteter Kundennutzung	25 400,00 EUR	21 800,00 EUR
Gesamtkosten pro Jahr	85 150,00 EUR	82 185,00 EUR

Unter Berücksichtigung aller Kosten sollte sich die Regio-Bank AG für das Angebot II entscheiden, da hier die jährlichen Kosten um 2 965,00 EUR (85 150,00 – 82 185,00) niedriger sind.

4.3 Gewinnvergleichsrechnung

Bei einer **Gewinnvergleichsrechnung** werden nicht nur die Kosten, sondern auch die erwarteten Erlöse aus der Investition berücksichtigt.

Die Gewinnvergleichsrechnung kann zu einem anderen Ergebnis als die Kostenvergleichsrechnung führen, wenn die Erlöse aus der Investition unterschiedlich hoch sind.

Fallbeispiel

Die Regio-Bank AG plant den Kauf von mehreren Geldautomaten. Dabei stellt sich die Frage, ob sie Geräte kaufen soll, die nur Auszahlungen vornehmen, oder Geräte, die auch Einzahlungen ermöglichen.

Bei den Geräten mit einer Einzahlungsfunktion erwartet sie wegen der umfänglicheren Nutzung höhere Erträge.

Sie vergleicht nun Angebot II aus dem vorherigen Beispiel (Geldautomat nur für Auszahlungen) mit einem weiteren Angebot III (Geldautomat für Ein- und Auszahlungen).

	Angebot II (GA Typ NBX 8860, nur Auszahlungen)	Angebot III (GA Typ AZ 1050, Auszahlungen und Einzahlungen)
Anschaffungskosten	345 000,00 EUR	360 000,00 EUR
erwartete Nutzungsdauer	10	9
kalkulatorischer Zinssatz	6 %	6 %
Sonstige Fixkosten pro Jahr	14 500,00 EUR	12 200,00 EUR
variable Kosten pro Jahr bei erwarteter Kundennutzung	21 800,00 EUR	22 300,00 EUR
erwartete Erlöse pro Jahr	90 000,00 EUR	95 000,00 EUR

Gewinnvergleichsrechnung

	Angebot II (GA Typ NBX 8860, nur Auszahlungen)	Angebot III (GA Typ AZ 1050, Auszahlungen und Einzahlungen)
kalkulatorische Abschreibungen	34 500,00 EUR	40 000,00 EUR
kalkulatorische Zinsen	11 385,00 EUR	12 000,00 EUR
Sonstige Fixkosten pro Jahr	14 500,00 EUR	12 200,00 EUR
variable Kosten pro Jahr bei erwarteter Kundennutzung	21 800,00 EUR	22 300,00 EUR
Gesamtkosten pro Jahr	**82 185,00 EUR**	**86 500,00 EUR**
Erlöse	90 000,00 EUR	95 000,00 EUR
Gewinn	**7 815,00 EUR**	**8 500,00 EUR**

Die Regio-Bank AG entscheidet sich für Angebot III.

Obwohl die jährlichen Kosten bei Angebot III höher sind, ergibt sich aufgrund der höheren Erlöse ein größerer Gewinn.

5 Kalkulation von Bankleistungen

Bei der Kalkulation von Bankleistungen sind Wertkosten und Betriebskosten zu berücksichtigen.

Kreditinstitute verwenden für die Ermittlung

- der **Wertkosten** die **Marktzinsmethode**.
- der **Betriebskosten** die **prozessorientierte Standardeinzelkostenrechnung**.

5.1 Marktzinsmethode zur Kalkulation von Bankleistungen im Wertbereich

Im Passivgeschäft nehmen Kreditinstitute Einlagen von Kunden (Sicht-, Termin-, Spareinlagen) herein, die sie im Aktivgeschäft als Darlehen wieder herausgeben.

Der dabei erzielte **Zinsüberschuss** ist eine wesentliche Ertragsquelle für die Institute. Je höher die **Bruttozinsspanne** (Differenz zwischen den Sollzinsen und den Habenzinsen) ist, desto größer ist der Zinsüberschuss.

Fallbeispiel

In einem vereinfachten Fallbeispiel hat die Regio-Bank AG von Kunden 100 000,00 EUR als Einlagen hereingenommen, die sie im Aktivgeschäft für Darlehen verwendet.

Aktiva		Bilanz	Passiva
Kundendarlehen Laufzeit 4 Jahre Sollzinssatz 5,00 %	100 000,00 EUR	Kundeneinlagen Laufzeit 2 Jahre Habenzinssatz 1,50 %	100 000,00 EUR

Aufwendungen		GuV-Rechnung	Erträge
Zinskosten p. a.	1 500,00 EUR	Zinserlöse p. a.	5 000,00 EUR

Zinsüberschuss	3 500,00 EUR
Bruttozinsspanne	3,50 %

Das Kreditinstitut hat eine Bruttozinsspanne von 3,50 % (5,00 % − 1,50 %) erzielt. Dieses Ergebnis beruht jedoch auf unterschiedlichen Faktoren:

- Zu dem Erfolg haben zwei Geschäftsbereiche (Darlehen und Einlagen) einen Beitrag geleistet. Im Controlling ist es jedoch ein Ziel, die jeweiligen Erfolgsbeiträge von einzelnen Bereichen zu ermitteln.

- Die Bruttozinsspanne von 3,50 % ist nicht nur auf die Erfolge der Bereiche Darlehen und Einlagen zurückzuführen, sondern auch auf die unterschiedlichen Laufzeiten im Aktiv- und Passivbereich.

Kreditinstitute betreiben eine **Fristentransformation**, indem sie **Einlagen mit kürzeren Laufzeiten** als **Darlehen mit längeren Laufzeiten** herausgeben.

Beispiel

Am Geld- und Kapitalmarkt gelten folgende Zinssätze.

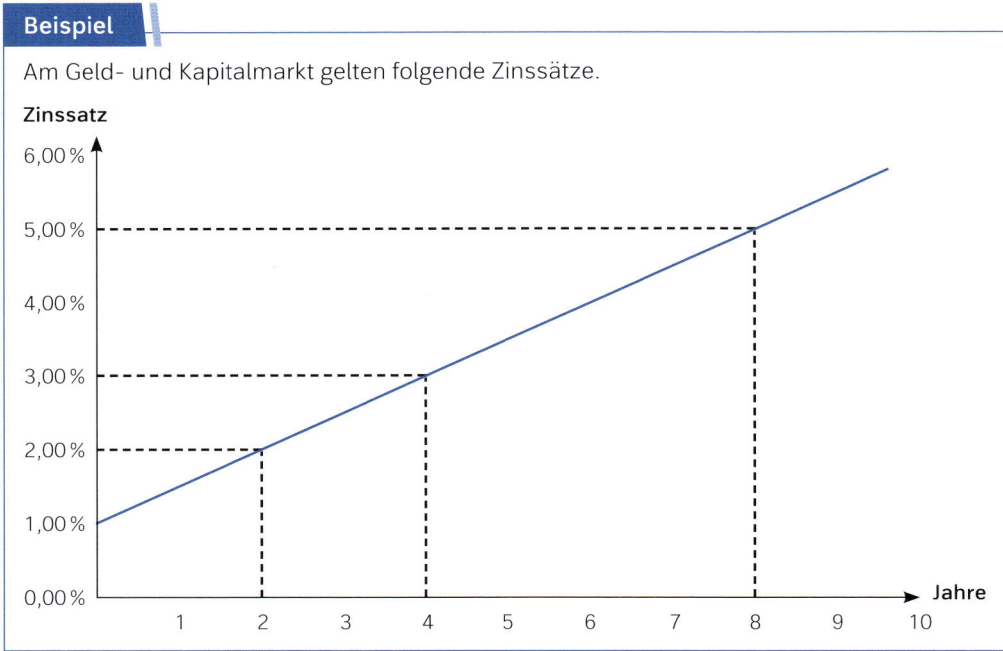

Auf dem **Geldmarkt** gewähren sich Kreditinstitute untereinander **Darlehen** mit Laufzeiten von einem Tag (Tagesgelder) bis zu circa zwei Jahren. Am **Kapitalmarkt (Börse)** werden **Anleihen** mit einer Laufzeit von bis zu 30 Jahren gehandelt.

Bei einer normalen **Zinsstrukturkurve** steigen die Zinsen mit zunehmender Laufzeit.

Kreditinstitute können durch Fristentransformation einen **Strukturbeitrag** (Mehrertrag) allein durch die unterschiedlichen Fristen bei der Geldaufnahme und Geldanlage erzielen.

Banken könnten sich zum Beispiel durch die Ausgabe von Anleihen mit einer Laufzeit von zwei Jahren Geld zu einem Zinssatz von 2,00 % beschaffen und diese Mittel in Bundesanleihen mit einer Laufzeit von acht Jahren zu einem Zinssatz von 5,00 % anlegen. Durch diese Geschäfte würde das Institut einen Zinsgewinn von 3,00 Prozentpunkten erzielen.

Fristentransformation ist allerdings mit einem **Zinsänderungsrisiko** verbunden. Da die Geldaufnahme (Ausgabe einer Bankanleihe) eine kürzere Laufzeit hat als die Geldanlage (Kauf einer Bundesanleihe), muss sich das Kreditinstitut bei Fälligkeit der aufgenommenen Gelder neue Darlehen zu den dann geltenden Marktkonditionen beschaffen. Bei steigenden Marktzinsen kann dies zu hohen Verlusten führen.

Kreditinstitute betreiben auch aus „systemischen" Gründen eine Fristentransformation im Aktiv- und Passivgeschäft, da auf Wunsch der Kunden Darlehen tendenziell eine längere Laufzeit haben als Einlagen.

Mit der **Marktzinsmethode** wird die Bruttozinsspanne aufgeteilt und nach Erfolgsbeiträgen den Beteiligten zugeordnet. Dadurch kann das Kreditinstitut die Werterfolge einzelner Geschäfte und Geschäftsbereiche ermitteln.

Der Marktzinsmethode liegt bei der Bewertung von Kundengeschäften das **Opportunitätsprinzip** zugrunde. Danach ist zu beurteilen, welchen Vorteil das Kundengeschäft gegenüber einem (theoretischen) **Alternativgeschäft am Geld- und Kapitalmarkt (GKM)** aufweist. Dieser Vorteil wird als **Konditionenbeitrag** (Zins-Konditionenbeitrag) **bezeichnet**.

▶ **Konditionenbeitrag Aktivgeschäft**

Der **Sollzinssatz** bei **Kundendarlehen** sollte stets **höher** sein als der Zinssatz für eine **fristengleiche Geldanlage** in sicheren Anleihen (z. B. Bundesanleihen) am GKM, da bei Kundendarlehen der Aufwand (z. B. Beratung des Kunden, Prüfung der Bonität und der Sicherheiten) und das Ausfallrisiko erheblich höher sind als beim Erwerb einer Anleihe.

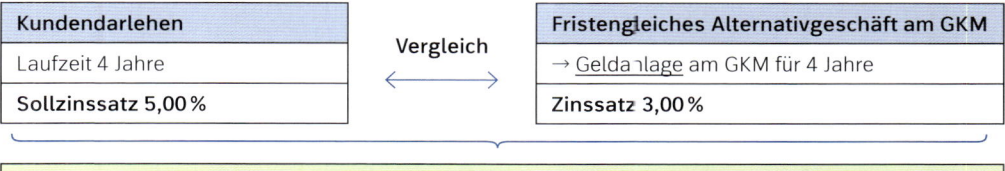

Kundendarlehen	Vergleich	Fristengleiches Alternativgeschäft am GKM
Laufzeit 4 Jahre	←——→	→ Geldanlage am GKM für 4 Jahre
Sollzinssatz 5,00 %		Zinssatz 3,00 %

Konditionenbeitrag Aktivgeschäft = 2,00 % (Vorteil des Kundengeschäftes)

Dieser Erfolgsbeitrag ist den Mitarbeitern im Aktivgeschäft (Darlehensgeschäft) zuzurechnen.

▶ **Konditionenbeitrag Passivgeschäft**

Der **Habenzinssatz** bei **Kundeneinlagen** sollte stets **niedriger** sein als der Zinssatz für eine **fristengleiche Geldbeschaffung (Geldaufnahme)** am GKM, weil Kundeneinlagen mit einem höheren Aufwand verbunden sind.

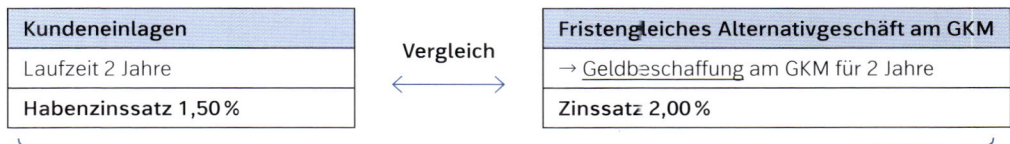

Kundeneinlagen	Vergleich	Fristengleiches Alternativgeschäft am GKM
Laufzeit 2 Jahre	←——→	→ Geldbeschaffung am GKM für 2 Jahre
Habenzinssatz 1,50 %		Zinssatz 2,00 %

Konditionenbeitrag Passivgeschäft = 0,50 % (Vorteil des Kundengeschäftes)

Dieser Erfolgsbeitrag ist den im Passivbereich (Einlagengeschäft) tätigen Mitarbeitern zuzurechnen.

Der Konditionenbeitrag aus den Darlehen (2,00 %) ist höher als der Konditionenbeitrag aus den Einlagen (0,50 %). Damit hat das Aktivgeschäft einen größeren Erfolgsbeitrag geleistet als das Passivgeschäft.

▶ **Strukturbeitrag**

Der Strukturbeitrag ist der durch die Fristentransformation erzielte Zinsvorteil. Vergleichsgrößen sind die Zinssätze am GKM für die unterschiedlichen Laufzeiten bei den Aktiv- und Passivgeschäften.

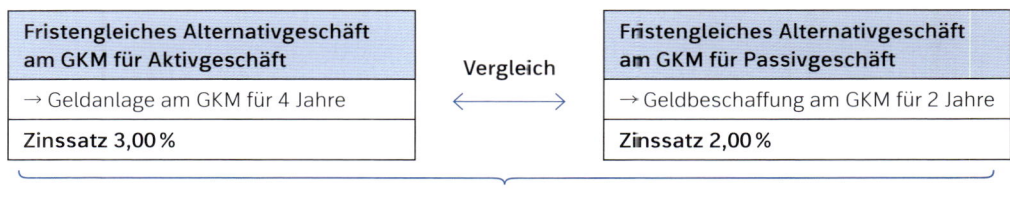

Fristengleiches Alternativgeschäft am GKM für Aktivgeschäft	Vergleich	Fristengleiches Alternativgeschäft am GKM für Passivgeschäft
→ Geldanlage am GKM für 4 Jahre	←——→	→ Geldbeschaffung am GKM für 2 Jahre
Zinssatz 3,00 %		Zinssatz 2,00 %

Strukturbeitrag 1,00 %

11

Die Fristen bei Aktiv- und Passivgeschäften sind von den Präferenzen der Kunden abhängig. Darlehensnehmer möchten oft eine lange Zinsbindung, während Sparer Wert auf eine schnelle Verfügbarkeit legen. Dadurch ergeben sich im Darlehensbereich tendenziell längere Fristen als im Einlagenbereich.

Die aus den unterschiedlichen Fristen resultierenden Risiken kann das Kreditinstitut jedoch durch Swapgeschäfte absichern. Bei Swapgeschäften „tauschen" die Beteiligten feste gegen variable Zinsen.

Es liegt also in der Hand der Geschäftsleitung, in welcher Höhe das Institut Risiken durch eine Fristentransformation eingeht. Der Erfolgsbeitrag aus der Fristentransformation ist deshalb der Geschäftsleitung und nicht den Beschäftigten in den Marktbereichen zuzurechnen.

Die **Bruttozinsspanne** setzt sich aus den **Konditionenbeiträgen** und dem **Strukturbeitrag** zusammen.

Aktivgeschäft		Passivgeschäft			
Kundendarlehens-zinssatz 4 Jahre:	5,00 %	Kundeneinlagen-zinssatz 2 Jahre:	1,50 %	→ Bruttozins-spanne	3,50 %
– Zinssatz GKM 4 Jahre für Geldanlagen	3,00 %	– Zinssatz GKM 2 Jahre für Geldbeschaffung	2,00 %	=	
Konditionenbeitrag Aktivgeschäft	2,00 %	Konditionenbeitrag Passivgeschäft	0,50 %	→ Konditionen-beiträge	2,50 %
				+	
Zinssatz GKM 4 Jahre für Geldanlagen	3,00 %	Zinssatz GKM 2 Jahre für Geldbeschaffung	2,00 %	→ Struktur-beitrag	1,00 %

Merksätze

Bruttozinsspanne =	Kundendarlehenszinssatz
	– Kundeneinlagenzinssatz

Konditionenbeiträge	
• **Aktivgeschäft** =	Kundendarlehenszinssatz
	– Zinssatz für fristengleiche Geldanlage am GKM
• **Passivgeschäft** =	Zinssatz für fristengleiche Geldbeschaffung am GKM
	– Kundeneinlagenzinssatz

Strukturbeitrag =	Zinssatz für fristengleiche Geldanlage am GKM
	– Zinssatz für fristengleiche Geldbeschaffung am GKM

Bruttozinsspanne =	Konditionenbeiträge
	+ Strukturbeitrag

5.2 Prozessorientierte Standardeinzelkostenrechnung zur Kalkulation von Bankleistungen im Betriebsbereich

Mit der **prozessorientierten Standardeinzelkostenrechnung** werden die bei der Erstellung von Bankleistungen **direkt zurechenbaren Betriebskosten** ermittelt.

Merkmale der Standardeinzelkostenrechnung

- Prozessorientierung
  Die Bankleistung wird nach den einzelnen Arbeitsschritten in Teilleistungen zerlegt. Dann werden die in den jeweiligen Teilprozessen entstehenden Kosten ermittelt.

- Standardeinzelkosten
  Standardeinzelkosten sind die regelmäßig anfallenden (durchschnittlichen) Kosten, die sich direkt den einzelnen Teilprozessen zurechnen lassen.

Vorgehensweise

1. Zerlegung der Bankleistung in Teilleistungen
An der Erstellung einer Bankleistung sind der Regel mehrere Mitarbeiter/innen und Abteilungen beteiligt. Die Bankleistung wird in einzelne Arbeitsstufen (Teilprozesse) zerlegt.

2. Identifizierung der für die einzelnen Teilleistungen benötigten Produktionsmittel
Die in einzelnen Arbeitsstufen benötigten Ressourcen (Arbeitszeit, benötigte Sachmittel) werden identifiziert.

3. Ermittlung der Standardeinzelkosten für die benötigten Produktionsmittel
Die Kosten für die benötigten Ressourcen (Personalkosten, Sachkosten, Raumkosten) werden berechnet.

▶ Zerlegung der Bankleistung in Teilleistungen

Zunächst wird der Prozess bei der Erstellung einer Bankleistung in Teilleistungen (Teilprozesse) zerlegt.

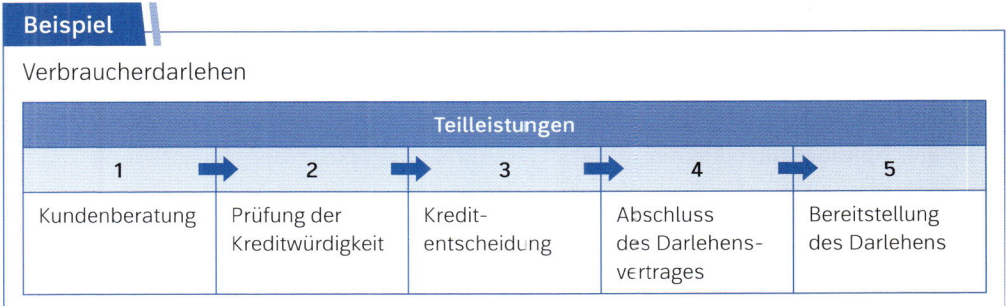

Beispiel

Verbraucherdarlehen

Teilleistungen				
1	2	3	4	5
Kundenberatung	Prüfung der Kreditwürdigkeit	Kreditentscheidung	Abschluss des Darlehensvertrages	Bereitstellung des Darlehens

▶ Identifizierung der für die einzelnen Teilleistungen benötigten Produktionsmittel

Für die einzelnen Teilleistungen sind insbesondere folgende Fragen zu klären:

- Wie hoch ist der Arbeitsaufwand?
- Welche Sachmittel (z. B. Formulare) sind erforderlich?
- Welche Rechenleistungen (IT) werden benötigt?

Um den Arbeitsaufwand für eine Teilleistung zu ermitteln, muss die Controllingabteilung den **durchschnittlichen Zeitaufwand** der Mitarbeiter/innen (Standardbearbeitungszeit in Minuten) für die Bearbeitung einer Teilleistung bestimmen. Der durchschnittliche Zeitaufwand für die einzelnen Teilleistungen lässt sich durch Arbeitszeitstudien, Beobachtungen und Befragungen der zuständigen Mitarbeiter/innen ermitteln.

Beispiel

In einer Arbeitszeitstudie hat die Regio-Bank AG ermittelt, dass eine Kundenberatung zu einem Verbraucherdarlehen durchschnittlich 30 Minuten in Anspruch nimmt. Die tatsächliche Beratungsdauer weist dabei jedoch große Schwankungen von 20 Minuten bis zu einer Stunde auf. Die Regio-Bank AG kalkuliert die Betriebskosten für eine Beratung immer mit einem Zeitbedarf von 30 Minuten.

▶ **Ermittlung der Standardeinzelkosten für die benötigten Produktionsmittel**

Einzelkosten sind Kosten, die direkt einer Leistung oder Kostenstelle zugeordnet werden können.

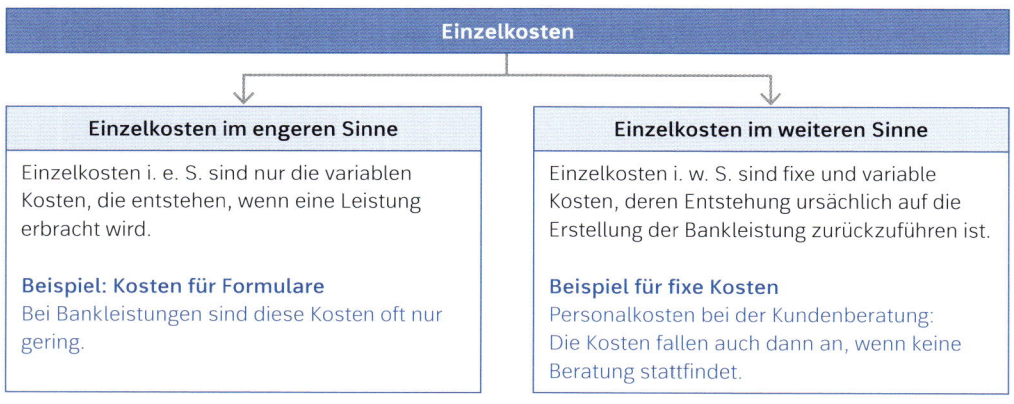

Einzelkosten	
Einzelkosten im engeren Sinne	**Einzelkosten im weiteren Sinne**
Einzelkosten i. e. S. sind nur die variablen Kosten, die entstehen, wenn eine Leistung erbracht wird.	Einzelkosten i. w. S. sind fixe und variable Kosten, deren Entstehung ursächlich auf die Erstellung der Bankleistung zurückzuführen ist.
Beispiel: Kosten für Formulare Bei Bankleistungen sind diese Kosten oft nur gering.	**Beispiel für fixe Kosten** Personalkosten bei der Kundenberatung: Die Kosten fallen auch dann an, wenn keine Beratung stattfindet.

Bei der Ermittlung der Einzelkosten berücksichtigen Kreditinstitute variable und fixe Kosten (Einzelkosten im weiteren Sinne). Die Kosten sind für eine Standardleistung zu ermitteln. Dies sind die Kosten, die regelmäßig (durchschnittlich) bei der Erstellung einer Teilleistung anfallen.

Folgende **Standardeinzelkosten** (direkt zurechenbare Betriebskosten) fallen bei der Erstellung einer Teilleistung regelmäßig an:

- Personalkosten (Bruttogehalt + Arbeitgeberanteil zur Sozialversicherung + Beiträge zur Berufsgenossenschaft)
- Viele Kreditinstitute erhöhen die reinen Personalkosten um einen Zuschlag für die Kosten des Arbeitsplatzes (kalkulatorische Raumkosten, kalkulatorische Abschreibungen für PC, Schreibtisch usw.).
- Sachmittelkosten (z. B. Formularkosten)
- EDV-Kosten (IT-Kosten)

Die Personalkosten pro Minute sind abhängig von der Höhe des Gehalts (einschließlich der Lohnnebenkosten), der effektiven Arbeitszeit und der für die Erstellung einer Teilleistung benötigten Arbeitszeit.

Beispiel

Personalkosten bei der Bearbeitung von Verbraucherdarlehen

Ermittlung der Personalkosten pro Jahr

durchschnittliches Bruttogehalt eines Kundenberaters	42 000,00 EUR
+ 25 % Lohnnebenkosten	10 500,00 EUR
+ 30 % Zuschlag für die Kosten des Arbeitsplatzes	12 600,00 EUR
Summe	65 100,00 EUR

Ermittlung der effektiven Arbeitszeit pro Jahr

Arbeitstage pro Jahr	248	Tage
– Urlaubstage	– 30	Tage
– durchschnittliche Krankheitstage	– 8	Tage
tatsächliche Arbeitstage pro Jahr	210	Tage
tägliche Arbeitszeit bei 38,5 Wochenstunden	7,70	Stunden
Arbeitszeit pro Jahr in Stunden (210 · 7,70)	1 617	Stunden
Arbeitszeit pro Jahr in Minuten (1 617 · 60)	97 020	Minuten
Personalkosten pro Minute (65 100,00 : 97 020)	0,67 EUR	

Die **Sachmittelkosten** (z. B. Formulare, Porto) lassen sich d rekt ermitteln. Sie machen aber oft nur einen kleinen Teil der Kosten aus.

Zu den **EDV-Kosten (IT-Kosten)** gehören

- Kosten für die Hardware
- Kosten für die Software
- Kosten für den Support (Installierung, Datensicherung, Systemwartung)

Die EDV-Kosten für Teilleistungen lassen sich nach dem Rechenaufwand bestimmen.

Fallbeispiel

Verbraucherdarlehen

	Teilleistungen	Personalkosten		Sach-mittel-kosten	EDV-Kosten	Gesamt
		Zeitbedarf in Minuten	Kosten (0,67 EUR/Min.)			
1	Kundenberatung	30	20,10 EUR	0,30 EUR	0,50 EUR	20,90 EUR
2	Prüfung der Kreditwürdigkeit	15	10,05 EUR	0,00 EUR	1,50 EUR	11,55 EUR
3	Kreditentscheidung	5	3,35 EUR	0,00 EUR	0,50 EUR	3,85 EUR
4	Abschluss des Darlehensvertrages	10	6,70 EUR	1,60 EUR	2,00 EUR	10,30 EUR
5	Bereitstellung des Darlehens	5	3,35 EUR	0,00 EUR	0,50 EUR	3,85 EUR
	Summe	65	43,55 EUR	1,90 EUR	5,00 EUR	**50,45 EUR**

Die **prozessorientierte Standardeinzelkostenrechnung** ist eine **Teilkostenrechnung**, da bei diesem Verfahren sogenannte **Overheadkosten** nicht berücksichtigt werden.

Overheadkosten sind **Gemeinkosten**, die nicht direkt einer Bankleistung zugeordnet werden können (z. B. Kosten für Geschäftsleitung, Ausbildung, Revision). Zudem entstehen Kosten durch Unterauslastung der Mitarbeiter (Leerzeiten). Nicht jede Kundenberatung führt zu einem Geschäftsabschluss, nicht jeder Kunde erscheint zum Beratungstermin. Personalkosten und andere Kosten fallen jedoch auch in diesen Fällen an.

Bei der **Kalkulation von Preisen** (Provisionen) und Zinssätzen sind auch diese Kosten zu berücksichtigen, da die Erlöse mindestens alle Kosten decken sollen. Die Kundenkondition enthält darüber hinaus in der Regel einen **Gewinnzuschlag**.

Beispiel

Kalkulation einer Überweisung

Die Regio-Bank AG kalkuliert die Kosten für beleghaft erteilte Überweisungsaufträge.

Standardeinzelkosten (direkt zurechenbare Betriebskosten)	1,10 EUR
+ Zuschlag für Overheadkosten	0,30 EUR
+ Gewinnzuschlag	0,10 EUR
Preis für beleghafte Überweisungen	1,50 EUR

Bei einer Nachkalkulation ermittelt das Kreditinstitut die tatsächlich angefallenen Betriebserlöse und Betriebskosten für einzelne Geschäfte, aber auch für alle mit einem Kunden durchgeführten Geschäfte.

Beispiel

Kontoführung

Die Regio-Bank AG führt für Elif Özcan ein Girokonto.
Für das vergangene Quartal ermittelten die Controller der Bank folgende Daten:

	Preise laut Preisverzeichnis	Standardeinzelkosten je Vorgang	Anzahl der getätigten Geschäfte	Betriebserlöse	Standardeinzelkosten
Kontoführungspauschale	8,00 EUR pro Monat	...	...	24,00 EUR	0,00 EUR
beleghafte Überweisungsaufträge	1,50 EUR	1,10 EUR	6	9,00 EUR	6,60 EUR
beleglose Überweisungsaufträge	0,00 EUR	0,25 EUR	0	0,00 EUR	0,00 EUR
Gutschrift von Überweisungen	0,00 EUR	0,25 EUR	7	0,00 EUR	1,75 EUR
Einlösung von Lastschriften	0,00 EUR	0,25 EUR	16	0,00 EUR	4,00 EUR
Ein- und Auszahlungen an der Kasse	1,50 EUR	2,00 EUR	4	6,00 EUR	8,00 EUR
Ein- und Auszahlungen an Geldautomaten	0,00 EUR	0,50 EUR	9	0,00 EUR	4,50 EUR
Einrichtung, Löschung, Änderung von Daueraufträgen	3,00 EUR	4,00 EUR	1	3,00 EUR	4,00 EUR
Kontoauszüge am Kontoauszugsdrucker	0,30 EUR	0,30 EUR	8	2,40 EUR	2,40 EUR
Summe				**44,40 EUR**	**31,25 EUR**

> Die Regio-Bank erzielte bei dem Konto von Frau Özcan ein Ergebnis im Betriebsbereich von 13,15 EUR (44,40 EUR Betriebserlöse − 31,25 EUR Betriebskosten).

5.3   Kalkulation von Aktiv- und Passivgeschäften

Das Kreditinstitut kalkuliert bei Darlehen und Einlagen Soll- und Habenzinssätze und ermittelt die Erfolgsbeiträge (Deckungsbeiträge) einzelner Geschäfte.

5.3.1   Aktivgeschäfte (Darlehen)

Kreditinstitute bieten Kunden vor allem folgende Darlehen an:

- Überziehungskredite
- Ratenkredite
- Baudarlehen
- Investitionskredite
- Betriebsmittelkredite

5.3.1.1 Kalkulation von Sollzinssätzen

Kreditinstitute kalkulieren Darlehenszinsen unter Berücksichtigung von sechs „Bausteinen".

„Bausteine" einer Darlehenskondition

Standardeinzelkosten

Standardeinzelkosten ermitteln Kreditinstitute mit der **prozessorientierten Standardeinzel-kosten-Rechnung**.

Zinskosten

Die Höhe der Zinskosten richtet sich nach der Zinshöhe, die für eine fristengleiche Geldanlage am Kapitalmarkt erzielt werden kann.

Risikokosten

Eine Darlehensgewährung ist mit dem Risiko verbunden, dass der Kreditnehmer seine Verpflichtungen aus dem Vertrag nicht erfüllen kann. Kreditinstitute berücksichtigen dieses Risiko in Form von Zinsaufschlägen bei den Darlehen.

Das Ausfallrisiko ist von der Bonität des Kunden abhängig. Zur Beurteilung der **Bonität** verwenden Kreditinstitute **Ratingverfahren oder Scoringverfahren**. Kreditnehmer werden einer Ratingklasse bzw. Scoringklasse mit einer bestimmten **Ausfallwahrscheinlichkeit** zugeordnet.

Fallbeispiel

Die Regio-Bank AG verwendet folgende Ratingklassen:

Ratingklasse	Ausfallwahrscheinlichkeit in Prozent p.a.
1	0,08
2	0,12
3	0,17
4	0,26
5	0,39
6	0,59
7	0,88
8	1,32
9	1,98
10	2,96
11	4,44
12	6,67
13	10,00
14	15,00
15	20,00
16 bis 18	Ausfall eingetreten

In der Ratingklasse 8 beträgt die Wahrscheinlichkeit, dass ein Darlehen in den nächsten zwölf Monaten ausfällt, 1,32 %. Ein Ausfall gilt als eingetreten, wenn ein Darlehensnehmer mit seinen Zahlungen mehr als 90 Tage in Verzug geraten ist.

Ein Zahlungsverzug bedeutet jedoch nicht, dass immer die komplette Restforderung abzuschreiben ist. Der tatsächliche Forderungsausfall kann aus folgenden Gründen niedriger sein:

- Der Darlehensnehmer leistet weitere Zahlungen.
- Das Kreditinstitut besitzt Sicherheiten, die es verwerten kann.
- Zwangsvollstreckungsmaßnahmen können zu einem Geldeingang führen.
- In einem Insolvenzverfahren können Zahlungen vom Insolvenzverwalter eingehen.

Auf Grundlage der Erfahrungen aus der Vergangenheit schätzen Kreditinstitute die tatsächliche Verlustquote bei ausgefallenen Darlehen.

11

> **Beispiel**
>
> Die Regio-Bank AG hat festgestellt, dass Darlehensnehmer nach einem Forderungsausfall (Verzug mehr als 90 Tage) durchschnittlich noch 20 % der Restforderung begleichen.
> Dies bedeutet, dass bei einem Darlehen der Ratingklasse 8 Risikokosten von 1,06 % anfallen.
>
> Risikokosten = 80 % von 1,32 = <u>1,06 %</u>

Die **Sollzinsaufschläge (Risikokosten)** sollen die erwarteten Forderungsausfälle in einer Forderungsgruppe decken. Damit „übernehmen" die vertragstreuen Kreditnehmer letztlich die „Rückzahlung" der ausgefallenen Darlehen über einen höheren von ihnen zu zahlenden Zinssatz.

Eigenkapitalkosten

Eigenkapitalkosten entstehen, weil Kreditinstitute Risikogeschäfte mit Eigenkapital unterlegen müssen.

Darlehensvergaben sind Risikogeschäfte, da mit Ausfällen zu rechnen ist. Ein Darlehen darf deshalb nicht vollständig aus Einlagen refinanziert werden, sondern das Kreditinstitut muss einen Teil aus dem Eigenkapital bereitstellen. Grundsätzlich betragen die für Darlehen benötigten **Eigenmittel mindestens 8 %** (Art. 92 Abs. 1 CRR, Capital Requirements Regulation). In Abhängigkeit von dem Ausfallrisiko der Forderung (Ausfallwahrscheinlichkeit) sind jedoch höhere oder niedrige Eigenmittel notwendig.

Zur Bestimmung des Risikos und der notwendigen Eigenmittel gibt es zwei Verfahren (Verordnung (EU) 575/2013 – Sicherstellung der Risikosteuerung und angemessenen Eigenkapitalausstattung von Banken und Wertpapierfirmen):

- Kreditrisiko-Standardansatz (KSA)
- Interner Rating-Ansatz (IRBA)

▶ Kreditrisiko-Standardansatz (KSA)

Beim Kreditrisiko-Standardansatz werden Darlehen nach ihrem Risiko einer von der Bankenaufsicht (BaFin) vorgegebenen Bonitätsstufe zugeordnet. Die BaFin unterscheidet sechs Bonitätsstufen mit unterschiedlichen Risikogewichten. Das Risikogewicht ist der Faktor zur Bestimmung der notwendigen Eigenmittel.

Bonitätsstufe	1 (sichere Forderungen)	2	3	4	5	6 (höchstes Risiko)
Risikogewicht	0 %	20 %	50 %	100 %	100 %	150 %

notwendige Eigenmittel = Risikogewicht · 8 %

Beispiele

Darlehensarten	Bonitätsstufe	Risikogewicht	notwendige Eigenmittel
Darlehen an die Stadt Leipzig	1	0 %	0,00 %
Baudarlehen durch Grundpfandrechte gesichert	3	50 %	4,00 % (50 % · 8 %)
Verbraucherdarlehen	4	100 %	8,00 %
Existenzgründungsdarlehen	6	150 %	12,00 % (150 % · 8,00 %)

Sparkassen und Kreditgenossenschaften verwenden in der Regel den Kreditrisiko-Standardansatz.

▶ **Interner Rating-Ansatz (IRBA)**

Kreditinstitute können das Risiko auch durch ein internes Rating bestimmen. Das dazu angewandte Verfahren muss von der BaFin genehmigt sein.
Große Kreditinstitute (z. B. Deutsche Bank AG) nutzen oft dieses Verfahren.

Merksatz

Je höher das Ausfallrisiko bei Darlehen ist, umso mehr Eigenmittel sind erforderlich.

Eigenkapitalgeber erwarten eine angemessene Verzinsung ihres Kapitals. Der **kalkulatorische Eigenkapitalzinssatz** ist höher als der Zinssatz für langfristige Anleihen, da Eigenkapitalgeber als Ausgleich für ihr höheres Risiko einen Zinsaufschlag erwarten.

Beispiel

Ermittlung der Eigenkapitalkosten bei einer angestrebten Eigenkapitalverzinsung von 8 % bzw. 10 %

Darlehensarten	notwendige Eigenmittel	Eigenkapitalkosten	
		kalk. EK-Zins 8 %	kalk. EK-Zins 10 %
Baudarlehen durch Grundpfandrechte gesichert	4,00 %	0,32 % (8 % von 4,00 %)	0,40 % (10 % von 4,00 %)
Verbraucherdarlehen	8,00 %	0,64 %	0,80 %
Existenzgründungsdarlehen	12,00 %	0,96 %	1,20 %

Overheadkosten

Overheadkosten entstehen durch innerbetriebliche, nicht marktorientierte Abteilungen (z. B. Revision, Controlling, Ausbildung) und können nicht direkt einzelnen Bankleistungen zugeordnet werden. Letztlich müssen die Erlöse aus dem Verkauf von Bankleistungen aber auch diese Kosten decken. Da eine direkte Zuordnung nach dem Verursachungsprinzip nicht möglich ist, setzen Kreditinstitute zur Berücksichtigung dieser Kosten Pauschalsätze an.

Fallbeispiel

Kalkulation von Sollzinsen

Zur Finanzierung eines Einfamilienhauses möchten die Eheleute Ute und Thomas Krüger auch einen Bausparvertrag einsetzen, der aber erst in neun Monaten zugeteilt wird.

Zur Vorfinanzierung des Bausparvertrages beantragen sie bei der Regio-Bank AG einen Zwischenkredit über 72 000,00 EUR. Das durch eine Grundschuld gesicherte Festdarlehen soll nach der Zuteilung des Bausparvertrages in einer Summe getilgt werden.

Die Regio-Bank AG kalkuliert den Sollzinssatz für das Darlehen unter Berücksichtigung folgender Daten:

- **Alternativzinssatz für fristengleiche Anlagen am GKM (Zinskosten)**
  Die Regio-Bank AG könnte Gelder mit einer Laufzeit von neun Monaten am Geld- und Kapitalmarkt zu einem Zinssatz von 2,00 % (z. B. Kauf einer Bundesanleihe) anlegen.

- **direkt zurechenbare Betriebskosten (Standardeinzelkosten)**
  Im Durchschnitt fallen bei der Gewährung eines Zwischenkredites Betriebskosten (Personal- und Sachkosten für Beratung, Kreditwürdigkeitsprüfung, Sicherheitenprüfung und Sicherheitenbestellung) in Höhe von 270,00 EUR an.
  Die Kosten entstehen bei einer Laufzeit von neun Monaten. Sie sind als Prozentsatz für ein Jahr zu berechnen, um sie in den Sollzinssatz (Jahreszinssatz) einrechnen zu können.

  9 Monate – 270,00 EUR
  12 Monate – x

  $$x = \frac{270,00 \cdot 12}{9} = 360,00 \text{ EUR Kosten pro Jahr}$$

  $$\text{Standardeinzelkosten in \% p.a.} = \frac{360,00 \cdot 100}{72 000,00} = \underline{0,50\%}$$

- **Risikokosten**
  Die Eheleute Krüger verfügen über eine gute Bonität. Zudem ist das Darlehen durch eine Grundschuld gesichert. Die Regio-Bank AG kalkuliert vor diesem Hintergrund die Risikokosten mit 0,20 %.

- **Eigenkapitalkosten**
  Zur Bestimmung der erforderlichen Eigenmittel hat die Regio-Bank AG den Kreditrisiko-Standardansatz (KSA) gewählt. Das Risikogewicht für durch Grundpfandrechte gesicherte Darlehen beträgt 50 %.

  notwendige Eigenmittel = 50 % · 8,00 % = $\underline{4,00\%}$, das heißt, für 100,00 EUR Darlehen sind 4,00 EUR Eigenkapital erforderlich

  Die Regio-Bank AG strebt eine Eigenkapitalverzinsung von 7,00 % an.

  Eigenkapitalkosten = 7,00 % · 4,00 = $\underline{0,28\%}$

- **Overheadkosten**
  Für Overheadkosten setzt die Regio-Bank AG einen Pauschalsatz in Höhe von 80 % der Standardeinzelkosten an.

  Overheadkosten = 80 % · 0,50 % = $\underline{0,40\%}$

- **Gewinnzuschlag**
  Die Regio-Bank rechnet bei ihren Standardkonditionen einen Gewinnzuschlag von 0,25 % in den Sollzinssatz ein.

Kalkulationsschema der Regio-Bank AG	
Zinssatz für fristengleiche Anlage am GKM	2,00 %
+ direkt zurechenbare Betriebskosten	0,50 %
+ Risikokosten	0,20 %
+ Eigenkapitalkosten	0,28 %
+ Overheadkosten	0,40 %
+ Gewinnzuschlag	0,25 %
= **Sollzinssatz**	**3,63 %**

Die Regio-Bank AG bietet den Eheleuten Krüger den Zwischenkredit zu einem Sollzinssatz von 3,63 % an.
Bei diesem Zinssatz sind alle Kosten gedeckt und darüber hinaus erzielt die Regio-Bank AG einen Gewinn (Mehrertrag) aus dem Darlehen.

Preisuntergrenze von Darlehen (Mindestsollzinssatz)

Der harte Wettbewerb zwischen den Kreditinstituten führt oft dazu, dass der kalkulierte Sollzinssatz („Wunschzinssatz") am Markt nicht durchsetzbar ist. In diesen Fällen müssen Banken entscheiden, zu welchen Preisnachlässen sie bereit sind und ab welcher „Schmerzgrenze" sie lieber auf ein Geschäft verzichten. Auch wenn bei Preiszugeständnissen nicht alle Kosten gedeckt sind, kann es sinnvoll sein, Darlehen auch zu niedrigeren Sollzinssätzen anzubieten, um einen Teil der Fixkosten zu decken und um Kunden nicht zu verlieren.

Kreditinstitute ermitteln eine **Preisuntergrenze (Mindestsollzinssatz)** für Darlehen, bei der sie auf einen Gewinnzuschlag und auf eine Deckung der Overheadkosten verzichten, da diese unabhängig davon anfallen, ob die Bank ein Darlehensgeschäft tätigt oder nicht.

Die Preisuntergrenze ergibt sich aus dem Zinssatz für eine fristengleiche Anlage am GKM zuzüglich einer Mindestkonditionenmarge, bestehend aus den direkt zurechenbaren Betriebskosten, den Risikokosten und den Eigenkapitalkosten.

Ermittlung der Preisuntergrenze für Darlehen
Alternativzinsen für Anlagen am GKM
+ Mindestkonditionenmarge, bestehend aus
• direkt zurechenbaren Betriebskosten
• Risikokosten
• Eigenkapitalkosten
= **Preisuntergrenze (Mindestsollzinssatz)**

Fallbeispiel (Fortsetzung)

Preisuntergrenze für den Zwischenkredit der Regio-Bank-AG	
Alternativzinsen für Anlagen am GKM	2,00 %
+ Mindestkonditionenmarge, bestehend aus	
• direkt zurechenbaren Betriebskosten	0,50 %
• Risikokosten	0,20 %
• Eigenkapitalkosten	0,28 %
= **Preisuntergrenze**	**2,98 %**

Es ist vorteilhaft für die Regio-Bank AG, den Zwischenkredit auch noch zu einem Zinssatz von 2,98 % anzubieten, bevor sie auf das Geschäft verzichtet. Gewährt sie das Darlehen zu 2,98 %, sind alle variablen Kosten (Zinskosten, Risikokosten, Eigenkapitalkosten) und die direkt zurechenbaren Betriebskosten, die zu einem großer Teil aus fixen Kosten (z. B. Personalaufwand, Raumkosten) bestehen, gedeckt. Die fixen Kosten würden auch entstehen, wenn der Darlehensvertrag nicht zustande kommt.

Kreditinstitute sollten Darlehen nur in Ausnahmefällen zum Mindestsollzinssatz (Preisunter-grenze) anbieten, denn insgesamt müssen die Darlehenskonditionen alle Kosten einschließlich der Overheadkosten decken und sollten darüber hinaus auch noch einen Beitrag zum Gewinn des Institutes leisten.

5.3.1.2 Ermittlung von Deckungsbeiträgen

In einer mehrstufigen Deckungsbeitragsrechnung ermitteln Kreditinstitute die bei einem Darlehen erzielten Überschüsse (Deckungsbeiträge) in Abhängigkeit von einzelnen Erlös- und Kostenanteilen.

Ermittlung von Deckungsbeiträgen bei Aktivgeschäften[1]
Zinserlöse (Kundenzins) – Alternativzinsen für fristengleiche Anlagen am GKM
= **Deckungsbeitrag I (Zins-Konditionenbeitrag)**
+ direkt zurechenbare Provisionserlöse – direkt zurechenbare Betriebskosten (Standardeinzelkosten)
= **Deckungsbeitrag II (Netto-Konditionenbeitrag)**
– Risikokosten bei Aktivgeschäften – Eigenkapitalkosten bei Aktivgeschäften
= **Deckungsbeitrag III**
– Overheadkosten
= **Deckungsbeitrag IV**

Provisionserlöse fallen bei Darlehen aus rechtlichen Gründen nur selten (z. B. wegen Erstattung externer Kosten) an. Für die Bearbeitung von Darlehen dürfen Kreditinstitute ihren Kunden keine Provisionen in Rechnung stellen. Sie müssen diese Kosten in die Sollzinsen einkalkulieren.

Die Deckungsbeiträge können für die gesamte Laufzeit des Darlehens oder für einen bestimmten Zeitraum (z. B. für ein Jahr, Quartal oder Monat) berechnet werden.

---

1 Nach der Formelsammlung der AKA sind in IHK-Prüfungsaufgaben rur die Deckungsbeiträge I, II und III zu ermitteln.

Fallbeispiel

Die Regio-Bank AG gewährt den Eheleuten Krüger einen Zwischenkredit (Festdarlehen) in Höhe von 72 000,00 EUR für neun Monate zu einem Sollzinssatz von 3,50 %.

Ermittlung der Deckungsbeiträge	in EUR für die tatsächliche Laufzeit	in % p.a.
Zinserlöse (Kundenzins)	1 890,00 EUR	3,50 %
− Alternativzinsen für fristengleiche Anlagen am GKM (9 Monate)	− 1 080,00 EUR	− 2,00 %
= **Deckungsbeitrag I (Zins-Konditionenbeitrag)**	**810,00 EUR**	**1,50 %**
+ direkt zurechenbare Provisionserlöse	0,00 EUR	0,00 %
− direkt zurechenbare Betriebskosten (Standardeinzelkosten)	− 270,00 EUR	− 0,50 %
= **Deckungsbeitrag II (Netto-Konditionenbeitrag)**	**540,00 EUR**	**1,00 %**
− Risikokosten	− 108,00 EUR	− 0,20 %
− Eigenkapitalkosten	− 151,20 EUR	− 0,28 %
= **Deckungsbeitrag III**	**280,80 EUR**	**0,52 %**
− Overheadkosten	− 216,00 EUR	− 0,40 %
= **Deckungsbeitrag IV**	**64,80 EUR**	**0,12 %**

5.3.2 Passivgeschäfte (Einlagen)

Kreditinstitute nehmen von Kunden folgende Einlagen entgegen:

- Spareinlagen
- Festgelder
- Tagesgelder
- Sparbriefeinlagen

5.3.2.1 Kalkulation von Habenzinssätzen

Kreditinstitute kalkulieren Guthabenzinsen (Habenzinsen) unter Berücksichtigung von vier „Bausteinen".

Ermittlung von Habenzinssätzen
Alternativzinsen für fristengleiche Geldbeschaffung am GKM
− direkt zurechenbare Betriebskosten (Standardeinzelkosten)
− Overheadkosten
− Gewinnbeitrag
= **Habenzinssatz**

Direkt zurechenbare Betriebskosen, Overheadkosten und Gewinnbeitrag sind von dem fristengleichen Alternativzinssatz abzuziehen, da diese Kosten bzw. der Gewinnbeitrag durch niedrigere Habenzinsen auszugleichen sind. Je niedriger der Habenzinssatz ist, umso vorteilhafter ist der Zins für das Kreditinstitut.

Risikokosten und Eigenkapitalkosten fallen bei Einlagen nicht an, da es kein Ausfallrisiko und auch keine Verpflichtung zur Eigenkapitalunterlegung gibt.

Fallbeispiel

Felix Klein möchte bei der Regio-Bank AG 25 000,00 EUR für drei Monate als Festgeld anlegen. Für die Kalkulation des Zinssatzes gelten folgende Daten:

– Die Regio-Bank könnte sich am Geld- und Kapitalmarkt Gelder mit einer Laufzeit von drei Monaten zum Zinssatz von 2,50 % beschaffen.
– Die Controllingabteilung hat für Festgeldanlagen dieser Laufzeit direkt zurechenbare Betriebskosten von durchschnittlich 30,00 EUR ermittelt.
– Für Overheadkosten ist pauschal ein Wert von 75 % der Standardeinzelkosten anzusetzen.
– Die Geschäftsleitung strebt einen Gewinnbeitrag von 0,40 Prozentpunkten bei Festgeldern an.

- **direkt zurechenbare Betriebskosten (Standardeinzelkosten)**
  Im Durchschnitt fallen bei der Bearbeitung eines Festgeldes unabhängig von der Laufzeit Betriebskosten (Personal- und Sachkosten für Beratung und Bearbeitung) in Höhe von 30,00 EUR an.
  Die Kosten beim Festgeld von Felix Klein entstehen bei einer Laufzeit von drei Monaten. Sie sind als Prozentsatz für ein Jahr zu berechnen, um sie in den Habenzinssatz (Jahreszinssatz) einrechnen zu können.

3 Monate – 30,00 EUR
12 Monate – x

$$x = \frac{30,00 \cdot 12}{3} = 120,00 \text{ EUR}$$

Standardeinzelkosten in % p.a. $= \frac{120,00 \cdot 100}{25\,000,00} = \underline{0,48\,\%}$

- **Overheadkosten**
  Overheadkosten = 75 % von 0,48 % = 0,36 %

Kalkulationsschema der Regio-Bank AG	
Alternativzinssatz für fristengleiche Geldbeschaffung am GKM	2,50 %
– direkt zurechenbare Betriebskosten	−0,48 %
– Overheadkosten	−0,36 %
– Gewinnbeitrag	−0,40 %
= Habenzinssatz	**1,26 %**

Preisobergrenze bei Einlagen (Höchstguthabenzinssatz)

Auch bei Einlagen konkurrieren Kreditinstitute um Kunden und müssen oft Preiszugeständnisse machen.

Dazu ermitteln sie einen Höchstguthabenzinssatz als Preisobergrenze.

Bei dem Höchstguthabenzinssatz verzichtet das Kreditinstitut auf einen Ausgleich für die Overheadkosten und auf den Gewinnabschlag.

Ermittlung der Preisobergrenze	
Alternativzinssatz für fristengleiche Geldbeschaffung am GKM	2,50 %
– direkt zurechenbare Betriebskosten (Standardeinzelkosten)	−0,48 %
= Preisobergrenze (Höchstguthabenzinssatz)	**2,02 %**

Bei einem Zinssatz von 2,02 % sind jedoch nicht alle Kosten gedeckt. Langfristig müssen Kreditinstitute ihre Konditionen so gestalten, dass sie alle Kosten decken und zudem einen Gewinn ermöglichen.

5.3.2.2 Ermittlung von Deckungsbeiträgen

In einer Deckungsbeitragsrechnung ermitteln Kreditinstitute die bei Einlagen erzielten Überschüsse im Wertbereich und im Betriebsbereich.

Ermittlung von Deckungsbeiträgen bei Passivgeschäften[1]
Alternativzinsen für Beschaffung am GKM (3 Monate)   − Zinskosten (Kundenzins)
= **Deckungsbeitrag I (Zins-Konditionenbeitrag)**
+ direkt zurechenbare Provisionserlöse   − direkt zurechenbare Betriebskosten
= **Deckungsbeitrag II/III (Netto-Konditionenbeitrag)**
− Overheadkosten
= **Deckungsbeitrag IV**

Provisionserlöse fallen in der Regel bei Einlagen nicht an.

Fallbeispiel

Die Regio-Bank AG nimmt von Felix Klein eine Festgeldanlage über 25 000,00 EUR für drei Monate zu einem Zinssatz von 1,25 % herein.

Ermittlung der Deckungsbeiträge	in EUR für die tatsächliche Laufzeit	in % p.a.
Alternativzinsen für Beschaffung am GKM (3 Monate) − Zinskosten (Kundenzins)	156,25 EUR − 78,13 EUR	2,50 % − 1,25 %
= **Deckungsbeitrag I (Zins-Konditionenbeitrag)**	**78,13 EUR**	**1,25 %**
+ direkt zurechenbare Provisionserlöse − direkt zurechenbare Betriebskosten	0,00 EUR − 30,00 EUR	0,00 % − 0,48 %
= **Deckungsbeitrag II/III (Netto-Konditionenbeitrag)**	**48,13 EUR**	**0,77 %**
− Overheadkosten	− 22,50 EUR	− 0,36 %
= **Deckungsbeitrag IV**	**25,63 EUR**	**0,41 %**

---

1 *Nach der Formelsammlung der AKA sind in IHK-Prüfungsaufgaben nur die Deckungsbeiträge I, II und III zu ermitteln.*

Kundenkalkulation 129

6 Kundenkalkulation

In einer **Kundenkalkulation** ermittelt das Kreditinstitut die Deckungsbeiträge aus der gesamten Geschäftsbeziehung mit einem Kunden. Grundlage hierzu sind die Deckungsbeiträge aller Geschäfte, die der Kunde mit dem Kreditinstitut tätigt.

Die Erfolgsbeiträge von Kunden sind unterschiedlich hoch. Es ist für das Kreditinstitut wichtig zu wissen, welche Deckungsbeiträge die einzelnen Kunden erbringen.

Die Deckungsbeiträge eines Kunden sind in der Regel auf „Knopfdruck" für einen bestimmten Zeitraum (z.B. Monat, Quartal, Jahr) abrufbar. In Preisverhandlungen mit Kunden kann die Beraterin bzw. der Berater diese Informationen nutzen.

Beispiele

- Laura Fröhlich ist eine preisbewusste Kundin, die mehrere Bankverbindungen unterhält, um stets die günstigsten Angebote wahrnehmen zu können. Bei einer Baufinanzierung möchte sie von der Regio-Bank AG ein Darlehen zu dem günstigsten Zins erhalten, den sie im Internet gefunden hat. Die Kundenkalkulation zeigt, dass die Kundin in der Vergangenheit nur geringe Deckungsbeiträge geliefert hat. Die Regio-Bank AG ist daher nur begrenzt zu Preiszugeständnissen bereit.
- Hans Schneider ist selbstständiger Dachdeckermeister und seit vielen Jahren Kunde der Regio-Bank AG. Aufgrund der umfänglichen Geschäfte mit dem Institut sind die Deckungsbeiträge des Kunden hoch. Die Regio-Bank AG bietet dem Kunden bei einem Darlehen Sonderkonditionen an, um die Kundenbindung zu stärken. Eventuell akzeptiert sie sogar bei einzelnen Geschäften einen negativen Deckungsbeitrag, wenn der gesamte Deckungsbeitrag des Kunden immer noch eine ausreichende Höhe aufweist.

Bei der **Kundenkalkulation** sind **alle Bankgeschäfte** des Kunden zu berücksichtigen:

- Kontoführung und Zahlungsverkehr
- Einlagen (Spareinlagen, Festgelder, Tagesgelder, Sparbriefe)
- Darlehen (Überziehungsdarlehen, Ratenkredite, Baudarlehen, Betriebsmittel- und Investitionskredite)
- Wertpapiergeschäfte
- Vermietung von Schrankfächern
- Versicherungen (Abschlussvermittlung für Kooperationspartner)

Aufbau der Kundenkalkulation[1]
Konditionenbeiträge der Aktivgeschäfte + Konditionenbeiträge der Passivgeschäfte
= **Deckungsbeitrag I (Zins-Konditionenbeitrag)**
+ direkt zurechenbare Provisionserlöse − direkt zurechenbare Betriebskosten
= **Deckungsbeitrag II (Netto-Konditionenbeitrag)**
− direkt zurechenbare Risikokosten − direkt zurechenbare Eigenkapitalkosten
= **Deckungsbeitrag III (Deckungsbeitrag des Kunden)**
− Overheadkosten
= **Deckungsbeitrag IV**

Fallbeispiel

Max Kutowski unterhält bei der Regio-Bank AG ein Girokonto, ein Sparkonto und ein Darlehenskonto.
Zum 2. Quartal des Jahres 20.. liegen folgende Daten vor:

Girokonto Nr. 8976496250

- eingeräumte Überziehungslinie: 5 000,00 EUR
- Sollzinssatz für eingeräumte Überziehungsmöglichkeiten: 8,50 %
- Kontoführungsgebühren: 10,00 EUR pro Monat
- durchschnittlicher Kontosaldo: 2 940,00 EUR Soll
- direkt zurechenbare Betriebskosten: 35,00 EUR
- Overheadkosten: 60 % der direkt zurechenbaren Betriebskosten

---

Sparkonto Nr. 8976458104

- Guthabenzinssatz: 0,50 %
- Kündigungsfrist: 3 Monate
- durchschnittliches Sparguthaben: 8 200,00 EUR
- direkte zurechenbare Betriebskosten: 6,00 EUR
- Overheadkosten: 60 % der direkt zurechenbaren Betriebskosten

---

Darlehenskonto Nr. 897643582 (Baudarlehen)

- Sollzinssatz: 4,50 %
- durchschnittliche Höhe des Darlehens: 124 500,00 EUR
- direkt zurechenbare Betriebskosten: 25,00 EUR
- Overheadkosten: 60 % der direkt zurechenbaren Betriebskosten

---

1 *Nach der Formelsammlung der AKA sind in IHK-Prüfungsaufgaben nur die Deckungsbeiträge I, II und III zu ermitteln. Die Overheadkosten bleiben unberücksichtigt.*

Zur Kalkulation verwendet die Regio-Bank AG folgende Werte:

Kosten	Überziehungs-kredite	Spareinlagen	Baudarlehen
Fristengleiche Alternativzinssätze am Geld- und Kapitalmarkt	2,00%	2,50%	3,50%
Risikokosten	0,80%	0,00%	0,25%
Eigenkapitalkosten	1,00%	0,00%	0,40%

Die Regio-Bank AG geht bei der Deckungsbeitragsrechnung wie folgt vor:

1. Ermittlung der Deckungsbeiträge zu den einzelnen Konten des Kunden
2. Zusammenfassung der Deckungsbeiträge zu einem Gesamtergebnis für den Kunden

1. Deckungsbeiträge des Girokontos (durchschnittlicher Sollsaldo 2940,00 EUR)	Zeitraum 01.04.–30.06.20..	in % p.a.
Zinserlöse (2940,00 · 8,50 · 90 : 36000) – Alternativzinsen für fristengleiche Anlagen am GKM	62,48 EUR – 14,70 EUR	8,50% – 2,00%
= Deckungsbeitrag I (Zins-Konditionenbeitrag)	47,78 EUR	6,50%
+ direkt zurechenbare Provisionserlöse – direkt zurechenbare Betriebskosten	30,00 EUR – 35,00 EUR	4,08% – 4,76%
= Deckungsbeitrag II (Netto-Konditionenbeitrag)	42,78 EUR	5,82%
– Risikokosten (bei Aktivgeschäften) – Eigenkapitalkosten (bei Aktivgeschäften)	– 5,88 EUR – 7,35 EUR	– 0,80% – 1,00%
= Deckungsbeitrag III	29,55 EUR	4,02%
– Overheadkosten	–21,00 EUR	–2,86%
= Deckungsbeitrag IV	8,55 EUR	1,16%

2. Deckungsbeiträge des Sparkontos (durchschnittliches Guthaben 8200,00 EUR)	Zeitraum 01.04.–30.06.20..	in % p.a.
Alternativzinsen für Beschaffung am GKM (8200,00 · 2,50 · 90 : 36000) – Zinskosten (Kundenzins)	51,25 EUR – 10,25 EUR	2,50% – 0,50%
= Deckungsbeitrag I (Zins-Konditionenbeitrag)	41,00 EUR	2,00%
+ direkt zurechenbare Provisionserlöse – direkt zurechenbare Betriebskosten	0,00 EUR – 6,00 EUR	0,00% – 0,29%
= Deckungsbeitrag II/III (Netto-Konditionenbeitrag)	35,00 EUR	1,71%
– Overheadkosten	–3,60 EUR	–0,18%
= Deckungsbeitrag IV	31,40 EUR	1,53%

3. Deckungsbeiträge des Darlehenskontos (durchschnittlicher Saldo 124 500,00 EUR	Zeitraum 01.04.–30.06.20..	in % p.a.
Zinserlöse (124 500,00 · 4,50 · 90 : 36 000) – Alternativzinsen für Anlagen am GKM	1 400,63 EUR – 1 089,38 EUR	4,50 % – 3,50 %
= Deckungsbeitrag I (Zins-Konditionenbeitrag)	311,25 EUR	1,00 %
+ direkt zurechenbare Provisionserlöse – direkt zurechenbare Betriebskosten	0,00 EUR – 25,00 EUR	0,00 % – 0,08 %
= Deckungsbeitrag II (Netto-Konditionenbeitrag)	286,25 EUR	0,92 %
– Risikokosten – Eigenkapitalkosten	– 77,81 EUR – 124,50 EUR	– 0,25 % – 0,40 %
= Deckungsbeitrag III	83,94 EUR	0,27 %
– Overheadkosten	–15,00 EUR	–0,05 %
= Deckungsbeitrag IV	68,94 EUR	0,22 %

4. Deckungsbeiträge des Kunden Max Kutowski	Zeitraum 01.04.–30.06.20..
Konditionenbeiträge der Aktivgeschäfte (47,78 + 311,25) + Konditionenbeiträge der Passivgeschäfte	359,03 EUR 41,00 EUR
= Deckungsbeitrag I (Zins-Konditionenbeitrag)	400,03 EUR
+ direkt zurechenbare Provisionserlöse – direkt zurechenbare Betriebskosten (35,00 + 6,00 + 25,00)	30,00 EUR – 66,00 EUR
= Deckungsbeitrag II (Netto-Konditionenbeitrag)	364,03 EUR
– direkt zurechenbare Risikokosten (5,88 + 77,81) – direkt zurechenbare Eigenkapitalkosten (7,35 + 124,50)	– 83,69 EUR – 131,85 EUR
= Deckungsbeitrag III (Deckungsbeitrag des Kunden)	148,49 EUR
– Overheadkosten (21,00 + 3,60 + 15,00)	– 39,60 EUR
= Deckungsbeitrag IV	108,89 EUR

Die Regio-Bank AG hat in der Zeit vom 01.04.20. bis zum 30.06.20.. in der Geschäftsbeziehung mit dem Kunden Max Kutowski einen Deckungsbeitrag IV in Höhe von 108,89 EUR erzielt.

Lernfeld 12:

Kunden über Produkte der Vorsorge und Absicherung informieren

12

Zielbeschreibung:

Sie verfügen über die Kompetenz, Kunden im Rahmen des Drei-Schichten-Modells über Vorsorgemöglichkeiten und Versicherungsprodukte zur Absicherung zu informieren.

Lernfeld 12:
Kunden über Produkte der Vorsorge und Absicherung informieren

Um sich einen Überblick über Vorsorgemöglichkeiten im Rahmen des **Drei-Schichten-Modells der Altersvorsorge** zu verschaffen, ordnen Sie die gesetzliche Altersrente und die Basisrente der ersten Schicht zu und beurteilen deren Bedeutung für Kunden. Im Rahmen der zweiten Schicht stellen Sie die kapitalgedeckte Zusatzvorsorge *(Riester-Rente, Direktversicherung)* dar und ermitteln die staatliche Förderung bei Abschluss entsprechender Verträge. Sie beschreiben **Versicherungsprodukte** *(private Rentenversicherung, Kapitallebensversicherung, Risikolebensversicherung)* der dritten Schicht.

Sie erläutern Kunden die Notwendigkeit privater Vorsorge und zeigen **Versorgungslücken** *(Alter, Tod, Erwerbsminderung)* der Kunden aus der **gesetzlichen Rentenversicherung** *(Altersrente, Erwerbsminderungsrente, Witwen- und Waisenrente)* unter Berücksichtigung unterschiedlicher Lebenssituationen auf.

Sie entwickeln bedarfsgerechte Angebote unter Beachtung staatlicher Förderungen von **kapitalgedeckten Altersvorsorgeverträgen** und informieren über **steuerliche Aspekte** der angebotenen Vorsorgemöglichkeiten *(Basisrente, Riester-Rente, private Rentenversicherung, Kapitallebensversicherung)*.

Sie erläutern Kunden die Möglichkeiten der **Vertragsgestaltung** und stellen ihnen die **Leistungen** aus dem Vertrag bei Gewährung eines Bezugsrechts dar. Sie informieren Kunden über garantierte Leistungen und die Möglichkeit zum Erhalt von Überschüssen.

Sie erklären Kunden **Obliegenheiten** vor Vertragsabschluss *(Gesundheitsprüfung)*, zeigen die Rechtsfolgen bei Verletzung dieser Pflichten auf und weisen sie auf die gesetzlichen **Verbraucherrechte** *(Versicherungsvertragsgesetz)* hin.

Im Rahmen einer **ganzheitlichen Absicherung** stellen Sie den Kunden die Bedeutung einer privaten Unfallversicherung *(Unfallbegriff, Leistungsarten)* und einer Berufsunfähigkeitsversicherung dar.

Sie analysieren die Gestaltungsmöglichkeiten von Versicherungsverträgen bei **Zahlungsschwierigkeiten** von Versicherungsnehmern und unterbreiten kundengerechte Lösungsmöglichkeiten.

Sie reflektieren Ihre Ergebnisse im Hinblick auf die Bedarfe der Kunden und leiten mögliche **Optimierungsmaßnahmen** auch für eine langfristige Kundenbindung ab.

1 Versorgungslücken

Im Rahmen einer ganzheitlichen Beratung gilt es **Versorgungslücken** des Kunden zu identifizieren und **Vorsorgemöglichkeiten** aufzuzeigen.

Dazu gehören insbesondere die Themen

- Altersvorsorge,
- Absicherung von Hinterbliebenen und
- Absicherung bei Erwerbsminderung.

Sozialversicherungspflichtige Arbeitnehmer erhalten eine **Basisversorgung** von der **gesetzlichen Rentenversicherung (GRV)**.

Sozialversicherungspflichtige Arbeitnehmer und einige Selbstständige *(z. B. Handwerker, Künstler)* sind **Pflichtversicherte** in der GRV; geringfügig Beschäftigte können sich von der Versicherungspflicht befreien lassen. Andere **Selbstständige** können sich **freiwillig** bei der GRV versichern.

Arbeitnehmer und Arbeitgeber zahlen die Beiträge zur GRV zu gleichen Teilen; Selbstständige zahlen den Beitrag allein.

Bestimmte **Freiberufler** *(z. B. Ärzte, Architekten, Rechtsanwälte)* können sich – auch wenn sie als Angestellte tätig sind – von der GRV befreien lassen und sich stattdessen bei einem **berufsständischen Versorgungswerk** *(z. B. Nordrheinische Ärzteversorgung)* versichern.

Durch die gezahlten Beiträge erlangen die Versicherten einen Anspruch auf

- Altersrente,
- Hinterbliebenenrente und
- Erwerbsminderungsrente.

Zudem trägt die GRV auch Rehabilitationskosten zur Erhaltung und Wiederherstellung der Arbeitskraft.

Die GRV beruht auf einem **Umlageverfahren**, dem ein sogenannter **Generationenvertrag** zugrunde liegt.

- Umlageverfahren, weil die von der GRV vereinnahmten Beiträge sofort an die aktuellen Rentenbezieher weitergeleitet werden. Die GRV bildet nur ein geringes Sparkapital für die Erfüllung späterer Ansprüche.
- Generationenvertrag, weil in diesem System die heutigen Beitragszahler („Elterngeneration") erwarten, dass die nächste Generation („Kindergeneration") später ihre Renten zahlt.

Ergänzt werden die Einnahmen der GRV durch einen Bundeszuschuss aus Steuergeldern.

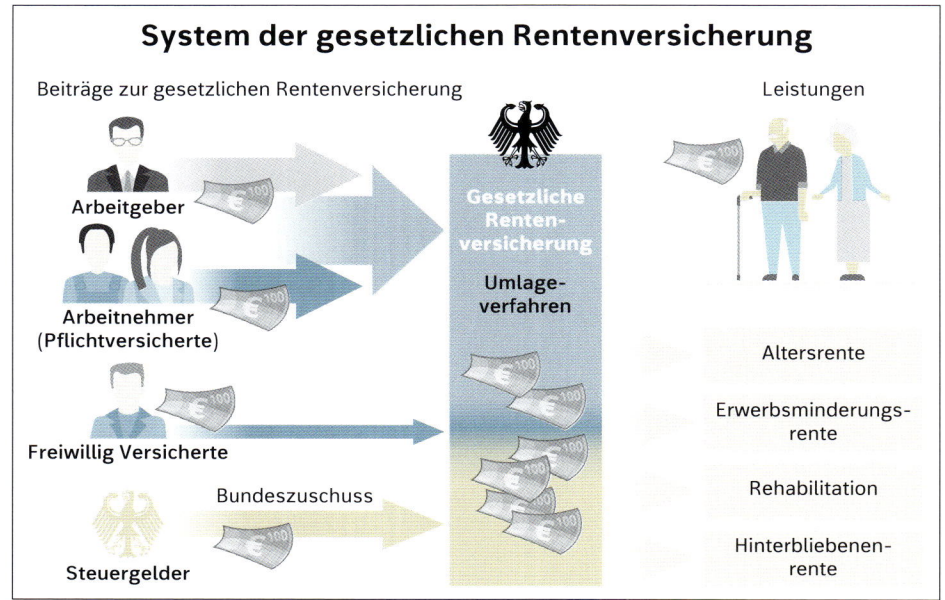

Allgemeine Wartezeit

Leistungen aus der GRV erhalten nur Personen, die mindestens **fünf Jahre** Beiträge in die Versicherung eingezahlt haben (Mindestversicherungszeit, allgemeine Wartezeit).

Die Ansprüche aus der **gesetzlichen Rentenversicherung** im Alter, bei Erwerbsminderung und im Todesfall sind jedoch relativ niedrig und führen zu **Versorgungslücken**. Dies liegt auch an der demografischen Entwicklung in Deutschland, die durch eine steigende Anzahl von Rentnern im Vergleich zu den Erwerbstätigen gekennzeichnet ist.

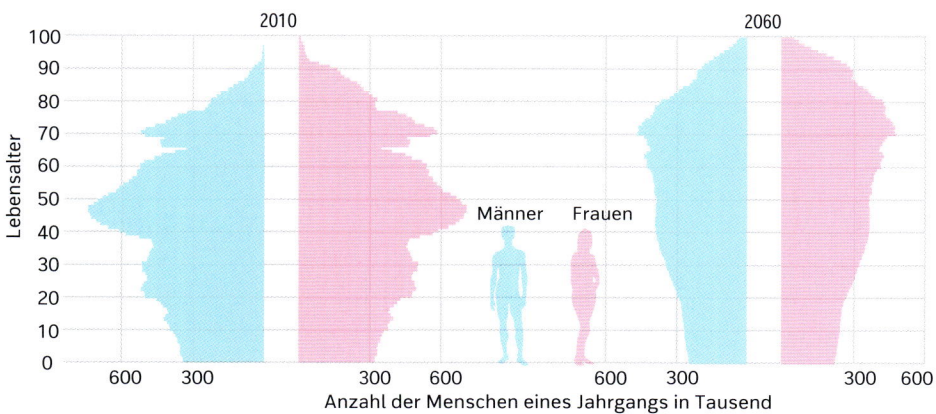

BV 1203401

Die gesetzliche Rentenversicherung sichert lediglich eine Grundversorgung.

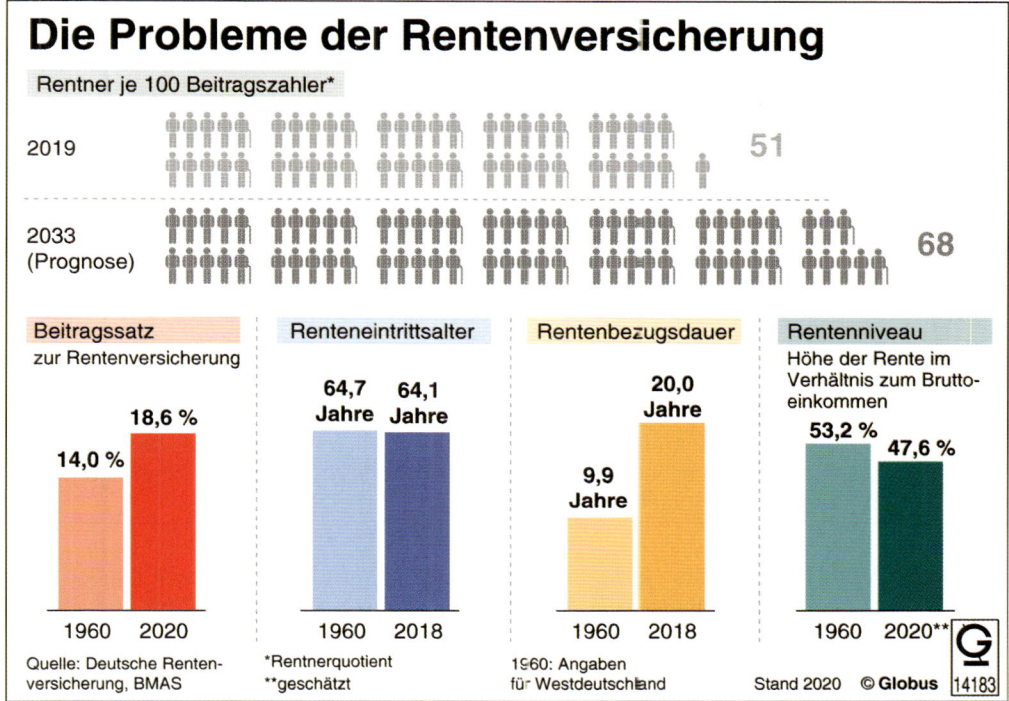

12

Die **Versorgungslücke** ist die Differenz zwischen dem angestrebten Einkommen im Rentenalter und dem zu erwartenden Alterseinkommen (Rentenansprüche, Kapitalerträge, Mieterträge).

Bei der Ermittlung einer zukünftigen Versorgungslücke sind viele Faktoren zur berücksichtigen:

- Höhe der erwarteten Alterseinkünfte *(z. B. gesetzliche Rente, Betriebsrente, Kapitalerträge)*
- Inflationsrate, durch die sich die spätere Kaufkraft der Altersbezüge mindert
- Gehaltssteigerungen, die tendenziell den Lebensstandard und damit die Versorgungslücke erhöhen
- Rentensteigerungen, die zu einer Verminderung der Versorgungslücke beitragen
- veränderter Geldbedarf während der Rentenzeit *(z. B. Verringerung des Geldbedarfs, da die Immobilie abbezahlt ist oder die Kinder nicht mehr zu unterstützen sind)*
- Zinsniveau während der Ansparzeit (höhere Zinsen führen zu höheren Alterseinkünften)

Da diese Faktoren bei einer Altersvorsorgeberatung, die weit in die Zukunft gerichtet ist, nur schwer einzuschätzen sind, sollte laufend *(z. B. jährlich)* eine Überprüfung der Annahmen, Ziele und Maßnahmen zur Schließung der Versorgungslücke erfolgen.

Durch eine **betriebliche** und **private Vorsorge** können Versorgungslücken geschlossen werden.

Eine zusätzliche **Betriebsrente** erhalten oftmals langjährig Beschäftigte bei Großunternehmen. Die Höhe der Ansprüche ist bei den einzelnen Unternehmen unterschiedlich und zudem von der Dauer der Beschäftigung und der Höhe des Gehaltes abhängig.

Vor dem Hintergrund der zu erwartenden Versorgungslücke bei den Alterseinkünften ist eine private Altersvorsorge empfehlenswert.

Beispiele

Ermittlung der Versorgungslücke

Bruttoarbeits-einkommen pro Monat	Nettoarbeits-einkommen pro Monat	gesetzliche Nettorente (vor Steuern)	Betriebsrente (vor Steuern)	Versorgungs-lücke
2 500,00 EUR	1 628,00 EUR	950,00 EUR	0,00 EUR	678,00 EUR
3 000,00 EUR	1 881,00 EUR	1 140,00 EUR	200,00 EUR	541,00 EUR
3 500,00 EUR	2 123,00 EUR	1 330,00 EUR	0,00 EUR	793,00 EUR
4 000,00 EUR	2 354,00 EUR	1 517,00 EUR	350,00 EUR	487,00 EUR
4 500,00 EUR	2 590,00 EUR	1 722,00 EUR	420,00 EUR	448,00 EUR
5 000,00 EUR	2 826,00 EUR	1 936,00 EUR	0,00 EUR	890,00 EUR

Annahmen: Das erwartete Alterseinkommen (vor Steuern) soll dem Nettoarbeitseinkommen (nach Steuern) entsprechen. Steuerklasse 1; gesetzliche Nettorente: Standardrente, 48,0 % vom Nettolohn vor Steuern.

Beraterinnen und Berater bieten **Bank- und Versicherungsprodukte** an, damit Kunden auch im Alter und bei Erwerbsminderung den gewohnten **Lebensstandard halten** können und Hinterbliebene (Ehegatte, Lebenspartner, Kinder) im Todesfall abgesichert sind.

2   Altersvorsorge

2.1   Drei-Schichten-Modell der Altersvorsorge

Das „Drei-Schichten-System der Altersvorsorge"

Altersvorsorge

3. Schicht: sonstige private Altersversorgung
z. B.: *private Rentenversicherungen, Fondssparpläne, Banksparpläne, Kapitallebensversicherungen*

2. Schicht: staatlich geförderte Zusatzversorgung
- **Riester-Rente**
- betriebliche Altersversorgung
  (z. B. Direktversicherung, Pensionskasse, Pensionsfonds)

1. Schicht: Basisversorgung
- gesetzliche Rentenversicherung
- kapitalgedeckte Basisrente **(Rürup-Rente)**

Die zur **1. Schicht** gehörende Altersversorgung (**gesetzliche Rentenversicherung und kapitalgedeckte Basisrente**) soll eine Basisversorgung im Alter sichern, die in der Regel erheblich niedriger ist als das vorherige Einkommen.

Die staatliche geförderte Zusatzversorgung der **2. Schicht**, zu der die **Riester-Rente** und die **betriebliche Altersversorgung** *(z. B. Direktversicherung)*, zählen, soll ein über die Basisversorgung hinausgehendes Versorgungsniveau sichern.

Zur **3. Schicht** zählen **alle Vermögenswerte** und **Zahlungsansprüche**, die im Alter zur Bestreitung der Lebenshaltungskosten zur Verfügung stehen. Dies können typische Altersvorsorgeprodukte wie Renten- und Kapitallebensversicherungen sein, aber auch Wertpapiere, Immobilien und Kontoguthaben. Um den Lebensstandard während des Arbeitslebens auch im Alter halten zu können, sind auch Einnahmen aus der 3. Schicht notwendig.

2.2   Basisversorgung (1. Schicht)

12

2.2.1   Altersrente aus der gesetzlichen Rentenversicherung (GRV)

Eine ungekürzte Altersrente erhalten Versicherte nur, wenn sie die **Regelaltersgrenze** bei Rentenbeginn erreicht haben und mindestens **45 Jahre** Beiträge in die GRV geleistet haben.

Die Regelaltersgrenze erhöht sich in Abhängigkeit vom Geburtsjahr schrittweise auf 67 Jahre.

Regelaltersgrenze (Auszug)

Geburtsjahr	Regelaltersgrenze
Bis 1946	65 Jahre
1948	65 Jahre + 2 Monate
1952	65 Jahre + 6 Monate
1956	65 Jahre + 10 Monate
1960	66 Jahre + 4 Monate
1964 und später	67 Jahre

Langjährig Versicherte mit mindestens 45 Beitragsjahren erreichen die Regelaltersgrenze schon mit 65 Jahren (schrittweise Erhöhung von 63, Geburtsjahr bis 1952, auf 65 Jahre, Geburtsjahr ab 1964).

Bei einem vorzeitigen Rentenbezug gibt es einen Rentenabschlag von 0,3 % für jeden Monat, den der Arbeitnehmer vor Erreichen der Regelaltersgrenze in den Ruhestand geht.

Beispiel

Niklas Thelen geht mit 64 Jahren und 6 Monaten vorzeitig in den Ruhestand. Seine Regelaltersgrenze beträgt 66 Jahre. Seine Rente mindert sich um 5,4 % (18 Monate · 0,3 %).

Verminderte Renten erhalten auch Versicherte, die während ihres Arbeitslebens zeitweise in Teilzeit gearbeitet haben oder arbeitslos waren.

Die Höhe der zu erwartenden Altersrente wird nach der **Rentenformel** ermittelt und ist in erster Linie von der individuellen Versicherungsdauer und den geleisteten Beiträgen abhängig.

Die Versicherten erhalten jährlich von der GRV eine **Renteninformation** über ihre Regelaltersgrenze und über die Höhe der zu erwartenden Altersrenten.

Zur Beurteilung den Rentenniveaus veröffentlicht die Deutsche Rentenversicherung ein sogenanntes Standardrentenniveau, das ein **Durchschnittsrentner** (Eckrentner) nach **45 Beitragsjahren** erhält.

Standardrentenniveau im Jahr 2020			
Bruttorente pro Monat		**Nettorente pro Monat vor Steuern**	
EUR	**in % des Bruttogehalts**	**EUR**	**in % des Nettogehalts vor Steuern**
1 487,25 EUR (West) 1 435,05 EUR (Ost)	44,6 %	1 326,63 EUR	48,2 %

Die Bruttorente mindert sich durch den Abzug von Kranken- und Pflegeversicherungsbeiträgen sowie von Steuern. Bei der von der Deutschen Rentenversicherung veröffentlichten Nettorente eines Durchschnittsrentners bleiben jedoch Steuern unberücksichtigt, da die steuerliche Belastung der Rentner unterschiedlich hoch ist.

Je nach persönlichem Verdienst und Dauer der Beitragszahlungen ist die **persönliche Rente** niedriger oder höher als die Standardrente.

Eine **ungekürzte (abschlagfreie) Rente** erhält ein Arbeitnehmer aber nur, wenn er …

- nicht vorzeitig in den Ruhestand geht,
- mindestens 45 Beitragsjahre einschließlich Anrechnungsjahren *(z. B. Kindererziehungszeiten)* versichert war und
- sein Gehalt nie über der Beitragsbemessungsgrenze lag.

2.2.2 Kapitalgedeckte Basisrente (Rürüp-Rente)

Zur **Basisversorgung** im Alter zählen die Ansprüche aus der

- gesetzlichen Rentenversicherung und aus der
- privaten kapitalgedeckten Altersvorsorge („Rürup-Rente").

Die **„Rürup-Rente"** ist eine private Rentenversicherung, die folgende Voraussetzungen erfüllen muss:

- Die späteren Leistungen dürfen nur als lebenslange Rentenzahlungen erfolgen.
- Die Rentenzahlung muss monatlich erfolgen und darf nicht vor Vollendung des 62. Lebensjahres beginnen.
- Die Ansprüche aus dem Vertrag sind grundsätzlich nicht vererblich, nicht übertragbar und nicht beleihbar. Allerdings kann in dem Vertrag vereinbart werden, dass im Todesfall der Ehegatte oder die (kindergeldberechtigten) Kinder das angesparte Kapital erhalten. Die Auszahlungen an die Hinterbliebenen dürfen aber nur als Rentenzahlungen erfolgen.
- Eine Rürup-Rentenversicherung kann um eine Erwerbs- oder Berufsunfähigkeitsversicherung ergänzt werden. Der Vertrag muss im Versicherungsfall die Zahlung einer lebenslangen Rente vorsehen.

▶ Übergang zur nachgelagerten Besteuerung

Im Rentensystem erfolgt in den Jahren von 2005 bis 2040 der Übergang von der vorgelagerten zur nachgelagerten Besteuerung:

- Die Beiträge zur Rentenversicherung (Basisversorgung) sind während des Erwerbslebens steuerfrei.
- Die Rentenzahlungen im Alter sind steuerpflichtig.

▶ Altersvorsorgeaufwendungen zur Basisversorgung

Beiträge zur gesetzlichen Rentenversicherung und Beiträge zur Rürup-Rentenversicherung waren im Jahr 2005 zu 60 % steuerlich als Sonderausgaben vom Einkommen abzugsfähig. Dieser Anteil steigt bis zum Jahr 2025 jährlich um jeweils zwei Prozentpunkte an. Ab dem Jahr 2025 sind die Altersvorsorgeaufwendungen in voller Höhe steuerfrei. Die anrechenbaren Altersvorsorgeaufwendungen sind jedoch auf den Höchstbeitrag zur knappschaftlichen Rentenversicherung begrenzt.

Höchstbeträge im Jahr 2021:

- Alleinstehende: 25 787,00 EUR
- Eheleute/Lebenspartner: 51 574,00 EUR

Die späteren **Renten aus der Basisversorgung** werden nachgelagert besteuert. Im Jahr 2005 betrug der steuerpflichtige Anteil 50 %. Er erhöht sich dann schrittweise zunächst um jährlich zwei Prozentpunkte bis zum Jahr 2020 – dann um jährlich einen Prozentpunkt bis zum Jahr 2040. Ab dem Jahr 2040 sind die Renten voll steuerpflichtig. Maßgeblich für den steuerfreien Rentenbetrag ist das Jahr des Rentenbeginns; dieser Betrag gilt dann für die gesamte Laufzeit der Rentenzahlungen (persönlicher Rentenfreibetrag).

Beispiele

Jahr	abzugsfähige Altersvorsorgeaufwendungen
2021	92 % der Beträge
2022	94 % der Beträge
2023 ⋮ 2025	96 % der Beträge ⋮ 100 % der Beträge

Jahr	steuerpflichtiger Rentenanteil
2021	81 %
2022	82 %
2023 ⋮ 2040	83 % ⋮ 100 %

12

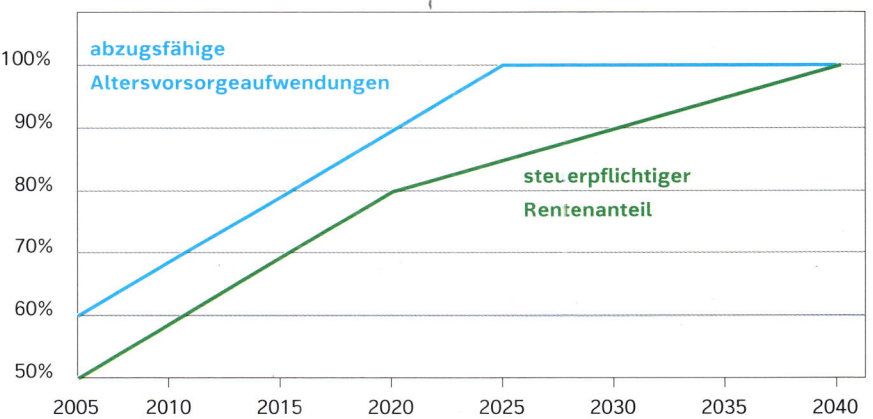

Stufenweiser Übergang zur nachgelagerten Rentenbesteuerung

> **Fallbeispiel**

Ermittlung der abzugsfähigen Altersvorsorgeaufwendungen

Larissa Kuhn, ledig, hat im Jahr 2021 ein **Bruttoeinkommen** von 68 000,00 EUR erzielt. Der Gesamtbeitragssatz zur gesetzlichen Rentenversicherung (GRV) beträgt 18,6 %. Sie hat 3 000,00 EUR in eine private Rentenversicherung (**Rürup**-Rente) eingezahlt.

Eigenbetrag zur GRV (9,30 % von 68 000,00 EUR)	6 324,00 EUR
+ Beitrag zur „Rürup-Rente"	3 000,00 EUR
Aufwendungen zur Basisversorgung	9 324,00 EUR
+ Arbeitgeberanteil zur GRV (9,30 % von 68 000,00 EUR)	6 324,00 EUR
zu berücksichtigende Aufwendungen (max. 25 787,00 EUR Höchstbetrag)	15 648,00 EUR
davon 92 % im Jahr 2021 anrechenbar	14 396,16 EUR
– Arbeitgeberanteil zur GRV	– 6 324,00 EUR
abzugsfähige Altersvorsorgeaufwendungen	8 072,16 EUR

Ein **Produktinformationsblatt (PIB)** informiert Interessenten in einer übersichtlichen Darstellung über anfallende Kosten und Renditechancen.

2.3   Staatlich geförderte Zusatzvorsorge (2. Schicht)

2.3 1   Riester-Rente

Ergänzend zur gesetzlichen Rentenversicherung fördert der Staat die zusätzliche **freiwillige Eigenvorsorge** durch Zulagen und Steuervorteile *(§ 79 ff., § 10a EStG)*.

▶ **Voraussetzungen für die staatliche Förderung**

- Der Anleger gehört zum förderungsfähigen Personenkreis.
- Die Anlage erfolgt in einem zertifizierten Altersvorsorgevertrag.
- Der Anleger erbringt einen einkommensabhängigen Eigenbeitrag.

▶ **Geförderter Personenkreis**

- Arbeitnehmer, die in der gesetzlichen Rentenversicherung pflichtversichert sind
- Bezieher von Lohnersatzleistungen *(z. B. Arbeitslosengeld I und II)*
- Beamte
- nicht erwerbstätige Eltern in der dreijährigen gesetzlichen Kindererziehungszeit
- Wehr- und Zivildienstleistende, Berufs- und Zeitsoldaten
- Bezieher von Vorruhestands- und Krankengeld
- pflichtversicherte Selbstständige *(z. B. Handwerker, Hebammen, Künstler)*
- geringfügig Beschäftigte, die gesetzlich rentenversichert sind
- Bezieher einer Rente wegen voller Erwerbsminderung

Nicht gefördert werden:

- Selbstständige, die nicht in der gesetzlichen Rentenversicherung pflichtversichert sind
- geringfügig Beschäftigte, wenn sie die Sozialversicherungsfreiheit in Anspruch nehmen
- Rentner und Pensionäre
- Bezieher von Sozialhilfe

Besonderheiten bei Eheleuten und Lebenspartnerschaften

Jeder Ehegatte/Lebenspartner kann unabhängig vom Partner einen eigenen Altersvorsorge-vertrag mit dem Anspruch auf staatliche Förderung abschließen.

Auch wenn nur ein Ehegatte zum förderfähigen Personenkreis gehört, erhält der eigentlich nicht förderberechtigte Ehepartner ebenfalls die staatliche Förderung, sofern er einen Alters-vorsorgevertrag auf seinen Namen abschließt (abgeleiteter Zulagenanspruch, *§ 79 EStG*).

▶ Anlageformen

12

Förderungsfähig sind Anlageformen, die im Alter durch lebenslange Zahlungen die gesetzliche Rente ergänzen.

Anlageformen	
Anlageformen	Merkmale
klassische Riester-Rentenversicherung	Die Versicherung garantiert in der Regel eine **Mindestverzinsung** des Sparanteils von **0,90 % p. a.** Der Sparanteil ist die gezahlte Prämie vermindert um den Kostenanteil (Verwaltungskosten). Erzielt die Versicherung bei der Geldanlage eine höhere Verzinsung als 0,90 % p. a., erhält der Versicherte eine Überschussbeteiligung.
fondsgebundene Riester-Renten-versicherung (Fondspolice)	Die Versicherung legt den Sparanteil in Investmentanteilen an. Es gibt **keine garantierte Mindestverzinsung**. Der Ertrag ist abhängig von der Wertentwicklung der Fondsanteile. Die Ertragschancen sind höher als bei einer klassischen Rentenversicherung. Neben den Verwaltungskosten der Versicherung fallen Verwaltungskosten (Managementkosten) bei den Fonds an.
Riester-Fondssparplan	Kapitalverwaltungsgesellschaften bieten ebenfalls Riester-Fondsspar-pläne **ohne eine garantierte Mindestverzinsung** an. Durch die gewährte Kapitalgarantie (**Garantiefonds**) ist der Ertrag niedriger als bei einem normalen Fondssparplan, da die Kapitalverwaltungsgesellschaft Kurs-sicherungsgeschäfte tätigen muss. Es fallen ein einmaliger Ausgabeauf-schlag und jährliche Verwaltungskosten (Managementkosten) an.
Riester-Banksparplan	Banksparpläne zeichnen sich dadurch aus, dass dem Kunden **keine Kosten** entstehen und ihm in der Regel ein **fester Zinsertrag** zugesichert wird.
Anlagen nach dem Eigenheimrentengesetz („Wohn-Riester")	Die Anlagen dienen dem Erwerb oder der Entschuldung von inländischen, selbst genutzten Wohnimmobilien.
betriebliche Riester-Altersversorgung	Die Mittel werden in Direktversicherungen, Pensionskassen oder Pensionsfonds angelegt.

Geförderte Anlageformen benötigen eine **Zertifizierung** durch die Bundesanstalt für Finanzdienstleistungsaufsicht (BaFin) und müssen folgende Merkmale aufweisen:

- Die **Auszahlungen** dürfen **nicht vor Vollendung des 62. Lebensjahres** beginnen. Erwerbsunfähigkeit und Hinterbliebene können zusätzlich abgesichert werden.
- Zu Beginn der Auszahlungsphase muss mindestens das eingezahlte Kapital einschließlich der staatlichen Zulagen zur Verfügung stehen (**Kapitalgarantie**).
- Die Auszahlung erfolgt grundsätzlich als **lebenslange Leibrente (Kapitalverrentung)**. Bis zu 30 % des bei Rentenbeginn zur Verfügung stehenden Kapitals kann sich der Anleger jedoch zu Beginn der Auszahlungsphase **direkt auszahlen** lassen.
- Die Abschluss- und Vertriebskosten sind auf fünf Jahre zu verteilen.
- Der Anleger hat das Recht, den Vertrag ruhen zu lassen, zu kündigen und zu wechseln sowie Mittel zur Finanzierung oder Entschuldung einer selbst genutzten Wohnimmobilie zu entnehmen. Bei einem Wechsel zu einem neuen Anbieter sind die Kosten auf maximal 150,00 EUR begrenzt. Der neue Anbieter darf maximal 50 % des übertragenen geförderten Kapitals für die Berechnung von Vertriebs- und Abschlusskosten heranziehen.

Entwicklung der Riester-Verträge

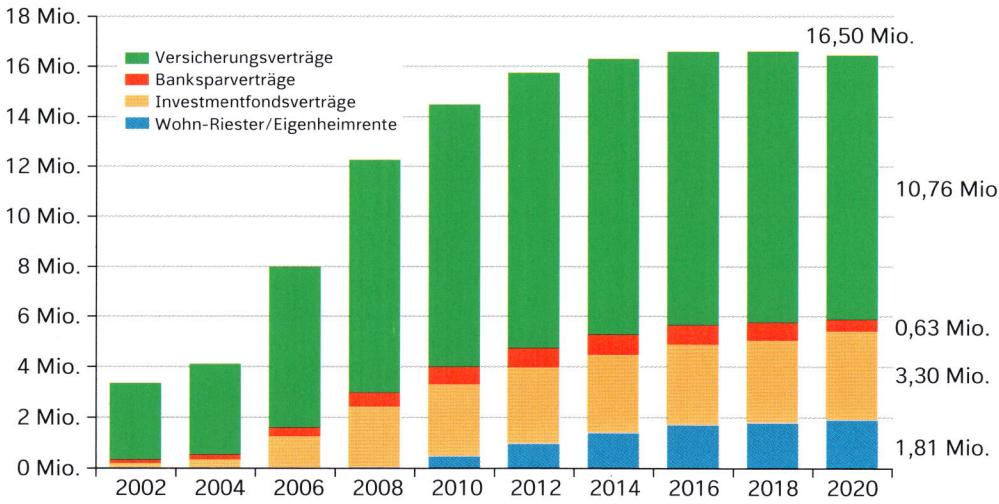

Eigene Darstellung, Zahlen nach BMAS, Stand: 2020

Die Anbieter sind verpflichtet, alle wesentlichen Merkmale des Riester-Vertrages in einem **Produktinformationsblatt** (PIB) darzustellen.

Der Anleger ist beim **Vertragsabschluss** zu informieren über

- die Anlage des Geldes, die kalkulierte Rendite und das mit der Anlage verbundene Risiko,
- die Höhe und Verteilung der Abschluss- und Vertriebskosten,
- die Kosten für die Verwaltung der Geldanlage sowie die Kosten beim Wechsel zu einem anderem Produkt.

Der Anleger ist **jährlich** zu informieren über

- die Beitragsverwendung,
- die Kapitalbildung,
- die Kosten und Erträge und darüber,
- ob der Anbieter ethische, soziale und ökologische Belange bei der Geldanlage berücksichtigt.

▶ **Beiträge und staatliche Förderung**

Die **Einzahlungen** auf den Altersvorsorgevertrag (**Gesamtbeitrag**) setzen sich zusammen aus

- dem **Eigenbeitrag** des Anlegers und
- der **staatlichen Altersvorsorgezulage**, die aus einer **Grundzulage** und einer **Kinderzulage** besteht. *(§ 83 EStG).*

Gesamtbeitrag	=	Eigenbeitrag des Anlegers	+	Altersvorsorgezulage (Grundzulage + Kinderzulage)

Zum Erhalt der vollen staatlichen Förderung ist ein jährlicher **Gesamtbeitrag** (Mindesteigenbeitrag) zu leisten. Bei einem niedrigeren Eigenbeitrag verringert sich die staatliche Förderung anteilig *(§ 86 EStG).*

Gesamtbeitrag pro Jahr (in % des sozialversicherungspflichtigen Vorjahreseinkommens)	maximale jährl. Grundzulage (§ 84 EStG)	maximale jährliche Kinderzulage je Kind (§ 85 EStG)
4 %, max. aber 2 100,00 EUR (§§ 10a, 86 EStG)	175,00 EUR	Kinder bis zum 31.12.2007 geboren: 185,00 EUR Kinder ab dem 01.01.2008 geboren: 300,00 EUR

Berufseinsteiger, die zu Beginn des Kalenderjahres das 25. Lebensjahr noch nicht vollendet haben, erhalten einmalig eine um 200,00 EUR erhöhte Grundzulage.

Wenn beide **Eheleute/Lebenspartner zum geförderten Personenkreis** gehören, ist der Mindestgesamtbeitrag für jeden Ehegatten/Lebenspartner getrennt zu ermitteln. Das Einkommen des Ehegatten/Lebenspartners ist dabei nicht zu berücksichtigen.

Eine **Kinderzulage** gibt es für jedes Kind, für das Kindergeld gezahlt wird. Bei Eheleuten wird die Kinderzulage grundsätzlich der Mutter zugeordnet, auf Antrag beider Eltern dem Vater. Bei Alleinerziehenden steht die Kinderzulage dem Elternteil zu, in dessen Haushalt das Kind lebt.

Der Gesamtbeitrag besteht aus der Summe von Eigenbeitrag des Anlegers und der staatlichen Förderung. Dies würde bei einem niedrigen Einkommen dazu führen, dass der Anleger selbst nur sehr niedrige oder gar keine eigenen Zahlungen leisten müsste. Deshalb verlangt der Staat von dem Anleger zumindest die Zahlung eines **Sockelbeitrages von 60,00 EUR**.

Fallbeispiele

Beispiel 1: Alleinstehender, keine Kinder

sozialversicherungspflichtiges Einkommen des Vorjahres	4 % Gesamtbeitrag einschließlich Zulagen, max. aber 2 100,00 EUR	Grundzulage	Kinderzulage	Eigenbeitrag des Anlegers
5 000,00 EUR	235,00 EUR (erhöht wegen Sockelbeitrag)	175,00 EUR	0,00 EUR	60,00 EUR (Sockelbeitrag)
10 000,00 EUR	400,00 EUR	175,00 EUR	0,00 EUR	225,00 EUR
20 000,00 EUR	800,00 EUR	175,00 EUR	0,00 EUR	625,00 EUR
40 000,00 EUR	1 600,00 EUR	175,00 EUR	0,00 EUR	1 425,00 EUR
60 000,00 EUR	2 100,00 EUR	175,00 EUR	0,00 EUR	1 925,00 EUR

Beispiel 2: Alleinstehender, 1 Kind, geboren am 12.08.2006

sozialversiche-rungspflichtiges Einkommen des Vorjahres	4 % Gesamtbeitrag einschl. Zulagen, max. aber 2 100,00 EUR	Grundzulage	Kinderzulage	Eigenbeitrag des Anlegers
10 000,00 EUR	420,00 EUR (erhöht wegen Sockelbeitrag)	175,00 EUR	185,00 EUR	60,00 EUR (Sockelbeitrag)
20 000,00 EUR	800,00 EUR	175,00 EUR	185,00 EUR	440,00 EUR
40 000,00 EUR	1 600,00 EUR	175,00 EUR	185,00 EUR	1 240,00 EUR
60 000,00 EUR	2 100,00 EUR	175,00 EUR	185,00 EUR	1 740,00 EUR

Beispiel 3: Eheleute, 2 Kinder, geboren am 23.10.2007 und am 04.06.2010

Beide Eheleute sind berufstätig und haben jeweils einen Riester-Altersvorsorgevertrag abgeschlossen. Die Kinderzulagen sind der Ehefrau zugeordnet.

	sozialvers.-pflichtiges Vorjahreseinkommen	4 % Gesamt-beitrag	Zulagen	Eigenbeitrag des Anlegers
Ehemann	34 000,00 EUR	1 360,00 EUR	175,00 EUR	1 185,00 EUR (mind. 60,00 EUR)
Ehefrau	38 000,00 EUR	1 520,00 EUR	175,00 EUR 185,00 EUR 300,00 EUR ___ 660,00 EUR	860,00 EUR (mind. 60,00 EUR)

Sonderausgabenabzug und Günstigerprüfung

Riester-Beiträge (Eigenbeitrag des Anlegers und staatliche Zulagen) können bis zu einem **Höchstbetrag von 2 100,00 EUR** als Sonderausgaben („zusätzliche Altersvorsorge") steuerlich geltend gemacht werden *(§ 10a Abs. 1 EStG)*, wenn die Steuerersparnis durch den Sonderausgabenabzug höher als die staatlichen Zulagen ist. Dazu führt das Finanzamt von Amts wegen bei der Einkommensteuerveranlagung eine **Günstigerprüfung** durch *(§ 10a Abs. 2 EStG)*. Die dazu notwendigen Daten (Vertragsdaten, Höhe der Eigenbeiträge und Zulagen) übermitteln die Anbieter direkt an die Finanzverwaltung.

- Wenn die Steuerersparnis niedriger als die Zulagen ist, scheidet der Sonderausgabenabzug aus. Die Förderung besteht ausschließlich aus den Zulagen.
- Wenn die Steuerersparnis höher als die Zulagen ist, mindert der Sonderausgabenabzug das zu versteuernde Einkommen und damit auch die Einkommensteuer. Die erhaltenen Zulagen werden aber gegengerechnet, damit es nicht zu einer doppelten Förderung kommt.

Eheleute/Lebenspartner, die beide zum direkt geförderten Personenkreis gehören, können jeweils bis zum Höchstbetrag von 2 100,00 EUR ihre Altersvorsorgebeiträge als Sonderausgaben geltend machen.

Beispiel

Gesamtbeiträge des Ehemannes einschließlich Zulagen: 2 500,00 EUR, maximal aber	2 100,00 EUR
Gesamtbeiträge der Ehefrau einschließlich Zulagen:	1 350,00 EUR
abzugsfähige Sonderausgaben	3 450,00 EUR

Fallbeispiel

Christina Lehnert, ledig, keine Kinder, hat im laufenden Jahr auf ihren Riestervertrag 1 800,00 EUR selbst eingezahlt. Sie erzielte im Vorjahr ein sozialversicherungspflichtiges Einkommen von 46 000,00 EUR.

Ihr zu versteuerndes Jahreseinkommen beträgt im laufenden Jahr 42 000,00 EUR.

Ermittlung des Mindesteigenbeitrages

Gesamtbeitrag: (4 % von 46 000,00 EUR)	1 840,00 EUR (maximal aber 2 100,00 EUR)
– Grundzulage	– 175,00 EUR
Mindesteigenbeitrag von Christina	1 665,00 EUR

Christina Lehnert hat den notwendigen Mindesteigenbeitrag geleistet, da sie mit 1 800,00 EUR sogar einen höheren Betrag selbst eingezahlt hat.

Günstigerprüfung des Finanzamtes

Das Finanzamt ermittelt zunächst die Einkommensteuer für das steuerpflichtige Einkommen von 42 000,00 EUR. Nach der Grundtabelle beträgt die Einkommensteuer 9 489,00 EUR.

Nun ermittelt das Finanzamt alternativ die Einkommensteuer für den Fall, dass die Riesterbeiträge als Sonderausgaben geltend gemacht werden. Zu berücksichtigen sind die von Christina tatsächlich geleisteten Zahlungen (1 800,00 EUR) und die staatliche Zulage (175,00 EUR). Der Maximalbetrag ist aber auf 2 100,00 EUR beschränkt.

$$42 000,00 - 1 975,00 = 40 025,00 \text{ EUR}$$

Bei einem Einkommen von 40 025,00 EUR beträgt die Einkommensteuer 8 775,00 EUR.

Damit ergibt sich für Christina Lehnert ein Steuervorteil von 714,00 EUR (9 489,00 – 8 775,00), der höher ist als die erhaltene Grundzulage von 175,00 EUR. In Höhe der Differenz von 539,00 EUR erhält sie eine Einkommensteuererstattung, die sich noch um den Solidaritätszuschlag und ggf. um die Kirchensteuer erhöht.

Abgeleiteter Zulagenanspruch von Eheleuten/Lebenspartnern (§ 79 Satz 2 EStG)

Ein Ehegatte/Lebenspartner mit **abgeleitetem Zulagenanspruch** muss auf seinen Vertrag mindestens den Sockelbeitrag von 60,00 EUR einzahlen. Der Mindesteigenbeitrag ist nur für den direkt förderberechtigten Ehegatten/Lebenspartner zu ermitteln. Bei der Ermittlung des Eigenbeitrages des direkt Förderberechtigten werden die Zulagen beider Ehegatten/Lebenspartner berücksichtigt.

Die maximal abzugsfähigen Sonderausgaben erhöhen sich wegen des Sockelbetrags des nicht direkt Förderberechtigten um 60,00 EUR auf 2 160,00 EUR (§ 10a Abs. 3 EStG).

Fallbeispiel

Ehepaar, 2 Kinder, geboren am 04.03.2007 und am 17.09.2011
Beide Eheleute haben einen eigenen Vorsorgevertrag abgeschlossen. Die Kinderzulage ist der Mutter zugeordnet. Der Ehemann erzielte im Vorjahr ein sozialversicherungspflichtiges Einkommen von 65 000,00 EUR. Die Ehefrau war nicht berufstätig.

Ermittlung des Eigenbeitrags der Eheleute

Gesamtbeitrag 4 % von 65 000,00 EUR = 2 600,00 EUR, maximal aber	2 100,00 EUR
– Zulagen beider Eheleute (2 Grundzulagen + 2 Kinderzulagen) 175,00 EUR + 175,00 EUR + 185,00 EUR + 300,00 EUR =	– 835,00 EUR
Eigenbeitrag des Ehemanns	1 265,00 EUR

	Gesamtbeitrag	Grundzulage	Kinderzulage	Eigenbeitrag des Anlegers
Ehemann	1 440,00 EUR	175,00 EUR	0,00 EUR	1 265,00 EUR
Ehefrau	720,00 EUR	175,00 EUR	485,00 EUR	60,00 EUR
Summe	2 160,00 EUR	350,00 EUR	485,00 EUR	1 325,00 EUR

Bei der Günstigerprüfung können die Eheleute 2 160,00 EUR Sonderausgaben geltend machen.

Zulagenantrag

Die staatlichen Zulagen sind beim Anbieter des Altersvorsorgesparplanes zu beantragen, der den Antrag an die Zulagenstelle für Altersvermögen (ZfA) weiterleitet. Diese überweist die Zulage auf das Anlagekonto des Anlegers. Bei einem **Dauerzulagenantrag** bevollmächtigt der Anleger den Anbieter zur jährlichen Antragstellung, sodass der Anleger selbst keinen Antrag stellen muss. Der Anleger ist jedoch verpflichtet, alle Änderungen, die sich auf die Höhe der Zulagen auswirken können *(z. B. Streichung des Kindergeldes)*, unverzüglich dem Anbieter mitzuteilen. Zur Feststellung des auf den Vertrag einzuzahlenden Gesamtbetrages fragt die zentrale Zulagenstelle (ZfA) direkt beim Rentenversicherungsträger das sozialversicherungspflichtige Einkommen des Anlegers ab.

Auszahlungsmodalitäten

Bis zu 30 % des angesparten Kapitals kann sich der Versicherte bei Rentenbeginn direkt auszahlen lassen. Das restliche Kapital dient zur Finanzierung einer lebenslangen Rente.

Anlageform	Rentenzahlungen
Rentenversicherung	Zahlung einer lebenslang gleichbleibenden oder steigenden Rente
Banksparplan Investmentsparplan	• Zahlung einer lebenslang gleichbleibenden oder steigenden Rente **oder** • Vereinbarung eines **Auszahlungsplanes** bis zum 85. Lebensjahr und anschließender **Teilkapitalverrentung** Bei Auszahlungsbeginn wird ein Teil des Kapitals in eine Rentenversicherung eingezahlt, die ab dem 85. Lebensjahr die Zahlung einer lebenslangen Rente garantiert. Das restliche Kapital wird in einem Auszahlungsplan mit Kapitalverzehr in der Zeit bis zum 85. Lebensjahr ausgezahlt. Die monatlichen Rentenzahlungen ab dem 85. Lebensjahr dürfen nicht niedriger sein als die Zahlungen aus dem Auszahlungsplan.

Nachgelagerte Besteuerung

Während in der Ansparphase sowohl die Sparbeiträge als auch die erzielten Erträge steuerfrei sind, ist die **spätere Rente** aus der staatlich geförderten Eigenvorsorge **voll steuerpflichtig**.

Tod des Vorsorgesparers vor Rentenbeginn

Anlageform	Ansprüche der Erben
Rentenversicherung	Die Erben haben grundsätzliche **keine** Ansprüche aus der Rentenversicherung. Ausnahme: In dem Vertrag wurden zusätzliche Vereinbarungen getroffen *(z. B. Zahlung einer Mindestrentendauer; Hinterbliebenenschutz).*
Banksparplan Investment- sparplan	Das angesparte Kapital steht den Erben zu. Dies ist jedoch eine „schädliche Verwendung" des Kapitals, sodass die Erben die Zulagen bzw. die Steuer- vorteile zurückzahlen müssen. Ausnahme: Übertragung des Vertrages auf den überlebenden Ehegatten (Bei einer Scheidung darf das Kapital aufgeteilt und auf einen neuen Alters- vorsorgevertrag eingezahlt werden.)

Schädliche Verwendung des angesparten Kapitals

Bei **förderschädlichen Verfügungen** sind alle Zulagen und Steuervorteile zurückzuzahlen. Zudem sind die im Auszahlungsbetrag enthaltenen Erträge zu versteuern.

Gründe:
- außerplanmäßige Verfügungen vor oder nach Rentenbeginn
- (Ausnahme: Entnahme zur Finanzierung von Wohneigentum)
- Auszahlungen an Erben oder an die im Todesfall bezugsberechtigte Person
- Verlagerung des Wohnsitzes in ein Land außerhalb der EU und der Staaten des EWR-Abkommens (Liechtenstein, Island, Norwegen)

▶ Förderung selbst genutzter Wohnimmobilien („Wohn-Riester")

Mietfreies Wohnen im Alter ist auch eine Möglichkeit der privaten Altersvorsorge. Deshalb fördert der Staat auch den Erwerb, die Entschuldung und den barrierereduzierenden (alters- bzw. behindertengerechten) Umbau von **in der EU oder einem EWR-Staat gelegenen, selbst genutzten Wohnimmobilien** (Hauptwohnsitz) durch

- „Wohn-Riester-Altersvorsorgeverträge" und
- die Möglichkeit, das in einem Altersvorsorgevertrag angesparte Kapital für „Wohn-Riester-Maßnahmen" zu entnehmen.

„Wohn-Riester-Altersvorsorgeverträge"
Altersvorsorgeverträge mit Darlehenskomponente   • **reine Darlehensverträge**   Der Vertrag wird unmittelbar bei der Darlehensaufnahme zur Finanzierung einer selbst genutzten Wohnimmobilie abgeschlossen. Ein vorheriger Sparvorgang ist nicht erforderlich. Die Sparbeiträge und die staatlichen Zulagen dienen der Tilgung des Darlehens, nicht aber der Zinszahlung.   • **Bausparverträge** (Sparvertrag mit Darlehensoption)   Die Sparbeiträge und staatlichen Zulagen erhöhen in der Ansparphase das Bausparguthaben; in der Darlehensphase tilgen sie den Kredit.

„Wohn-Riester-Altersvorsorgeverträge"
• **Vorfinanzierungsdarlehen** (Kombination von Vorausdarlehen und Bausparvertrag)   Das tilgungsfreie Vorfinanzierungsdarlehen dient zum Ansparen eines Bausparvertrages. Bei Zuteilung des Bausparvertrages wird das Vorfinanzierungsdarlehen getilgt. Die Sparbeiträge und staatlichen Zulagen erhöhen in der Ansparphase das Bausparguthaben; in der Darlehensphase tilgen sie den Kredit. Darlehen müssen spätestens bis zur Vollendung des 68. Lebensjahres getilgt sein.
Altersvorsorgeverträge zum Erwerb von Anteilen an einer Wohnungsgenossenschaft Die an einer selbst genutzten Wohnungsgenossenschaft erworbenen Anteile dienen einer Nutzungsentgeltreduzierung (Mietminderung) einer selbst genutzten Genossenschaftswohnung im Alter. Die Mietminderung aufgrund der erworbenen Anteile darf frühestens mit Beginn des 62. Lebensjahres beginnen. Möglich sind eine lebenslang verminderte Miete oder eine zeitlich befristete Mietminderung mit anschließender Teilkapitalverrentung spätestens ab Vollendung des 85. Lebensjahres.

Entnahme des in einem Altersvorsorgevertrag angesparten Kapitals für „Wohn-Riester-Maßnahmen" (§ 92 a EStG)
Die in einem Altersvorsorgevertrag *(z. B. Banksparplan)* angesparten Mittel können jederzeit für den Erwerb einer selbst genutzten Wohnimmobilie oder für die Tilgung von Baudarlehen entnommen werden. Eine Entnahme ist auch für die Finanzierung eines barrierereduzierenden Umbaus der eigenen Wohnung möglich. Dies ermöglicht es dem Anleger, seine selbst genutzte Wohnimmobilie altersgerecht umzubauen. Wenn der Anleger nur einen Teil des geförderten Altersvorsorgevermögens für die selbst genutzte Immobilie einsetzen möchte, muss er mindestens 3 000,00 EUR auf dem Vertrag belassen.

Der Vorsorge-Sparer muss die Immobilie grundsätzlich während der „Auszahlungsphase" für mindestens **20 Jahre (Haltefrist)** selbst nutzen. Ein Verkauf innerhalb dieser Frist ist jedoch zulässig, wenn er das Kapital …

- binnen fünf Jahren in ein Folgeobjekt reinvestiert oder
- in einen neuen Riester-Vertrag einzahlt.

Andernfalls handelt es sich um eine schädliche Verwendung.

Nachgelagerte Besteuerung

Die vom Sparer in der Ansparphase geleisteten Beiträge fördert der Staat durch Zulagen oder – falls dies für den Steuerpflichtigen günstiger ist (Günstigerprüfung) – durch die Abzugsfähigkeit der Beiträge als Sonderausgabe. Die späteren **Rentenzahlungen** sind **voll einkommensteuerpflichtig**.

Da es bei der Riester-Förderung selbst genutzter Wohnimmobilien („Wohn-Riester") im Alter keine Rentenzahlungen gibt, sind die steuerpflichtigen Beträge fiktiv (rechnerisch) zu ermitteln.

Der Entnahmebetrag, die einzelnen Tilgungsbeiträge sowie die Zulagen werden in einem **„Wohnförderkonto"** erfasst und während der „Ansparphase" jährlich um 2 % rechnerische Zinsen erhöht. Die Verzinsung ist ein Ausgleich dafür, dass der Sparer das geförderte Kapital bereits vor Beginn der „Auszahlungsphase" nutzen kann.

Während der „Auszahlungsphase" hat der Vorsorgesparer ein jederzeitiges **Wahlrecht**, ob er das auf dem Wohnförderkonto erfasste Kapital

- auf den Zeitraum bis zur Vollendung des 85. Lebensjahres gleichmäßig aufteilen und jährlich versteuern möchte oder
- ob er das auf dem Wohnförderkonto erfasste Kapital vermindert um einen Nachlass von 30 % in einer Summe versteuern möchte („Einmalversteuerung").

Fallbeispiel

Mathias Baier hat einen „Wohn-Riester-Altersvorsorgevertrag" abgeschlossen und zunächst die Altersvorsorgebeiträge in einen zertifizierten Altersvorsorge-Bausparvertrag eingezahlt. Nach der Zuteilung der Bausparsumme dienten die Beiträge einschließlich der Zulagen zur Tilgung des Bauspardarlehens.

Das bei Zuteilung vorhandene Bausparguthaben und alle später geleisteten Beiträge und Zulagen wurden in ein Wohnförderkonto eingestellt und jährlich zu 2 % verzinst. Bei Fälligkeit des Vertrages ist Mathias Baier 62 Jahre alt; das Wohnförderkonto weist einen Bestand von 40 000,00 EUR auf.

Steuerpflichtig ist der sogenannte **Verminderungsbetrag** des „Wohnförderkontos". Dabei ist der Bestand des Wohnförderkontos gleichmäßig auf die Zeit vom Beginn der Auszahlungsphase bis zum 85. Lebensjahr zu verteilen.

$$\text{Verminderungsbetrag} = \frac{\text{Bestand auf dem Wohnförderkonto zu Beginn der Auszahlungsphase}}{(85 - \text{Lebensalter des Sparers zu Beginn der Auszahlungsphase})}$$

$$\text{Verminderungsbetrag} = \frac{40\,000,00\ \text{EUR}}{(85 - 62)} = \underline{1\,739,13\ \text{EUR}}$$

Mathias Baier muss von seinem 62. Lebensjahr bis zu seinem 85. Lebensjahr jährlich 1 739,13 EUR versteuern.

Alternativ kann sich Mathias Baier jederzeit während der „Auszahlungsphase" dafür entscheiden, 70 % des auf dem Wohnförderkonto befindlichen Kapitals in einer Summe zu versteuern. Der Nachlass von 30 % soll den Progressionsnachteil (höherer individueller Einkommensteuersatz bei höherem Einkommen) und den Zinsnachteil (bei der jährlichen Steuerzahlung entsteht ein Zinsgewinn gegenüber der Einmalzahlung aufgrund der späteren Zahlungszeitpunkte) bei der Einkommensteuer ausgleichen. Wenn Mathias Baier sich zu Beginn der „Auszahlungsphase" für die „Einmalbesteuerung" entscheidet, ergibt sich folgende Rechnung:

70 % von 40 000,00 EUR = 28 000,00 EUR

Mathias Baier versteuert einmalig zu Beginn der „Auszahlungsphase" 28 000,00 EUR. Wenn er sich später während der Auszahlungsphase für die „Einmalversteuerung" entscheidet, beträgt der steuerpflichtige Betrag 70 % des aktuellen Standes auf dem Wohnförderkonto.

2.3.2 Direktversicherung

Für viele Arbeitnehmer ist neben der gesetzlicher Rentenversicherung die **betriebliche Altersversorgung** ein wichtiger Baustein, um Versorgungslücken zu schließen.

Bei der kapitalgedeckten betrieblichen Altersversorgung zahlt der Arbeitgeber Beiträge zur Absicherung mindestens eines der folgenden biometrischen Risiken *(§ 1 BetrAVG)*:

- Alter
  Nach seinem Ausscheiden aus dem Erwerbsleben erhält der Arbeitnehmer eine **lebenslange Altersrente**, frühestens aber nach Vollendung des **62. Lebensjahres**.

12

- Tod
  Beim Tod des Arbeitnehmers erhalten seine Hinterbliebenen (Ehegatte, Lebenspartner, Kinder mit Kindergeldanspruch) eine Rente.

- Berufsunfähigkeit
  Der Versicherte erhält eine Berufsunfähigkeitsrente, wenn er zu mindestens 50 % berufsunfähig ist und wenn er den zuletzt ausgeübten Beruf mindestens sechs Monate nicht ausüben kann.[1] Bei Berufsunfähigkeit wird der Vertrag in der Regel beitragsfrei gestellt. Dies bedeutet, dass auch ohne weitere Beitragszahlungen der Versicherte zum Rentenbeginn die ungekürzte Altersrente erhält.

Ansprüche aus einer betrieblichen Altersversorgung sind **nicht vererbbar**.

Grundlagen für den Aufbau einer betrieblichen Altersversorgung

- Vereinbarung einer betrieblichen Altersversorgung (bAV) in Arbeits- und Tarifverträgen
  In vielen größeren Unternehmen gibt es eine tariflich vereinbarte betriebliche Altersversorgung. Die Beiträge werden nur vom Arbeitgeber oder gemeinsam von Arbeitgeber und Arbeitnehmer aufgebracht.
  Die Beschäftigten im öffentlichen Dienst sind regelmäßig bei der Versorgungsanstalt des Bundes und der Länder (VBL) pflichtversichert und erhalten im Rentenalter neben der gesetzlichen Rente eine Betriebsrente.

- Entgeltumwandlungsanspruch
  Der Arbeitnehmer kann vom Arbeitgeber verlangen, dass von seinem Gehalt bis zu **4 % der Beitragsbemessungsgrenze** in der gesetzlichen Rentenversicherung durch Entgeltumwandlung für seine betriebliche Altersversorgung verwendet werden *(§ 1a BetrAVG)*. Der **Arbeitgeber** muss einen **Zuschuss von 15 %** auf die vom Arbeitnehmer aufgewendeten Beträge leisten *(§ 23 BetrAVG)*. Dieser Zuschuss ist für den Arbeitgeber jedoch kein zusätzlicher Aufwand, da er für die Beiträge des Arbeitnehmers zur betrieblichen Altersversorgung den Arbeitgeberanteil zur Sozialversicherung einspart.

Für die Gestaltung der betrieblichen Altersversorgung gibt es verschiedene Durchführungswege (Direktversicherung, Pensionskasse, Pensionsfonds; Unterstützungskasse, Direktzusage; *§ 1b BetrAVG*).

Die **Direktversicherung** ist ein häufig gewählter Durchführungsweg für die betriebliche Altersversorgung in **kleineren und mittelgroßen Unternehmen**. Bei dieser Versicherung schließt der Arbeitgeber (Versicherungsnehmer) mit dem Versicherer eine **Lebensversicherung** auf das Leben des Arbeitnehmers mit der Vereinbarung ab, dass bei Fälligkeit der Versicherung, bei Berufsunfähigkeit oder im Todesfall Zahlungen an den Arbeitnehmer bzw. an seine Hinterbliebenen als Bezugsberechtigte zu leisten sind.

Da der **Arbeitgeber** für seine Mitarbeiter einen **Gruppenvertrag** abschließt, sind die Vertragskonditionen oft günstiger als bei Einzelverträgen.

Direktversicherungen können mit einer **Garantieverzinsung von 0,9 % p. a.** ausgestattet sein oder nur den Beitragserhalt garantieren.

---

1 vgl. Berufsunfähigkeitsversicherung Seite 169 ff.

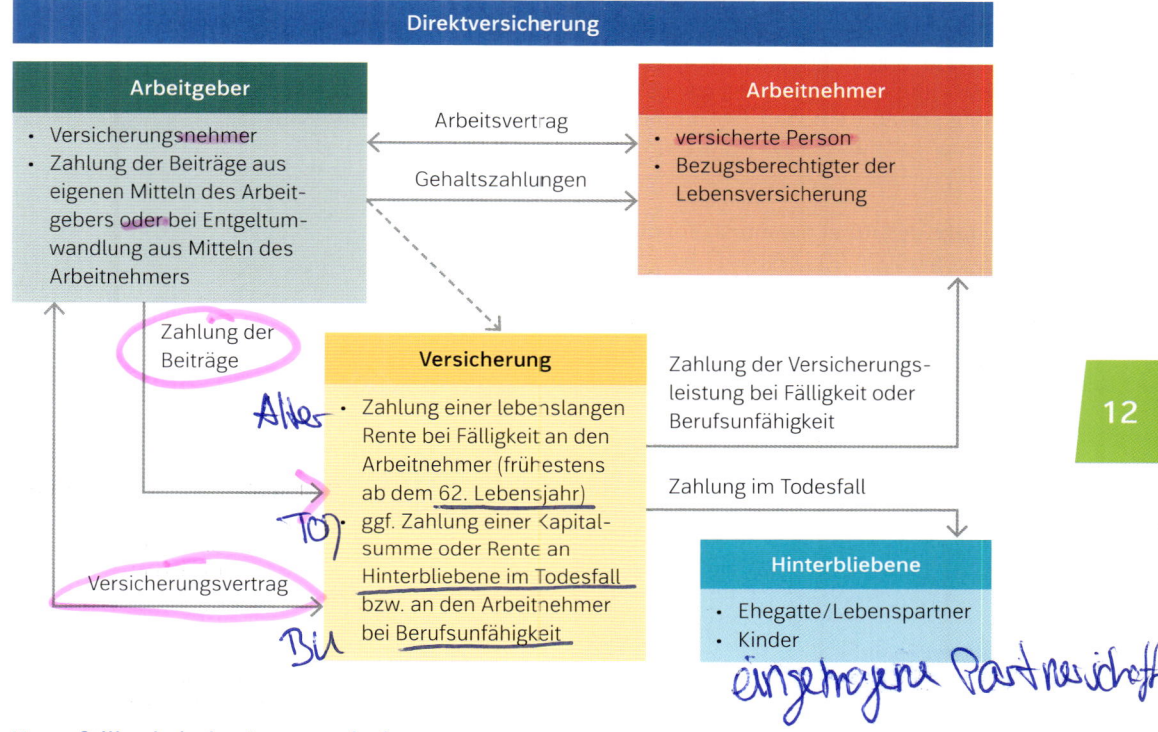

Unverfallbarkeit der Anwartschaft

Auch wenn der Arbeitnehmer vor Eintritt des Versorgungsfalls aus dem Unternehmen ausscheidet, bleiben seine Ansprüche aus der betrieblichen Altersversorgung erhalten, wenn er

- mindestens drei Jahre in dem Betrieb tätig war und
- das 21. Lebensjahr vollendet hat *(§ 1b BetrAVG).*

Wenn der Arbeitnehmer die Beiträge jedoch aus einer Entgeltumwandlung selbst aufgebracht hat, bleiben seine Ansprüche immer erhalten.

Geförderte Höchstbeträge

- Steuerfreier Höchstbetrag *(§ 3 Nr. 63 EStG):* **8 % der Beitragsbemessungsgrenze der GRV-West** pro Jahr
- Sozialversicherungsfreier Höchstbetrag: **4 % der Beitragsbemessungsgrenze der GRV-West** pro Jahr

Beitragsbemessungsgrenze GRV-West 2021		85 200,00 EUR
steuerfreier Höchstbetrag	8 %	6 816,00 EUR
sozialversicherungsfreier Höchstbetrag	4 %	3 408,00 EUR

Beispiel

Larissa Buchholz, alleinstehend, kinderlos hat im Jahr 2021 durch Entgeltumwandlung 4,0 % ihres Bruttogehaltes von 68 000,00 EUR in eine Direktversicherung eingezahlt. Aufgrund ihres hohen Einkommens hat sie einen Grenzsteuersatz bei der Einkommensteuer von 42 %.

[handschriftlich: BBMG 2021 = 85.200]

Beiträge des Arbeitnehmers zur betrieblichen Altersversorgung (4 % von 68 000,00 EUR)	2 720,00 EUR
+ 15 % Beiträge des Arbeitgebers	408,00 EUR
Gesamtbeiträge	3 128,00 EUR
Steuervorteil (maßgeblicher Einkommensteuersatz 42 %) *[handschriftlich: von 2720]*	1 142,40 EUR

Vorteile Sozialversicherung

	Arbeitnehmeranteil *[handschriftlich: → auf 2720]*	
Rentenversicherung	9,300 %	290,90 EUR
Arbeitslosenversicherung	1,200 %	37,54 EUR
Krankenversicherung	7,750 %	242,42 EUR
Pflegeversicherung	1,775 %	55,52 EUR
		626,38 EUR

[handschriftliche Notizen: 252,96 / 32,64 / 210,80 / 48,8 = 544,18; „falsch"]

Gesamtvorteil *[handschriftlich: 1142,40 + 544,18 = 1687,08]*		1 768,78 EUR

Der Nettoaufwand von Larissa Buchholz beträgt damit nur (2 720,00 – ~~1 768,78~~) ~~951,22 EUR~~

[handschriftlich: 1687,08 = 1032,92]

Förderbetrag für Geringverdiener *(§ 100 EStG)*

Arbeitnehmer, deren monatliches Bruttogehalt **2 200,00 EUR** nicht übersteigt, erhalten eine besondere Förderung, wenn der Arbeitgeber für den Arbeitnehmer **zusätzlich** zum ohnehin geschuldeten Arbeitslohn im Kalenderjahr einen Betrag von mindestens **240,00 EUR** bis maximal **480,00 EUR** für die betriebliche Altersversorgung *(z. B. Direktversicherung)* aufwendet.

[handschriftlich: 20–40 mtl.]

Die staatliche Förderung beträgt **30 %** des gezahlten Zusatzbeitrages. Den Förderbetrag kann der Arbeitgeber mit der abzuführenden Lohnsteuer verrechnen.

Beispiele

Name	Monatsgehalt	Lohnsteuer ohne Förderbetrag	Zusätzlicher Arbeitgeberbeitrag zur Altersvorsorge	30 % Förderbetrag	abzuführende Lohnsteuer
Ahlers	2 100,00 EUR	206,00 EUR	20,00 EUR	6,00 EUR	200,00 EUR
Berger	1 700,00 EUR	116,00 EUR	30,00 EUR	9,00 EUR	107,00 EUR
Candera	1 900,00 EUR	162,00 EUR	40,00 EUR	12,00 EUR	150,00 EUR

Die maximale jährliche Förderung beträgt monatlich 12,00 EUR bzw. jährlich 144,00 EUR (30 % von 480,00 EUR).

Die späteren Leistungen aus der betrieblichen Altersversorgung sind voll steuerpflichtig.

2.4 Sonstige private Altersvorsorge (3. Schicht)

Zur **sonstigen privaten Altersvorsorge** gehören alle **Vermögenswerte** und **Versicherungsansprüche**, die zur Bestreitung der Lebenshaltungskosten im Alter verwendet werden können.

Zu den Vermögenswerten zählen insbesondere
- Bankguthaben,
- Wertpapiere (Fonds, Anleihen, Aktien) und
- Immobilien (Eigenheim und vermietete Objekte).

Versicherungen der 3. Schicht zur Altersvorsorge sind die
- private Rentenversicherung (Privatrente) und die
- Kapitallebensversicherung.

2.4.1 Private Rentenversicherung

Durch Einzahlungen in eine **private Rentenversicherung** erwirbt der Versicherte das Recht auf **lebenslange monatliche Rentenzahlungen (Leibrente)**.

Arten von Rentenversicherungen	
klassische Rentenversicherung	Bei einer klassischen Rentenversicherung garantiert die Versicherung dem Versicherten schon bei Vertragsabschluss eine bestimmte **Mindestrente**. Viele Versicherungen garantieren ihren Versicherten eine **Mindestverzinsung des Sparanteils** von **0,90 % p.a.** Der Sparanteil ist die gezahlte Prämie vermindert um die Verwaltungskosten. Damit steht bei Rentenbeginn ein Mindestkapital zur Verfügung, das nach versicherungsmathematischen Grundsätzen verrentet wird. Eine wesentliche Bestimmungsgröße für die Höhe der Rente ist die von der Versicherung kalkulierte durchschnittliche Lebenserwartung der Versicherten. Der Versicherte erhält eine **Überschussbeteiligung**, wenn der tatsächliche Kapitalertrag des Sparanteils höher als 0,90 % p.a. war oder wenn die tatsächlichen Verwaltungskosten niedriger als kalkuliert waren. Aufgrund der Überschussbeteiligung sind die tatsächlichen Rentenzahlungen oft erheblich höher als die Garantierente.
fondsgebundene Rentenversicherung	Bei einer fondsgebundenen Rentenversicherung legt die Versicherung den Sparanteil in Investmentanteilen an. Bei der fondsgebundenen Rentenversicherung gibt es **keine Mindestverzinsung**, da der Ertrag und damit auch die Höhe der späteren Rente von der Performance der Investmentanteile abhängig sind.

12

Erwerb des Rentenanspruchs	
aufgeschobene Rente	Der Rentenanspruch wird durch mehrjährige Beitragszahlungen (**Ansparzeit**) erworben und beginnt zu einem festgelegten Zeitpunkt (**Aufschubzeit**). **Bei einer dynamischen Rentenversicherung** erhöhen sich im Zeitablauf (z. B. 2 % pro Jahr) die zu zahlenden Prämien, um dadurch einen Inflationsausgleich zu erhalten. Der Versicherte kann aber einer Erhöhung binnen zwei Monaten widersprechen. Den **Beginn der Rentenzahlungen** kann der Versicherte oft innerhalb eines bestimmten Zeitraumes selbst bestimmen. Dabei gilt: Je später der Rentenbeginn ist, desto höher sind die monatlichen Renten. **Beispiel:** Rentenbeginn nach Wahl des Versicherten zwischen dem 60. und 65. Lebensjahr Verstirbt der Versicherungsnehmer schon vor Rentenbeginn oder innerhalb einer festgelegten Zeitspanne nach Rentenbeginn, erhalten die Hinterbliebenen oftmals aufgrund einer **Sondervereinbarung** eine einmalige Kapitalabfindung (**Beitragsrückgewähr**, d. h. Erstattung aller geleisteten Einzahlungen) oder eine befristete Rentenzahlung (**Rentengarantiezeit**). Der Versicherte hat bei Rentenbeginn häufig ein **Wahlrecht**, ob er anstelle der lebenslangen Rente eine **einmalige Kapitalabfindung** erhalten möchte.
Sofortrente	Durch **die einmalige Zahlung** eines größeren Geldbetrages *(z. B. 50 000,00 EUR)* erwirbt der Versicherungsnehmer sofort den Anspruch auf eine **lebenslange Leibrente**. Bei einem frühen Tod des Versicherten haben die Hinterbliebenen in der Regel einen Anspruch auf eine Todesfallleistung.

▶ **Höhe der Rentenzahlungen**

Die Höhe der späteren Rentenzahlungen ist abhängig von

- der Höhe und Dauer der Einzahlungen,
- den Verwaltungskosten,
- der Überschussbeteiligung und
- der kalkulierten Lebenserwartung der Versicherten.

Haben die Hinterbliebenen einen Anspruch auf eine Todesfallleistung, mindert diese Garantie tendenziell die zu erwartende Rente.

Letztlich ist der vom Versicherten erzielte **Gesamtertrag** aber von seiner **Lebensdauer** abhängig, da die Versicherung ihm lebenslange Rentenzahlungen garantiert. Je älter er wird, desto höher ist letztlich sein Ertrag.

Im Zeitablauf der Rentenzahlungen sind zu unterscheiden:

- **konstante Rente**
  Die Renten haben eine gleichbleibende Höhe.

- **dynamische Rente**
  Die Renten erhöhen sich im Zeitablauf um einen bestimmten Prozentsatz *(z. B. 2 % p. a.)*. Im Vergleich zu einer konstanten Rente sind die Zahlungen in den ersten Jahren des Rentenbezugs niedriger, später aber höher. Die Steigerungsraten werden von dem Versicherer aber nicht garantiert, da sie von den erwirtschafteten Überschussanteilen abhängen. Die Dynamisierung soll einen Inflationsausgleich bewirken.

▶ **Besteuerung von Leibrenten**

Bei Leibrenten (lebenslange Rente) aus privaten Rentenversicherungen ist der sogenannte **Ertragsanteil** zu versteuern. Dabei gilt: Je niedriger das Renteneintrittsalter ist, desto höher ist der steuerpflichtige Ertragsanteil. Der Ertragsanteil zählt zum steuerpflichtigen Einkommen und ist zum persönlichen Einkommensteuersatz zu versteuern.

Höhe des Ertragsanteils bei Leibrenten (§ 22 EStG, Auszug)	
Renteneintrittsalter	Ertragsanteil
40	38 %
50	30 %
60 und 61	22 %
62	21 %
63	20 %
64	19 %
65 und 66	18 %

Beispiele

Luisa Müller erhält ab dem 60. Lebensjahr aus einer privaten Rentenversicherung eine lebenslange monatliche Leibrente von 500,00 EUR.
Jahresrente: 500,00 · 12 = 6 000,00 EUR
steuerpflichtiger Rentenanteil: 22 % von 6 000,00 EUR = 1 320,00 EUR

Riester- und private Rentenversicherung im Vergleich	
Riester-Rentenversicherung	private Rentenversicherung
volle Besteuerung der Renten	Besteuerung der Leibrenten mit dem Ertragsanteil
kostenloser Wechsel zu einem anderen Anbieter	hohe Wechselkosten
Pfändungsschutz („Hartz IV sicher") in der Ansparphase	nur begrenzter Pfändungsschutz (§ 851 c ZPO)
Rentenbeginn erst ab dem 62. Lebensjahr	Rentenbeginn ohne Mindestalter
begrenztes Kapitalwahlrecht (Maximal 30 % des angesparten Kapitals kann sich der Versicherte bei Rentenbeginn auszahlen lassen.)	oft uneingeschränktes Kapitalwahlrecht

2.4.2 Kapitallebensversicherung

Die **Lebensversicherung** ist eine Personenversicherung, die mit folgenden Zielsetzungen abgeschlossen wird:
- Versorgung der Angehörigen im Todesfall
- Vermögensbildung/Altersvorsorge
- Darlehenssicherung und -tilgung

> **Kapitallebensversicherung auf den Todes- und Erlebensfall** (gemischte Lebensversicherung)
>
> - Im **Todesfall** des Versicherten wird die Versicherungssumme sofort an den Bezugsberechtigten ausgezahlt.
> - Im **Erlebensfall** wird nach Ablauf der Versicherungsdauer *(z. B. 20 Jahre)* die Ablaufleistung an den Versicherten ausgezahlt. Die Ablaufleistung besteht aus der Versicherungssumme und der Überschussbeteiligung.

Die Höhe der Beiträge (Prämien) ist abhängig von ...
- der Versicherungssumme,
- der Versicherungsdauer und
- dem Alter des Versicherten.

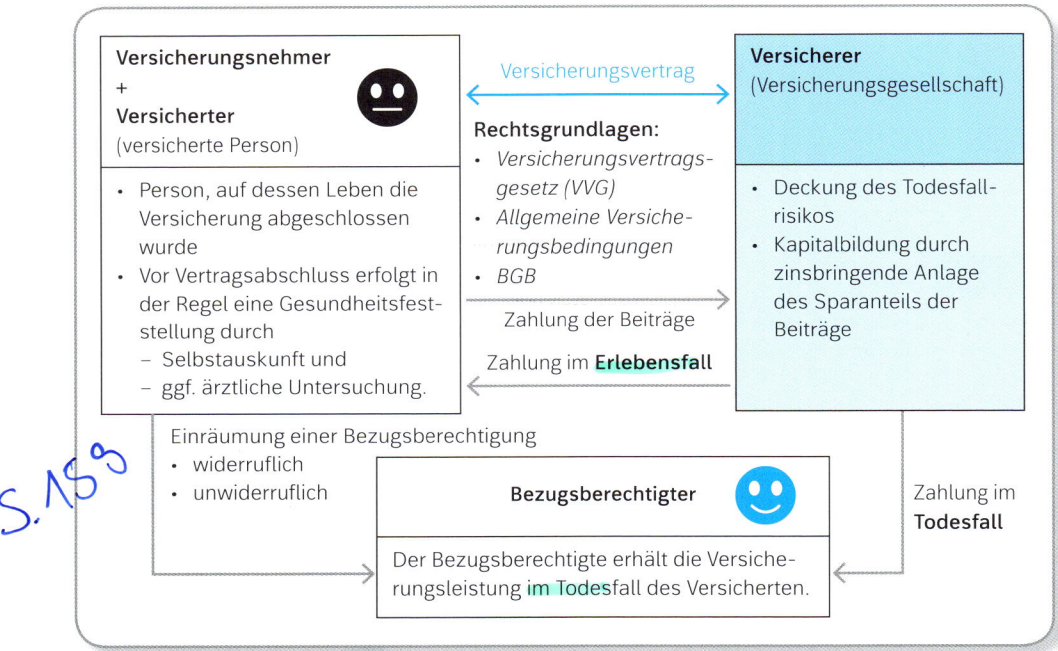

Kapitallebensversicherung auf den Todes- und Erlebensfall

Versicherungsnehmer und Versicherter sind im Regelfall identisch. Es ist jedoch auch möglich, eine Lebensversicherung auf das Leben einer anderen Person abzuschließen (Fremdversicherung).

Widerrufsrecht

Der Versicherungsnehmer kann den Lebensversicherungsvertrag binnen 30 Tagen schriftlich widerrufen. Zur Wahrung der Frist genügt die rechtzeitige Absendung des Widerrufs *(§ 152 VVG)*.

Bezugsrecht bei Lebensversicherungen

Mit dem Bezugsrecht legt der Versicherungsnehmer fest, welche Person im Todesfall der versicherten Person die Versicherungsleistung erhalten soll. Die Versicherungsleistung wird nicht auf einen eventuellen Erbteil des Begünstigten angerechnet. Auch bei einem überschuldeten Erbe steht die Versicherungsleistung dem Begünstigten zu; Gläubiger des Versicherungsnehmers haben keinen Zugriff darauf.

Der Versicherungsnehmer kann dem Begünstigten ein widerrufliches oder ein unwiderrufliches Bezugsrecht einräumen.

	Widerrufliches Bezugsrecht	Unwiderrufliches Bezugsrecht
Änderung der Begünstigung	Der Versicherungsnehmer kann die Begünstigung jederzeit ändern.	Eine Änderung der Begünstigung ist nur mit Zustimmung des Begünstigten möglich.
Kündigung des Vertrages durch Versicherungsnehmer	Der Versicherungsnehmer erhält den Rückkaufswert.	Der Begünstigte erhält den Rückkaufswert.
Tod des Begünstigten während der Laufzeit	Das Bezugsrecht verfällt. Der Versicherungsnehmer kann einen neuen Begünstigten einsetzen.	Das Bezugsrecht und damit der Anspruch auf die Versicherungsleistung geht auf die Erben des Begünstigten über.
Abtretung/ Verpfändung der Versicherung	Der Versicherungsnehmer kann die Versicherung ohne Zustimmung des Begünstigten abtreten oder verpfänden.	Eine Abtretung und Verpfändung der Versicherung ist nur mit Zustimmung des Begünstigten möglich.
Insolvenz des Begünstigten	Die Versicherungsansprüche gehören nicht zur Insolvenzmasse des Begünstigten.	Die Versicherungsansprüche gehören zur Insolvenzmasse des Begünstigten.

Beitragsbestandteile und Ablaufleistung

Bestandteile der Beiträge zu einer Kapitallebensversicherung

Risikoanteil

Kapitalzahlung im Todesfall (Abdeckung des Todesfallrisikos)

Die Kalkulation des Todesfallrisikos geschieht auf der Grundlage sogenannter „Sterbetafeln" der Versicherungen.

Ist der tatsächliche Aufwand durch vorzeitige Todesfälle geringer als angenommen, entsteht ein „Sterblichkeitsgewinn", der den Versicherten zu mindestens 90 % zusteht.

Sparanteil (Deckungskapital)

Kapitalzahlung bei Fälligkeit

Der Sparanteil wird von der Versicherung ertragbringend (z. B. Anleihen, Aktien, Immobilien) angelegt. Dem Versicherten wird i. d. R. eine **Garantieverzinsung von 0,90 %** (max. Rechnungszinssatz) zugesagt. Die zu 0,90 % aufgezinsten Sparanteile für die Laufzeit der Versicherung ergeben die Versicherungssumme. Zunehmend bieten Versicherer auch **Lebensversicherungen ohne eine Garantieverzinsung** an.

Der über die Garantieverzinsung hinausgehende **Mehrertrag** (Zinsgewinn) steht den Versicherten zu mindestens **90 %** zu.

Kostenanteil

Deckung der Vertriebskosten und der laufenden Verwaltungskosten

Ist der tatsächliche Aufwand geringer als kalkuliert, entsteht ein „Kostengewinn", der den Versicherten zu mindestens 50 % zusteht.

↓   ↓   ↓

Ablaufleistung =   Versicherungssumme + Überschussbeteiligung
("Sterblichkeitsgewinn" + "Mehrertrag" + "Kostengewinn")
An dem erzielten Überschuss sind die Versicherten zu beteiligen.

Bei Fälligkeit der Versicherung wird die Ablaufleistung an den Versicherten ausgezahlt. Durch die Überschussbeteiligung erhöht sich die Ablaufleistung oft erheblich. Bei einer Laufzeit von 25 Jahren wird bei Ablauf der Versicherung ca. das Doppelte der Versicherungssumme ausgezahlt. Da zukünftige Entwicklungen *(z. B. Höhe der Kapitalmarktzinsen, Entwicklung der Aktienkurse)* die Höhe der Überschussbeteiligung bestimmen, ist bei Vertragsabschluss die Ablaufleistung der Versicherung im Voraus jedoch nicht genau zu ermitteln.

Sicherungsvermögen und Rückkaufswert

Sicherungsvermögen	Die Versicherung muss ein Sicherungsvermögen (Deckungsstock) bilden, um nach Ablauf der Versicherungsdauer bzw. im Todesfall die Versicherungssumme zahlen zu können. Dabei sind folgende Vorschriften zu beachten *(§ 125 VAG, § 2 AnlV)*:
	• Das Sicherungsvermögen muss getrennt vom Vermögen der Versicherung verwaltet werden.
	• Ein Treuhänder wird zur Überwachung bestellt.
	• Folgende Anlageformen sind zulässig:
	  – Hypotheken- und Grundschulddarlehen
	  – Schuldverschreibungen, die an einer Börse zum Handel zugelassen sind oder an einem anderen organisierten Markt zugelassen oder in diesen einbezogen sind (organisierter Markt) *(§ 2 Abs. 1, Nr. 7a AnlV)*
	  – Investmentfonds
	  – Aktien, die an einem regulierten Markt gehandelt werden
	  – Darlehen an Bund, Länder und Gemeinden
	  – Grundstücke und Gebäude
	  – Termineinlagen bei Kreditinstituten

Rückkaufswert	Bei einer vorzeitigen Kündigung der Versicherung wird der **Rückkaufswert** (Zeitwert) an den Versicherten ausgezahlt. Der Rückkaufswert besteht unter Berücksichtigung der Abschlusskosten aus den verzinsten Sparanteilen seiner Einzahlungen zuzüglich der bisher angefallenen Überschussbeteiligung. Gedanklich kann man sich den Vorgang folgendermaßen vorstellen: Bei Vertragsbeginn wird das "Konto" des Versicherten mit den Abschlusskosten belastet. Dabei sind die Vertriebskosten auf mindestens fünf Jahre zu verteilen. Es entsteht ein negativer Saldo, der durch die nun folgenden Sparanteile zunächst ausgeglichen wird. Eine Überschussbeteiligung fällt bisher nicht an. Erst im späteren Verlauf entsteht durch weitere Einzahlungen ein positiver Saldo und damit ein Rückkaufswert. Der Rückkaufswert mindert sich noch um die Kosten der Vertragsauflösung (ca. 1 %). Die Ermittlung der Rückkaufswerte erfolgt bei den einzelnen Versicherungen nach unterschiedlichen Verfahren, die zu deutlichen Abweichungen bei der Höhe des Rückkaufswertes führen. In den ersten Versicherungsjahren ist der Rückkaufswert relativ niedrig. **Fazit:** Eine vorzeitige Kündigung des Vertrages ist für den Versicherten mit erheblichen finanziellen Nachteilen verbunden. Bei finanziellen Schwierigkeiten ist deshalb oft eine Beitragsfreistellung, Laufzeitverkürzung oder eine Verminderung der Versicherungssumme von Vorteil.

▶ Besteuerung von Kapitallebensversicherungen

Der Ertrag einer Kapitallebensversicherung ist die **Differenz** zwischen der **Versicherungsleistung (Ablaufleistung)** und den **eingezahlten Beiträgen**. Bei der Besteuerung sind steuerlich begünstigte und nicht begünstigte Lebensversicherungen zu unterscheiden.

Steuerlich begünstigte Kapitallebensversicherungen müssen folgende Voraussetzungen erfüllen:
* Auszahlung der Versicherungsleistung nach Vollendung des 62. Lebensjahres
* Vertragslaufzeit mindestens zwölf Jahre
* Todesfallschutz mindestens 50 % der Beitragssumme

Der Ertrag aus einer **steuerlich begünstigten Versicherung** ist nur zur Hälfte mit dem persönlichen Einkommensteuersatz (Halbeinkünfteverfahren) zu versteuern.

Bei einer **steuerlich nicht begünstigten Versicherung** unterliegt der gesamte Ertrag einer Abgeltungsteuer von 25 % zuzüglich 5,5 % Solidaritätszuschlag (SolZ). Gehört der Versicherungsnehmer einer Religionsgemeinschaft an, fällt zudem Kirchensteuer (8 % bzw. 9 %) an.

Bei der Auszahlung der Versicherungsleistung führt die Versicherung die Kapitalertragsteuer (25,00 % bzw. 24,45 %/24,51 % bei Kirchensteuerabzug), den Solidaritätszuschlag und gegebenenfalls die Kirchensteuer an das Finanzamt ab. Berechnungsgrundlage ist der Gesamtertrag (Differenz zwischen Einzahlungen und Auszahlung). Bei begünstigten Lebensversicherungen ist die gezahlte KESt eine Vorauszahlung auf die Einkommensteuer.

Fallbeispiel

Jan Wosab, alleinstehend, konfessionslos, zahlt 20 Jahre lang monatlich 200,00 EUR in eine Kapitallebensversicherung ein.
Bei Fälligkeit der Versicherung ist Herr Wosab 62 Jahre alt und erhält eine Versicherungsleistung von 70 000,00 EUR. Der für die Besteuerung der Erträge maßgebliche persönliche Einkommensteuersatz beträgt 32 %.

Ermittlung des Ertrages

Versicherungsleistung	70 000,00 EUR
– eingezahlte Beiträge (200 · 12 · 20)	– 48 000,00 EUR
Ertrag	22 000,00 EUR

Ermittlung des Auszahlungsbetrages

Versicherungsleistung	70 000,00 EUR
– 25 % KESt von 22 000,00 EUR	– 5 500,00 EUR ⎫ Steuervorauszahlung
– 5,5 % SolZ	– 302,50 EUR ⎭ 5 802,50 EUR
Auszahlungsbetrag	64 197,50 EUR

Ermittlung der Einkommensteuer
Nach dem Halbeinkünfteverfahren beträgt der steuerpflichtige Ertrag aus der Lebensversicherung (LV) 11 000,00 EUR (22 000 : 2). Dieser Betrag wird dem steuerpflichtigen Einkommen von Herrn Wosab zugeschlagen und nach dem Einkommensteuertarif versteuert.

		Einkommensteuer (Tarif 2021)
zu versteuerndes Einkommen (ohne LV-Ertrag)	50 000,00 EUR	→ 11 994,00 EUR
+ steuerpflichtiger Ertrag aus der LV	11 000,00 EUR	
zu versteuerndes Einkommen	**61 000,00 EUR**	→ **16 483,00 EUR**

Aufgrund der steuerpflichtigen LV-Erträge erhöht sich die Einkommensteuer um 4 489,00 EUR (16 483,00 – 11 994,00). Es fällt kein Solidaritätszuschlag an.

Die von der Versicherung einbehaltenen Steuern von 5 802,50 EUR kann Jan Wosab als Steuervorauszahlung gegenrechnen. Es ergibt sich eine Steuererstattung von 1 313,50 EUR (5 802,50 – 4 489,00).

Die effektive Steuerbelastung bezogen auf den Gesamtertrag der Lebensversicherung beträgt 20,40 %.

$$\text{effektive Steuerbelastung} = \frac{4\,489,00 \cdot 100}{22\,000,00} = \underline{20,40\,\%}$$

Hätte Jan Wosab bei Auszahlung der Lebensversicherung das 62. Lebensjahr noch nicht erreicht, wäre der gesamte Ertrag von 22 000,00 EUR steuerpflichtig. Mit der Abführung der KESt und des SolZ wäre seine Einkommensteuerschuld jedoch grundsätzlich abgegolten (Abgeltungsteuer).

Zahlungen an den Begünstigten

Die Erträge aus einer Kapitallebensversicherung bleiben im Todesfall einkommensteuerfrei. Gegebenenfalls muss der Begünstigte aber Schenkung- bzw. Erbschaftsteuer für die Zuwendung zahlen.

Verrentung der Ansprüche aus Kapitallebensversicherungen

- Eine Verrentung der Ablaufleistung gilt als Verfügung. Die Differenz zwischen Versicherungsleistung und den eingezahlten Beiträgen ist zu versteuern. Gegebenenfalls gilt das Halbeinkünfteverfahren.
- Die Rentenzahlungen werden mit dem Ertragsanteil versteuert.

Beurteilung von Kapitallebensversicherungen aus der Sicht des Versicherten

Vorteile	Nachteile
• Absicherung der Familie im Todesfall • Garantieverzinsung des Sparanteils und ggf. Überschussbeteiligung • Sicherung des Lebensstandards im Alter und für den Fall der Berufs- und Erwerbsunfähigkeit, sofern entsprechende Zusatzversicherungen abgeschlossen wurden • Steuervorteile (ggf. Halbeinkünfteverfahren) • Anlage der vermögenswirksamen Leistungen (keine Arbeitnehmersparzulage) • Darlehenssicherung und -tilgung	• lange Laufzeit • Bei vorzeitiger Kündigung erhält der Versicherte nur den Rückkaufswert. • Die Ablaufleistung ist nicht bekannt. • evtl. niedrigere Renditen als bei anderen Anlageformen • Als Alternative kann der Abschluss einer preiswerten Risikolebensversicherung in Verbindung mit einem Bank- oder Fondssparplan empfohlen werden.

Besondere Formen der Kapitallebensversicherung

| dynamische Lebensversicherung | • Angebot an den Versicherten, die Versicherungssumme jährlich zu erhöhen, um den Kaufkraftverlust durch die laufende Geldentwertung (Inflation) auszugleichen und eine Anpassung an die allgemeine Einkommensentwicklung zu gewährleisten
• Erhöhung der Versicherungssumme ohne erneute Gesundheitsprüfung
• Der Versicherte kann der Erhöhung binnen zwei Monaten widersprechen.

Vorteil: Ausgleich des Kaufkraftverlustes |

fondsgebundene Lebensversicherungen	• Der Sparanteil wird in Investmentanteilen angelegt. • Die Fondsanteile werden jedem Versicherten **direkt** zugeordnet („Sondervermögen"). • keine Garantieverzinsung aufgrund der Kursrisiken • Indexgebundene Versicherungen orientieren ihre Gewinnzusagen an einem Referenzindex *(z. B. DAX)*. **Vorteil:** ggf. höhere Ablaufleistungen (aber auch höheres Risiko)
Term-Fix-Versicherungen: • **Ausbildungsversicherung** • **Heirats- und Aussteuerversicherungen**	• Die Versicherung dient dazu, die Zahlung einer bestimmten Geldsumme zu einem bestimmten Termin zu gewährleisten. Die Ausbildungsversicherung trägt zur Deckung der Ausbildungskosten der Kinder bei. Bei der Heirats- bzw. Aussteuerversicherung wird die Versicherungssumme bei der Heirat des mitversicherten Kindes, spätestens jedoch bei Erreichen eines bestimmten Lebensalters *(z. B. 25. Lebensjahr des Kindes)* fällig. Beim Tod des Kindes vor dem Ende der Laufzeit werden die Beiträge zurückerstattet. • Bei Tod des Versicherten *(z. B. Eltern)* wird die Versicherung beitragsfrei bis zum Ende der Laufzeit weitergeführt. **Vorteil:** Sicherung der Ausbildung/Existenzgründung der Kinder

2.5   Steuerliche Regelungen zur Altersvorsorge im Überblick

	steuerliche Behandlung der Beiträge	Besteuerung der Renten bzw. Leistungen
• **gesetzliche Rentenversicherung** • **Rürup-Rentenversicherung** ⇒ **1. Schicht**	Beiträge können als Altersvorsorgeaufwendungen (Sonderausgaben) steuerlich geltend gemacht werden. • Höchstbetrag 2020: 25 046,00 EUR (Alleinstehende) bzw. 50 092,00 EUR (Verheiratete/Lebenspartner) • Im Jahr 2005 waren 60 % der Beiträge abzüglich des Arbeitgeberanteils zur gesetzlichen Rentenversicherung abzugsfähig; in den Folgejahren erhöht sich dieser Satz bis 2025 um jährlich 2 %.	Bei Rentenbeginn im Jahr 2005 sind die Renten zu 50 % steuerpflichtig; in den Folgejahren erhöht sich dieser Satz zunächst um jährlich 2 % bis zum Jahr 2020, dann um jährlich 1 % bis zum Jahr 2040. Maßgeblich für den steuerfreien Anteil ist das Jahr des Rentenbeginns. Der dann festgelegte Rentenfreibetrag in Euro gilt für die gesamte Rentenzeit.

Riester-Rentenversicherung
 	
⇒ **2. Schicht**
	• Gewährung staatlicher Zulagen:
	 – Grundzulage 175,00 EUR
	 – Kinderzulage
	   – geboren bis 31.12.2007 185,00 EUR
	   – geboren ab 01.01.2008 300,00 EUR
	 – Berufseinsteiger bis
	   25 Jahre einmalig 200,00 EUR
	• oder Geltendmachung der Gesamtbeiträge als Sonderausgaben bis zum Höchstbetrag von 2 100,00 EUR (Günstigerprüfung)
		Sofern die Leistungen auf staatlich geförderten Beiträgen beruhen, sind diese voll steuerpflichtig.

12

	steuerliche Behandlung der Beiträge	Besteuerung der Renten bzw. Leistungen
betriebliche Altersvorsorge (Direktversicherung, Pensionskasse, Pensionsfonds) ⇒ **2. Schicht**	Beiträge sind bis zu 8 % der Beitragsbemessungsgrenze der GRV West pro Jahr steuerfrei und bis zu 4 % dieser Beitragsbemessungsgrenze sozialversicherungsfrei. Beitragsbemessungsgrenze der GRV West im 2021: 85 200,00 EUR • steuerfreier Höchstbetrag: 6 816,00 EUR • sozialversicherungsfreier Höchstbetrag: 3 408,00 EUR	Sofern die Leistungen auf staatlich geförderten Beiträgen beruhen, sind diese voll steuerpflichtig. Andernfalls gelten die Regelungen für private Rentenversicherungen und Kapitallebensversicherungen.
private Rentenversicherung ⇒ **3. Schicht**	Die Beiträge sind nicht steuerlich absetzbar und demnach aus dem bereits versteuerten Einkommen zu leisten.	Leibrenten sind mit dem Ertragsanteil zu versteuern, dessen Höhe von dem Alter des Renteneintritts abhängig ist.
Kapitallebensversicherung ⇒ **3. Schicht**	Die Beiträge sind nicht steuerlich absetzbar und demnach aus dem bereits versteuerten Einkommen zu leisten.	Bei Kapitalzahlungen ist der Unterschiedsbetrag zwischen der Versicherungsleistung und der Summe der geleisteten Beiträge steuerpflichtig. Der Betrag ist jedoch nur zur Hälfte steuerpflichtig, wenn bei der Auszahlung seit Vertragsabschluss mindestens zwölf Jahre vergangen sind und der Begünstigte das 62. Lebensjahr vollendet hat.

3   Absicherung von Hinterbliebenen

3.1   Hinterbliebenenrente aus der gesetzlichen Rentenversicherung

Die GRV zahlt eine **Hinterbliebenenrente** an

- den Ehegatten bzw. Lebenspartner (**Witwen-/Witwerrente**) und an
- die Kinder (**Waisenrente**) des Verstorbenen.

▶ **Witwen-/Witwerrente**

Bei der Witwen-/Witwerrente sind **kleine und große Witwen-/Witwerrente** zu unterscheiden.

Eine **kleine Witwen-/Witwerrente** erhält der hinterbliebene Ehegatte bzw. Lebenspartner, wenn folgende Bedingungen erfüllt sind:

- Der Hinterbliebene hat nicht wieder neu geheiratet.
- Er hat beim Tod des Ehegatten bzw. Lebenspartners eine bestimmte Altersgrenze noch nicht vollendet. Die Altersgrenze erhöht sich bis zum Jahr 2029 schrittweise vom 45. auf das 47. Lebensjahr.
- Er hat keine Kinder unter 18 Jahren zu versorgen.

Die kleine Witwen-/Witwerrente beträgt 25 % der Rente des Verstorbenen und ist auf **zwei Jahre** befristet. Nur bei sogenannten Altfällen (Ehepartner vor 01.01.2002 verstorben oder Ehe vor 2002 geschlossen und mindestens ein Ehepartner vor dem 02.01.1962 geboren) ist die Rente unbefristet.

Eine **große Witwen-/Witwerrente** erhält der **nicht neu verheiratete** Ehegatte bzw. Lebenspartner, wenn

- dieser beim Tod des Ehegatten bzw. Lebenspartners das 47. Lebensjahr (ab 2029) vollendet hat oder
- wenn ein eigenes Kind oder ein Kind des Verstorbenen das 18. Lebensjahr noch nicht vollendet hat oder
- wenn dieser erwerbsgemindert ist.

Die große Witwen-/Witwerrente beträgt 55 % (bei Altfällen 60 %) der Rente des Verstorbenen und ist zeitlich nicht befristet.

▶ Waisenrente

Bei der Waisenrente sind **Halbwaisenrenten** und **Vollwaisenrenten** zu unterscheiden.

Halbwaisenrenten erhalten Kinder, bei denen noch ein unterhaltspflichtiger Elternteil lebt. Die Halbwaisenrente beträgt 10 % der Rente zuzüglich eines Zuschlages, der sich an den rentenrechtlichen Zeiten des Verstorbenen orientiert.

Vollwaisenrenten erhalten Kinder, wenn beide Elternteile verstorben sind. Die Vollwaisenrente beträgt 20 % der Rentensumme von beiden Verstorbenen zuzüglich eines Zuschlages.

Waisenrenten erhalten Kinder immer bis zum 18. Lebensjahr, darüber hinaus bis maximal zum 27. Lebensjahr, wenn

- sie sich in der Schul- oder Berufsausbildung befinden oder
- einen freiwilligen Dienst *(§ 32 Abs. 4 EStG)* leisten oder
- behindert sind.

▶ Versorgungslücke

Mithilfe der Renteninformation von der GRV kann die Versorgungslücke der Hinterbliebenen ermittelt werden.

3.2 Lebensversicherung

Hinterbliebene können durch den Abschluss einer **Kapitallebensversicherung, Risikolebensversicherung oder Restschuldversicherung** abgesichert werden.

Mit dem Abschluss einer **Kapitallebensversicherung** erwrbt der Versicherte ein Kombiprodukt zur Altersvorsorge und zur Absicherung seiner Hinterbliebenen. Aufgrund dieser umfänglichen Versicherungsleistung sind die Prämien entsprechend hoch.

Die **Risikolebensversicherung** dient nur zur Hinterbliebenenabsicherung und ist deshalb relativ preiswert.

Risikolebensversicherung
• Im **Todesfall** des Versicherten wird die Versicherungssumme sofort an den Bezugsberechtigten ausgezahlt. • Im **Erlebensfall** endet nach Ablauf der Versicherungsdauer die Versicherung, ohne dass von der Versicherung eine Zahlung geleistet wird.

Bei Risikolebensversicherungen gibt es zwei Varianten hinsichtlich der Versicherungssumme:

- Bei einer **konstanten Versicherungssumme** zahlt die Versicherung unabhängig vom Todeszeitpunkt der versicherten Person eine bestimmte Summe *(z. B. 150 000,00 EUR)*.
- Bei einer **fallenden Versicherungssumme** sinkt die Versicherungssumme im Zeitablauf. Bei einer solchen Regelung geht die versicherte Person davon aus, dass die Geldbedarf der Hinterbliebenen im Zeitablauf sinkt.

Beispiel

Lena Uhlmann hat eine Tochter im Alter von 14 Jahren. Sie schließt eine Risikolebensversicherung über 20 Jahre mit einer linear fallenden Versicherungssumme von 200 000,00 EUR auf 10 000,00 EUR ab, da sie davon ausgeht, dass ihre Tochter mit zunehmendem Alter für sich selbst sorgen kann.

Eine **Restschuldversicherung** ist ebenfalls eine Risikolebensversicherung mit einer fallenden Versicherungssumme, die sich direkt auf die Restschuld eines bestimmten Darlehens bezieht. Bei Baudarlehen empfehlen viele Beraterinnen und Berater den Abschluss einer solchen Versicherung zum Schutz der Hinterbliebenen.

Durch eine **Risikolebensversicherung auf verbundene Leben** können sich Personen gegenseitig absichern.

| **Lebensversicherung auf verbundene Leben**
• **Partnerversicherung**
• **Teilhaberversicherung** | • Das Todesfallrisiko von mehreren (in der Regel zwei) Personen wird in einem Vertrag zusammengefasst.
• Die vereinbarte Leistung wird in der Regel beim Tod des zuerst Sterbenden, spätestens am Ende der Laufzeit fällig.
• Mit dem Tod eines der Versicherten vor dem Ende der Laufzeit erlischt die Versicherung.

Vorteile:
• gegenseitige Absicherung im Todesfall von Lebensgemeinschaften (Eheleute, Lebenspartnerschaften und andere zusammenlebende Paare)
• finanzielle Absicherung von Personengesellschaften (OHG, KG), um im Todesfall eines Gesellschafters z. B. Zahlungen an die Erben leisten zu können |

Gesundheitsprüfung

Bei einer Lebensversicherung gehört es zu den vorvertraglichen Anzeigepflichten des Versicherungsnehmers, Auskunft über seinen Gesundheitszustand zu geben und auf Verlangen entsprechende Arztberichte vorzulegen. Bei erheblichen Vorerkrankungen lehnen Versicherer oft einen Vertragsabschluss ab. Hat der Versicherungsnehmer beim Abschluss des Vertrages falsche Angaben über seinen Gesundheitszustand gemacht, kann der Versicherer je nach Verschulden des Versicherungsnehmers im Leistungsfall die Zahlung verweigern, wenn eine verschwiegene Krankheit ursächlich zum Tod geführt hat.

Beim Tod des Versicherten erhalten die Bezugsberechtigten die Versicherungssumme. Die Todesfallleistung ist <u>nicht</u> einkommensteuerpflichtig, unterliegt jedoch der **Schenkung- bzw. Erbschaftsteuer**.

4 Absicherung bei Erwerbsminderung

Die Wahrscheinlichkeit, aus gesundheitlichen Gründen nicht bis zur Regelarbeitsgrenze arbeiten zu können, ist hoch. Circa 40 % der heute Zwanzigjährigen wird voraussichtlch schon vor dem Erreichen der Regelaltersgrenze aus gesundheitlichen Gründen aus dem Berufsleben ausscheiden. Die Verteilung der Gründe für eine Berufsunfähigkeit zeigt die nebenstehende Darstellung.

Bei einer gesundheitlichen Beeinträchtigung der Arbeitsfähigkeit sind Invalidität, Berufsunfähigkeit, Erwerbsminderung und Dienstunfähigkeit zu unterscheiden.

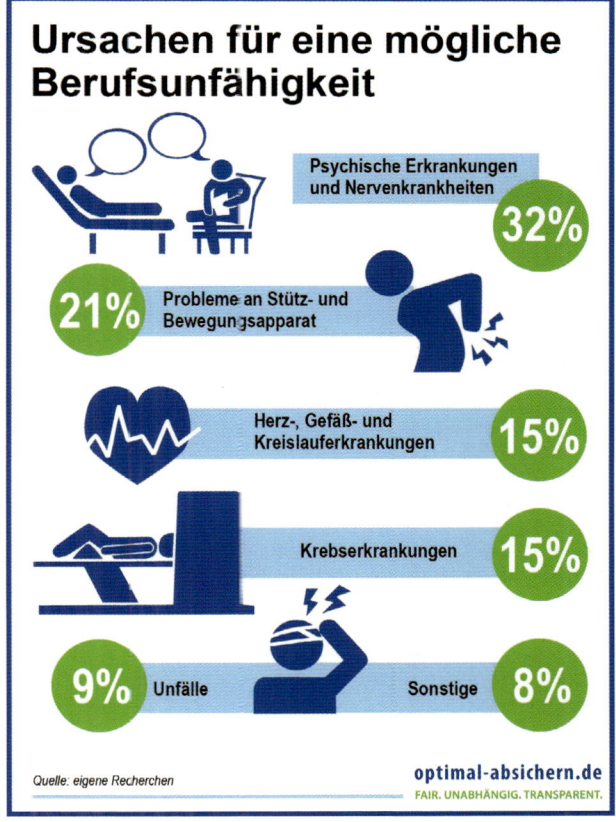

12

Art der gesundheitlichen Einschränkung	Merkmale
Erwerbsminderung	Bei einer Erwerbsminderung kann eine Person wegen Krankheit oder anderer Gebrechen auf nicht absehbare Zeit eine **Erwerbstätigkeit** ganz oder teilweise nicht mehr ausüben. Die Erwerbsminderung bezieht sich auf alle am Arbeitsmarkt angebotenen Tätigkeiten und ist demnach unabhängig vom bisher ausgeübten Beruf und von den beruflichen Qualifikationen der Person.
Berufsunfähigkeit	Bei Berufsunfähigkeit kann eine Person ihren bisher **ausgeübten Beruf** wegen gesundheitlicher Einschränkungen nicht mehr ausüben.
Dienstunfähigkeit	**Beamte** sind dienstunfähig und werden aus gesundheitlichen Gründen in den Ruhestand versetzt (Beamte auf Lebenszeit) oder entlassen (Beamte auf Probe), wenn sie ihre **Dienstpflichten** nicht mehr erfüllen können. Die Dienstunfähigkeit stellt ein Amtsarzt fest.
Invalidität	Bei Invalidität erleidet eine Person als **Unfallfolge** eine dauernde Beeinträchtigung der Arbeitsfähigkeit bzw. der körperlichen oder geistigen Leistungsfähigkeit.

4.1 Erwerbsminderungsrente aus der gesetzlichen Rentenversicherung

Beschäftigte, die aus gesundheitlichen Gründen nicht mehr oder nur noch wenige Stunden am Tag arbeiten können, erhalten aus der GRV eine Erwerbsminderungsrente. Maßgeblich für die Erwerbsunfähigkeit ist nicht die bisherige berufliche Tätigkeit der Person, sondern eine umfassende Arbeitsunfähigkeit in allen Tätigkeitsbereichen. Individuelle berufliche Qualifikationen spielen dabei keine Rolle.

Beispiel

Der Bäckermeister Thomas Höller hat eine Mehlallergie und kann in seinem Beruf nicht mehr arbeiten. Er erhält keine Erwerbsminderungsrente, da es auf dem Arbeitsmarkt viele Tätigkeiten gibt, in denen seine Erkrankung keine Rolle spielt. Auch wenn es nicht seinem beruflichen Qualifikationsniveau entspricht, könnte er zum Beispiel als Paketzusteller oder Straßenreiniger arbeiten.

Voraussetzung für den Erhalt einer Erwerbsminderungsrente ist zudem, dass der Versicherte in den fünf Jahren vor Eintritt der Erwerbsminderung mindestens drei Jahre Beiträge in die GRV geleistet hat.

Die Höhe der Erwerbsminderungsrente ist davon abhängig, ob und gegebenenfalls in welchem Umfang der Versicherte noch arbeitsfähig ist.

Renten wegen voller Erwerbsminderung erhalten Personen, die aus gesundheitlichen Gründen nur noch weniger als **drei Stunden** täglich arbeiten können. Die Höhe der Rente ist abhängig von den bis zu diesem Zeitpunkt erworbenen Rentenansprüchen. Diese mindern sich aber noch um einen Abschlag von bis zu 10,8 %, da der Arbeitnehmer schon vor Erreichen der Regelaltersgrenze die Rente erhält.

Renten wegen teilweiser Erwerbsminderung erhalten Personen, die **mindestens drei Stunden, jedoch weniger als sechs Stunden** täglich arbeiten können. Die Rente beträgt die **Hälfte** der vollen Erwerbsminderungsrente. Kann diesen Personen aber kein Arbeitsplatz mit reduzierter Arbeitszeit vermittelt werden, haben auch sie Anspruch auf die volle Erwerbsminderungsrente.

Besondere Regelungen gelten für **Versicherte, die vor dem 02.01.1961 geboren** sind. Sie erhalten eine Rente wegen teilweiser Erwerbsminderung, wenn sie in ihrem bisherigen Beruf oder in einem zumutbaren anderen Beruf (Verweisungstätigkeit) nicht mindestens sechs Stunden arbeiten können. Eine Verweisungstätigkeit muss im Hinblick auf die berufliche Qualifikation und die erlangte soziale Stellung einen ähnlichen Standard haben.

Beispiel

Der Elektromeister Matthias Klein kann wegen seiner Rückenprobleme keine Elektroinstallationen mehr vornehmen. Zumutbar wäre für ihn zum Beispiel eine Tätigkeit als Abteilungsleiter in einem Elektrofachmarkt.

Eine Erwerbsminderungsrente ist im Regelfall auf drei Jahre begrenzt. Danach muss der Versicherte diese erneut beantragen und die GRV prüft, ob die Voraussetzungen für die Erwerbsminderung weiterhin fortbestehen.

▶ **Versorgungslücke**

Mithilfe der **Renteninformation** von der GRV kann die Versorgungslücke für den Fall einer Erwerbsminderung ermittelt werden.

Der Versicherte kann die Versorgungslücke durch eine **Berufsunfähigkeitsversicherung** und beschränkt durch eine **Unfallversicherung** schließen.

4.2 Berufsunfähigkeitsversicherung

Die **Berufsunfähigkeitsversicherung** zahlt dem Versicherten eine monatliche Rente, wenn er in dem zuletzt ausgeübten Beruf infolge Krankheit, Körperverletzung oder mehr als altersentsprechendem Kräfteverfall ganz oder teilweise voraussichtlich auf Dauer nicht mehr arbeiten kann *(§ 172 Abs. 2 VVG)*.

Die **Leistungspflicht** des Versicherers entsteht,

- wenn der Versicherte zu **mindestens 50 % berufsunfähig** ist und er
- aus gesundheitlichen Gründen seinen **zuletzt ausgeübten Beruf mindestens sechs Monate** nicht ausüben kann.

Dabei ist es unerheblich, ob die Berufsunfähigkeit aus einer Erkrankung oder einem Unfall resultiert.

Die Berufsunfähigkeit muss von einem Arzt festgestellt werden.

Die Höhe der Beiträge ist unter anderem von folgenden Faktoren abhängig:	
Höhe der monatlichen Rente	Je höher die vereinbarte Berufsunfähigkeitsrente ist, desto höher sind die vom Versicherten zu zahlenden Monatsbeiträge.
Alter	Mit zunehmendem Alter steigt das Risiko der Berufsunfähigkeit. Je älter der Versicherte bei Vertragsabschluss ist, desto höher sind die Beiträge.
Versicherungsdauer	Die Berufsunfähigkeitsrenten sind zeitlich befristet und werden bis zu einem bestimmten Lebensjahr des Versicherten gezahlt *(z. B. bis zum 67. Lebensjahr)*. Je höher die Altersgrenze ist, desto höher sind die Beiträge, da gerade in älteren Lebensjahren das Risiko der Berufsunfähigkeit steigt. Sinnvoll ist eine Befristung bis zum Rentenbeginn (Regelaltersgrenze), da der Versicherte ab diesem Zeitpunkt eine Altersrente bezieht.
Gesundheitszustand	Ein guter Gesundheitszustand des Versicherten bei Vertragsabschluss vermindert das Risiko einer Berufsunfähigkeit. Um dieses Risiko einschätzen zu können, führt der Versicherer eine **Gesundheitsprüfung** durch. Die Gesundheitsprüfung beruht zunächst auf einer **Selbstauskunft** des Antragstellers. In dem Versicherungsantrag muss er umfassende Angaben zu seinem **Gesundheitszustand** und zu seinen **Vorerkrankungen** machen. Bei Bedarf kann der Versicherer einen zusätzlichen Arztbericht anfordern, um weitergehende Informationen zu erhalten. Es gehört zu den **Obliegenheiten** des Antragstellers die Gesundheitsfragen **vollständig** und **wahrheitsgemäß** zu beantworten, da der Versicherer bei Berufsunfähigkeit die Leistung verweigern kann, wenn die Berufsunfähigkeit in einem Zusammenhang mit einer nicht erklärten Vorerkrankung steht (Einrede der vorvertraglichen **Anzeigepflichtverletzung**). Zudem ist der Versicherer zum Rücktritt vom Vertrag

12

Die Höhe der Beiträge ist unter anderem von folgenden Faktoren abhängig:	
	berechtigt, wenn er vor Eintritt einer Berufsunfähigkeit Kenntnis von einer vorvertraglichen Anzeigenpflichtverletzung erlangt.
	Bei **Vorerkrankungen** kann der Versicherer • einen **Risikozuschlag** in Abhängigkeit von der Schwere der Vorerkrankung verlangen oder • einen **Leistungsausschluss** für einzelne Erkrankungen vereinbaren, die in einem Zusammenhang mit der Vorerkrankung stehen, oder **Beispiel:** Vorerkrankung: Bandscheibenvorfall – Ausschluss der Berufsunfähigkeit wegen Erkrankungen an der Wirbelsäule • den **Abschluss** des Versicherungsvertrages **verweigern**.
	Bei Vorerkrankungen ist eine **anonyme Risikovoranfrage** durch einen Versicherungsmakler oder -berater bei mehreren Versicherungen ratsam, weil • die Risikozuschläge bei bestimmten Vorerkrankungen bei den Versicherern unterschiedlich hoch sind und weil • bei einer anonymen Anfrage keine Eintragung in eine zentrale Datei (Informationssystem der deutschen Versicherer – HIS-Wagnisdatei), die von allen Versicherungen eingesehen werden kann, erfolgt.
Beruf	Das Risiko einer Berufsunfähigkeit ist in den verschiedenen Berufen unterschiedlich. So ist zum Beispiel das Risiko einer Berufsunfähigkeit bei Dachdeckern, Maurern und Fliesenleger bedeutend höher als bei Ingenieuren, Ärzten und Rechtsanwälten. Dementsprechend sind die Beiträge für risikoreiche Berufe erheblich höher als für risikoarme Berufe.
Hobbys	Risikoreiche Hobbys *(z. B. Bergsteigen, Drachenfliegen)* erhöhen das Risiko für den Versicherer. Deshalb kann er • den Beitrag entsprechend erhöhen oder • eine durch das Hobby verursachte Berufsunfähigkeit von der Leistungspflicht ausschließen oder • einen Vertragsabschluss verweigern.

Verweisungsrecht des Versicherers

Als weitere Voraussetzung für die Leistungspflicht des Versicherers können die Beteiligten vereinbaren, dass die versicherte Person auch **keine andere Tätigkeit** ausübt oder ausüben kann, die zu übernehmen sie aufgrund ihrer Ausbildung und Fähigkeiten (Qualifikationsniveau) in der Lage ist und die ihrer bisherigen Lebensstellung (soziale Wertschätzung und Einkommen) entspricht *(§ 172 Abs. 3 VVG)*.

- Bei einer **abstrakten Verweisung** verweigert die Versicherung die Leistung, wenn der Versicherte noch in einem anderen gleichwertigen Beruf arbeiten **kann**, unabhängig davon, ob er tatsächlich eine entsprechende Anstellung findet.
  Die abstrakte Verweisung ist für den Versicherten nachteilig und sollte von ihm nur in **Ausnahmefällen** akzeptiert werden. In der Praxis verzichten viele Versicherer auf das abstrakte Verweisungsrecht.

- Bei einer **konkreten Verweisung** hat der Versicherer ein Leistungsverweigerungsrecht, wenn der Versicherte freiwillig wieder eine gleichwertige Tätigkeit aufnimmt. Ab diesem Zeitpunkt erlischt der Anspruch auf die Berufsunfähigkeitsrente.

Nach den Versicherungsbedingungen ist der Versicherte verpflichtet, der Versicherung die Aufnahme bzw. Änderung einer beruflichen Tätigkeit unverzüglich mitzuteilen.
Das konkrete Verweisungsrecht ist **praxisüblich**.

Leistungen der Berufsunfähigkeitsversicherung

- Zahlung der vereinbarten Berufsunfähigkeitsrente mit Ablauf des Monats, in dem die Berufsunfähigkeit eingetreten ist
- Befreiung von der Beitragspflicht ab Berufsunfähigkeit
- Anspruch auf Leistungen endet mit Tod der versicherten Person oder wenn Berufsunfähigkeit nicht mehr vorliegt oder bis zum Ende der vereinbarten Leistungsdauer (z.B. vollendetes 67. Lebensjahr)

Nachprüfungsrecht

Während der Zeit der Rentenzahlungen darf der Versicherer regelmäßig prüfen, ob die versicherte Person weiterhin berufsunfähig ist. Dazu kann er auch auf seine Kosten neue ärztliche Atteste verlangen.

Dienstunfähigkeit von Beamten

Einige Versicherungen bieten besondere Versicherungen für **Beamte** an, bei denen die Leistungspflicht bei **Dienstunfähigkeit** eintritt. Für Beamte ist diese Regelung vorteilhaft, da es Fälle gibt, in denen Beamte zwar dienstunfähig, aber nicht berufsunfähig sind.

Besondere Vereinbarungen bei einer Berufsunfähigkeitsversicherung	
Nachversicherungs-garantie	Die Versicherung kann dem Versicherten das Recht einräumen, bei **Eintritt bestimmter Ereignisse** *(z. B. Heirat, Geburt eines Kindes)* die Berufsunfähigkeitsrente ohne erneute Gesundheitsprüfung bis zu einem festgelegten Betrag zu erhöhen. Die Ausübung dieses Rechts ist in der Regel auf ein bestimmtes Höchstalter des Versicherten *(z. B. 45 Jahre)* beschränkt. Die vom Versicherten zu zahlenden Versicherungsbeiträge erhöhen sich entsprechend.
Dynamik	Bei einer dynamischen Berufsunfähigkeitsversicherung erhöhen sich die Beiträge jährlich um einen bestimmten Prozentsatz *(z. B. 2 %)*, um die Auswirkungen der **Inflation** auszugleichen. Mit den höheren Beiträgen erhöht sich auch die Berufsunfähigkeitsrente, jedoch um einen etwas niedrigeren Prozentsatz, da für den Erhöhungsbetrag das nun höhere Lebensalter zählt. **Beispiel:** Die Berufsunfähigkeitsrente beträgt 1 500,00 EUR. Bei einer jährlichen Inflationsrate von 2,00 % hat die Rente nach 20 Jahren nur noch eine Kaufkraft von 1 001,41 EUR. Der Versicherte benötigt in 20 Jahre eine Rente von 2 228,92 EUR, um den Kaufkraftverlust auszugleichen. Der Versicherte hat das Recht, der Erhöhung innerhalb von **sechs Wochen** nach Zugang der Mitteilung zu widersprechen. In diesem Fall ändern sich die Beiträge und die Rentenansprüche nicht. Widerspricht der Versicherte in drei aufeinander folgenden Jahren der Erhöhung, erlischt in der Regel sein Recht auf Dynamik (Erhöhung).

12

Besondere Vereinbarungen bei einer Berufsunfähigkeitsversicherung	
Wartezeiten	Bei der Vereinbarung einer Wartezeit (Karenzzeit), besteht ein Rentenanspruch erst nach Ablauf einer bestimmten Frist *(z. B. sechs Monate)* ab dem Zeitpunkt der Berufsunfähigkeit. Die Wartezeit führt zu einer Verkürzung der Rentenbezugsdauer und damit zu etwas niedrigen Beiträgen. Die Vereinbarung einer Wartezeit kann für Personen vorteilhaft sein, die in den ersten Monaten nach Eintritt der Berufsunfähigkeit noch andere Einkünfte *(z. B. Arbeitslohn, Krankengeld)* erzielen.
Rückwirkende Leistungen	Im Versicherungsvertrag können die Beteiligten eine rückwirkende Anerkennung der Berufsunfähigkeit vereinbaren. Der Versicherer zahlt dann die Rente rückwirkend ab dem Zeitpunkt des Eintritts der Berufsunfähigkeit. Je nach Anbieter sind rückwirkende Leistungen bis zu ca. drei Jahren möglich.
Rentenhöhe	Bei der **Pauschalregelung** erhält der Versicherte die volle Rentenzahlung, wenn er zu mindestens 50 % berufsunfähig ist. Bei der **Staffelregelung** ist die Rente nach dem Grad der Berufsunfähigkeit gestaffelt: **Beispiel:** 50 % Berufsunfähigkeit → 50 % Rente 75 % Berufsunfähigkeit → 75 % Rente 100 % Berufsunfähigkeit → 100 % Rente

Eine **Berufsunfähigkeitsversicherung** kann der Versicherte als **eigenständige Versicherung** oder als **Zusatzversicherung** (Berufsunfähigkeitszusatzversicherung – BUZ) zu einer Renten- oder Lebensversicherung abschließen. In der Regel ist der Abschluss von eigenständigen Versicherungen sinnvoll. Möchte ein Versicherter zum Beispiel seine Kapitallebensversicherung mit BUZ kündigen, weil er Geld benötigt, verliert er auch seinen Anspruch auf eine Berufsunfähigkeitsrente.

Besteuerung der Renten

Die Berufsunfähigkeitsrente muss der Versicherte zum sogenannten Ertragsanteil versteuern.[1] Maßgeblich für den steuerpflichtigen Anteil ist das Lebensalter des Versicherten bei Rentenbeginn.

Beispiel

Timo Giesen, 53 Jahre, erhält ab dem 01.10.2020 eine Berufsunfähigkeitsrente von monatlich 1 200,00 EUR. Bei einem Rentenbeginn mit 53 Jahren beträgt der steuerpflichtige Ertragsanteil während der gesamten Bezugsdauer 28 % (§ 22 EStG). Die steuerpflichte Rente beträgt pro Monat 336,00 EUR.

Wurde die Berufsunfähigkeitsversicherung jedoch als Zusatzversicherung zu einer Rürup-Rentenversicherung abgeschlossen, ist die Berufsunfähigkeitsrente wie eine Basisrente zu versteuern.[2] Maßgeblich für den steuerpflichtigen Anteil ist das Jahr des Rentenbeginns.

---

[1] *vgl. Besteuerung von Privatrenten Seite 157*
[2] *vgl. Besteuerung von Basisrenten Seite 141, 163*

> **Beispiel**
>
> Lena Wölbert erhält ab dem 01.08.2020 eine Berufsunfähigkeitsrente von monatlich 1 200,00 EUR. Bei einem Rentenbeginn im Jahr 2020 muss sie gleichbleibend 80 % der Rente während der gesamten Bezugsdauer versteuern. Die steuerpflichte Rente beträgt pro Monat 960,00 EUR.

4.3 Private Unfallversicherung

Die private **Unfallversicherung** zahlt an den Versicherten die vereinbarte Leistung, wenn er durch ein plötzlich von außen auf seinen Körper wirkendes Ereignis unfreiwillig eine dauerhafte Gesundheitsschädigung erleidet *(§ 178, 180 VVG)*.

12

▶ **Unfallbegriff**

Eine Leistungspflicht des Versicherers entsteht, wenn ein Unfall folgende drei Voraussetzungen erfüllt:

Voraussetzungen	Erläuterung
Plötzlichkeit	Der Unfall ist plötzlich und unerwartet geschehen *(z. B. Sturz, Autounfall)*. Die daraus folgenden Gesundheitsschädigungen können jedoch auch später eintreten. **Beispiel:** Fabian Gehlen stürzt beim Bergsteigen in eine Gletscherspalte und bricht sich den Fuß (plötzliches Ereignis). Er war allein unterwegs und verbringt die Nacht in der Gletscherspalte. Dabei erleidet er schwere Erfrierungen. Auch die Folgen der Erfrierungen sind versichert, da der Versicherte sich durch den Unfall der Situation nicht mehr entziehen konnte (Unentrinnbarkeit). Tritt die Gesundheitsschädigung nicht plötzlich ein, sondern entsteht in einer längeren Zeitdauer, gibt es <u>keine</u> Leistungspflicht des Versicherers. **Beispiele:** – Johanna Velten arbeitet mit gesundheitsgefährdenden Stoffen in einem Labor. Im Laufe der Zeit erleidet sie eine Krebserkrankung, die auf den Umgang mit diesen Stoffen zurückzuführen ist. – Fabio Cardaci erleidet beim Heben eines schweren Gegenstandes einen Bandscheibenvorfall. Als Ursache der Gesundheitsschädigung gilt der Verschleiß der Bandscheibe und nicht das Heben des Gegenstandes.
Einwirken von außen auf den Körper	Bei einem Unfall muss die Gesundheitsbeeinträchtigung durch ein äußeres Einwirken auf den Körper verursacht worden sein. **Beispiele:** – Sturz beim Laufen, Schnittwunden beim Sägen – Verletzungen durch herabfallende Gegenstände bei einem Sturm – Stromschlag, Blitzschlag, Hagelschlag, Gasexplosion – Einatmen giftiger Gase, Ertrinken in einem See

Voraussetzungen	Erläuterung
	Kein Versicherungsschutz besteht, wenn die Gesundheitsbeeinträchtigung durch • einen inneren organischen Vorgang oder • übliche Temperatur- und Witterungseinflüsse verursacht wurde. **Beispiele:** – Svenja Velten stürzt nach einem Kreislaufkollaps. David Zöller erleidet beim Autofahren einen Herzinfarkt und verursacht einen Verkehrsunfall. – Kai Gerster erleidet beim Bergsteigen Erfrierungen, da er schlecht ausgerüstet war und den Temperatursturz in der Bergen nicht vorhergesehen hat.
Unfreiwilligkeit	Die Gesundheitsschädigung muss unfreiwillig eingetreten sein. Damit sind freiwillige Selbstverletzungen (z. B. Suizidversuch, Selbstverstümmelung) von der Leistungspflicht ausgeschlossen. Die Unfreiwilligkeit wird bis zum Beweis des Gegenteils vermutet (§ 178 Abs. 2 VVG). Beweispflichtig ist der Versicherer. Als unfreiwillig gelten auch Verletzungen, die eine Person bei einer Verteidigung oder bei der Rettung von anderen Menschen erleidet. **Beispiel:** Sarah Stavic versucht ein Kind bei einem Wohnungsbrand zu retten und erleidet dabei selbst schwere Verbrennungen.

Ausschluss von Risiken und Gesundheitsschäden

In den Unfallversicherungsbedingungen sind bestimmte Risiken und Gesundheitsschäden ausgeschlossen.

Ausgeschlossene Risiken	Ausgeschlossene Gesundheitsschäden
• Unfälle durch Bewusstseinsstörungen (z. B. Schlaganfälle, epileptische Anfälle, schwere Trunkenheit, Drogenkonsum) • Unfälle als Teilnehmer an Auto- und Motorradrennen • Unfälle des Versicherten bei einer eigenen Straftat • Unfälle als Luftfahrzeugführer (Pilot, Flugbegleiter) • Unfälle bei Kriegsereignissen und in Kernkraftwerken	• Schäden an Bandscheiben sowie Blutungen aus inneren Organen und Gehirnblutungen • Infektionen Eine Leistungspflicht des Versicherers besteht jedoch, wenn die Infektion durch einen versicherten Unfall verursacht wurde (z. B. Tollwutinfektion nach Biss eines infizierten Hundes) Im Versicherungsvertrag kann jedoch eine sogenannte Infektionsklausel vereinbart werden, um den Versicherungsschutz auf berufsbedingte Gesundheitsschäden durch Infektionen zu erweitern (z. B. Krankenpfleger). • Vergiftungen beim Essen und Trinken • Bauch- und Unterleibsbrüche

▶ Leistungen der Unfallversicherung

Bei einer Gesundheitsschädigung aus einem Unfall schuldet der Versicherer je nach Vereinbarung folgende Leistungen:

- Invaliditätsleistung
- Unfallrente
- Todesfallleistung
- Tagegeld, Krankenhaustagegeld

Invaliditätsleistung

Der Versicherer schuldet die für den Fall der **Invalidität** versprochenen Leistungen im vereinbarten Umfang, wenn die **körperliche oder geistige Leistungsfähigkeit** der versicherten Person unfallbedingt **dauerhaft beeinträchtigt** ist. Eine Beeinträchtigung ist dauerhaft, wenn sie voraussichtlich **länger als drei Jahre** bestehen wird und eine Änderung dieses Zustandes nicht erwartet werden kann *(§ 180 VVG)*.

Für den Anspruch auf die Invaliditätsleistung muss

- die Invalidität innerhalb von **15 Monaten** nach dem Unfall eintreten und
- innerhalb dieser Frist vom Versicherten beantragt werden.

Der Versicherer zahlt <u>keine</u> Invaliditätsleistung, wenn der Versicherte innerhalb eines Jahres nach dem Unfall verstirbt. In diesem Fall erhalten die Hinterbliebenen jedoch die Todesfallleistung, falls die vertraglich vereinbart wurde.

Die **Invaliditätsleistung** besteht aus einem Geldbetrag, der sich nach dem **Grad der Invalidität** richtet. Der Invaliditätsgrad bestimmt sich nach der sogenannten **Gliedertaxe**.

12

Gliedertaxe

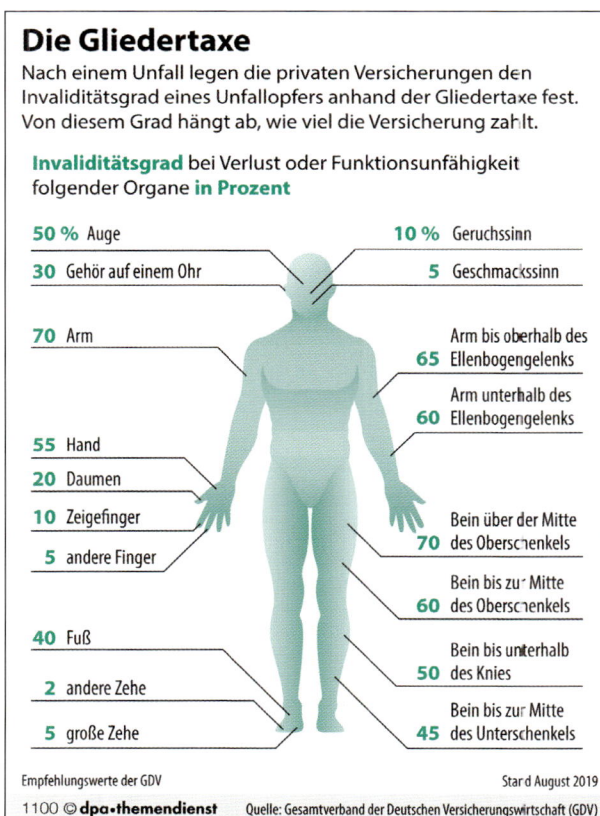

Die Gliedertaxe

Nach einem Unfall legen die privaten Versicherungen den Invaliditätsgrad eines Unfallopfers anhand der Gliedertaxe fest. Von diesem Grad hängt ab, wie viel die Versicherung zahlt.

Invaliditätsgrad bei Verlust oder Funktionsunfähigkeit folgender Organe **in Prozent**

50 % Auge	**10 %** Geruchssinn
30 Gehör auf einem Ohr	**5** Geschmackssinn
70 Arm	**65** Arm bis oberhalb des Ellenbogengelenks
	60 Arm unterhalb des Ellenbogengelenks
55 Hand	
20 Daumen	
10 Zeigefinger	**70** Bein über der Mitte des Oberschenkels
5 andere Finger	**60** Bein bis zur Mitte des Oberschenkels
40 Fuß	**50** Bein bis unterhalb des Knies
2 andere Zehe	**45** Bein bis zur Mitte des Unterschenkels
5 große Zehe	

Empfehlungswerte der GDV   Stand August 2019

1100 © **dpa•themendienst**   Quelle: Gesamtverband der Deutschen Versicherungswirtschaft (GDV)

Bei einer teilweisen Funktionsbeeinträchtigung der Gliedmaßen ist der Invaliditätsgrad anteilig zu bestimmen.

Beispiele

Versicherungsleistung bei Invalidität 100000,00 EUR

	Invaliditätsgrad	Versicherungsleistung
Sebastian Welter ist nach einem Unfall querschnittsgelähmt.	100,00 %	100000,00 EUR
Alina Reimann erblindet nach einem Unfall auf dem rechten Auge.	50,00 %	50000,00 EUR
Nach einem Unfall ist die Funktionsfähigkeit der linken Hand von Silke Nahles um 50 % gemindert.	27,50 % (50 % von 55 %)	27500,00 EUR

Bei einer Vollinvalidität oder einem hohen Invaliditätsgrad sind die finanziellen Auswirkungen für den Versicherten besonders hoch *(z. B. Gehaltsausfall wegen Berufsunfähigkeit, Ausgaben für einen behindertengerechten Umbau der Wohnung)*. Im Versicherungsvertrag kann deshalb eine Mehrleistung bei hoher Invalidität oder eine **progressive Invaliditätsstaffel** vereinbart werden.

Beispiele

Mehrleistungen

Versicherungssumme 100000,00 EUR

Invaliditätsgrad	vereinbarte Mehrleistung	Invaliditätsgrad des Versicherten	Versicherungs- leistung
unter 70 %	keine	50 %	50000,00 EUR
von 70 % bis unter 90 %	doppelt	80 %	160000,00 EUR
ab 90 %	dreifach	100 %	300000,00 EUR

Bei einer **progressiven Invaliditätsstaffel** steigt die Versicherungsleistung ab einem Invaliditätsgrad von 25 % progressiv an.

Progressive Invaliditätsstaffeln

Invaliditätsgrad (gestaffelt in vier Teile zu je 25 %)	225 % Progression	350 % Progression	500 % Progression
für den 1. Teil bis 25 %	100 %	100 %	100 %
für den 2. Teil von über 25 % bis 50 %	200 %	300 %	500 %
für den 3. + 4. Teil über 50 %	300 %	500 %	700 %

Erklärung der progressiven Invaliditätsstaffeln:
- 225 % Progression: 1. Teil 100 %, 2. Teil 200 %, 3. Teil 300 %, 4. Teil 300 % = 225 % im Durchschnitt (900 % : 4)
- 350 % Progression: 1. Teil 100 %, 2. Teil 300 %, 3. Teil 500 %, 4. Teil 500 % = 350 % im Durchschnitt (1 400 % : 4)
- 500 % Progression: 1. Teil 100 %, 2. Teil 500 %, 3. Teil 700 %, 4. Teil 700 % = 500 % im Durchschnitt (2 000 % : 4)

Johanna Schmelter hat nach einem Verkehrsunfall einen Invaliditätsgrad von 100 %. Die Versicherungssumme (Grundsumme) beträgt 100 000,00 EUR mit einer 350 % Progression.

Staffelung	350 % Progression	Versicherungsleistung
für den Teil bis 25 %	25 % von 100 000,00	25 000,00 EUR
für den Teil von über 25 % bis 50 %	(25 % von 100 000,00) · 300 %	75 000,00 EUR
für den Teil über 50 %	(50 % von 100 000,00) · 500 %	250 000,00 EUR
Summe		350 000,00 EUR

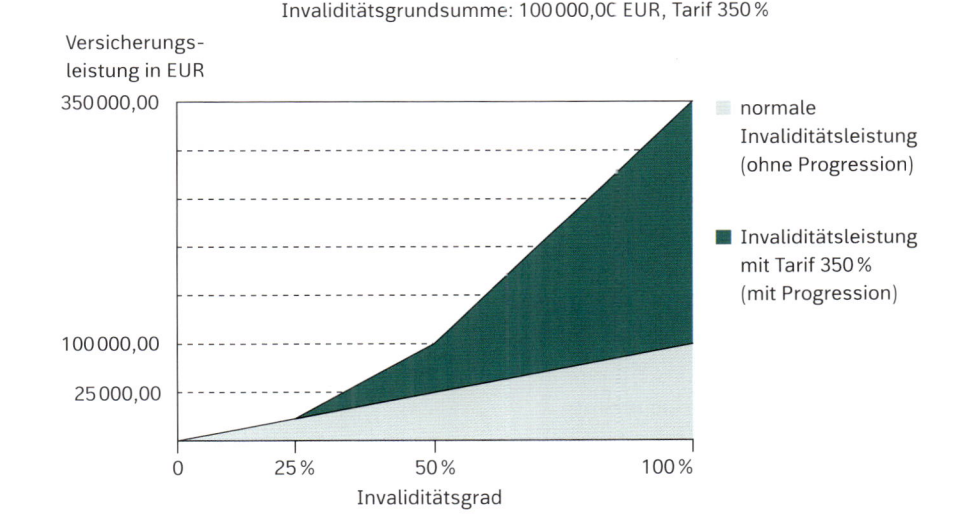

Invaliditätsgrundsumme: 100 000,00 EUR, Tarif 350 %

Unfallrente

In dem Versicherungsvertrag können die Beteiligten auch die Zahlung einer **lebenslangen monatlichen Unfallrente** vereinbaren.

Dazu gelten in der Regel folgende Bedingungen:

- Der unfallbedingte Invaliditätsgrad muss mindestens 50 % betragen.
- Bei einem Invaliditätsgrad von mindestens 90 % verdoppelt sich die monatliche Rente.

Todesfallleistung

Zu **Absicherung der Hinterbliebenen** kann im Unfallversicherungsvertrag eine Todesfallleistung vereinbart werden. Der Versicherer zahlt den vereinbarten Betrag, wenn der Versicherte innerhalb eines Jahres nach einem Unfall verstirbt.

Tagegeld und Krankenhaustagegeld

Tagegelder und Krankhaustagegelder sollen einen Verdienstausfall nach einem Unfall ausgleichen.

- Tagegelder erhält der Versicherte während der Arbeitsunfähigkeit nach einem Unfall. Arbeitnehmer erhalten die Zahlungen in der Regel erst ab dem 43. Tag der Arbeitsunfähigkeit, da sie in den ersten sechs Wochen noch eine Lohnfortzahlung vom Arbeitgeber erhalten. Selbstständige sollten ein Tagegeld ab dem 1. Tag der Arbeitsunfähigkeit vereinbaren. Tagegelder zahlt der Versicherer maximal für ein Jahr.
- Krankenhaustagegeld erhält der Versicherte während eines stationären Krankenhausaufenthaltes. Der Aufenthalt in Kuranstalten und in Sanatorien gilt <u>nicht</u> als Krankenhausaufenthalt. Krankenhaustagegelder zahlt der Versicherer für maximal zwei Jahre.

Weitere Leistungen

Bei einer Unfallversicherung können als weitere Leistungen eine **Soforthilfe** nach einem Unfall, ein Kostenersatz für **kosmetische Operationen** und die Erstattung von **Bergungs- und Rettungskosten** vereinbart werden.

▶ Versicherungsbeiträge

Die Höhe der Versicherungsbeiträge richtet sich zunächst nach den vereinbarten Leistungen *(z. B. Höhe der Invaliditätsleistung, Unfallrente, Todesfallleistung)* und nach der Gefahrengruppe des ausgeübten Berufes. Die Prämien für Bankkaufleute (Gefahrengruppe A) sind deshalb zum Beispiel niedriger als die für Handwerker (Gefahrengruppe B). Viele Versicherer schließen keine Verträge mit Artisten, Berufssportlern, Sprengpersonal und Stuntmen ab.

▶ Beurteilung der Unfallversicherung

Während bei einem Unfall am Arbeitsplatz und in der Schule sowie auf dem Weg dorthin ein gewisser Schutz durch die gesetzliche Unfallversicherung gewährleistet ist, besteht keine Absicherung bei in der Freizeit und zu Hause erlittenen Gesundheitsschädigungen.

Empfehlenswert ist der Abschluss einer Unfallversicherung für Kinder, um sie bei Invalidität abzusichern. Versicherte Person ist dann das Kind, Versicherungsnehmer sind die Eltern. Versicherungen bieten für Kinder spezielle Tarife an. Für Familien bieten Versicherungen **Familien-Unfallversicherungen** an, um allen Familienmitgliedern einen Versicherungsschutz zu bieten.

Vereine und andere Organisationen *(z. B. Veranstalter eines Festivals)* können **Gruppen-Unfallversicherungen** zum Schutz der Teilnehmer abschließen.

Als Ersatz für eine Berufsunfähigkeitsversicherung ist die Unfallversicherung nicht geeignet, da nur ein geringer Teil der Berufsunfähigkeitsfälle durch Unfälle verursacht wird.

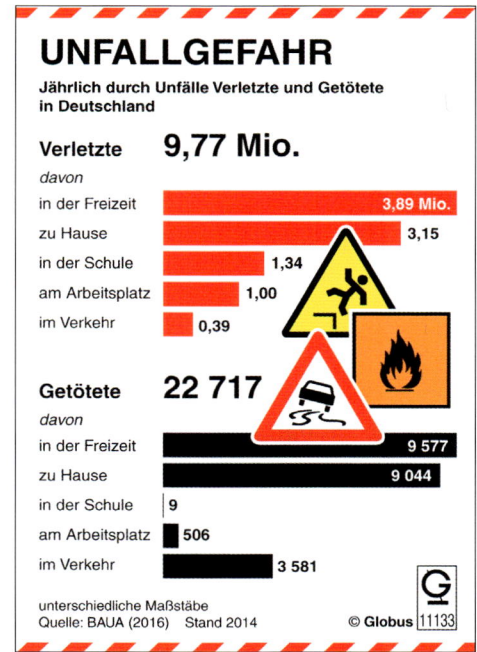

UNFALLGEFAHR

Jährlich durch Unfälle Verletzte und Getötete in Deutschland

Verletzte **9,77 Mio.**
davon
in der Freizeit — 3,89 Mio.
zu Hause — 3,15
in der Schule — 1,34
am Arbeitsplatz — 1,00
im Verkehr — 0,39

Getötete **22 717**
davon
in der Freizeit — 9 577
zu Hause — 9 044
in der Schule — 9
am Arbeitsplatz — 506
im Verkehr — 3 581

unterschiedliche Maßstäbe
Quelle: BAUA (2016)   Stand 2014   © Globus 11133

5 Alters- und Risikovorsorge bei Zahlungsschwierigkeiten von Kunden

Versicherungsprodukte zur Alters- und Risikovorsorge haben in der Regel lange Laufzeiten. Dazu zählen insbesondere

- Rentenversicherung,
- Kapitallebensversicherung,
- Risikolebensversicherung und
- Berufsunfähigkeitsversicherung.

Während der Laufzeit kann der Fall eintreten, dass Kunden nicht mehr in der Lage sind, die vereinbarten Leistungen zu erbringen. Insbesondere Arbeitslosigkeit, Krankheit und Trennungen können zu Zahlungsschwierigkeiten führen.

Durch besondere Vereinbarungen mit dem Versicherer lassen sich die negativen Folgen vermeiden oder zumindest abmildern, die für den Versicherungsnehmer bei Nichtzahlung von Beiträgen entstehen.

Bei **Zahlungsschwierigkeiten** ist zu unterscheiden, ob diese nur **vorübergehend** sind, oder ob der Versicherungsnehmer **dauerhaft** nicht mehr in der Lage ist, die vereinbarten Beiträge zu zahlen.

▶ **Maßnahmen zur Überwindung von vorübergehenden Zahlungsschwierigkeiten**

Maßnahmen	Erläuterung
Stundung der Beiträge	Viele Versicherer bieten ihren Kunden bei Zahlungsproblemen eine Stundung der Beiträge für einen Zeitraum von bis zu zwei Jahren an. Die Versicherer haben in ihren Bedingungen festgelegt, für welchen Zeitraum und unter welchen Voraussetzungen eine Stundung möglich ist. **Beispiele für Voraussetzungen** – Arbeitslosigkeit – Elternzeit – Pflege von Angehörigen Versicherungssumme und Versicherungsschutz ändern sich nicht. Nach der Stundung sind die rückständigen Beiträge in einer Summe, in Raten oder als künftiger Beitragszuschlag nachzuzahlen. Der Nachzahlungsbetrag kann sich um Zinsen erhöhen. Einige Versicherer verzichten in bestimmten Fällen (z. B. bei Arbeitslosigkeit) auf Zinsen. Bei **Rentenversicherungen** und bei **Kapitallebensversicherungen** besteht oft auch die Möglichkeit, Beiträge aus einem Überschussguthaben[1] zu leisten. Die Beiträge sind nicht nachzuzahlen. Da das Überschussgutaben für die Beitragszahlungen genutzt wird, vermindern sich jedoch die Überschussbeteiligung und die Ablaufleistung bei Fälligkeit der Versicherung.

---

[1] vgl. Überschussbeteiligung bei einer Kapitallebensversicherung S. 159 f.

Maßnahmen	Erläuterung
befristete Beitragsfreistellung	Versicherer bieten ihren Kunden bei Zahlungsproblemen auch eine zeitlich befristete Beitragsfreistellung von bis zu drei Jahren an. Im Unterschied zu einer Stundung sind die Beiträge nicht nachzuzahlen, jedoch verringert sich die Versicherungssumme. Bei **Lebens- und Berufsunfähigkeitsversicherungen** fordern einige Versicherer vor Wiederaufnahme der Beitragszahlungen eine erneute Gesundheitsprüfung.

▶ **Maßnahmen zur Überwindung von dauerhaften Zahlungsschwierigkeiten**

Maßnahmen	Erläuterung
Reduzierung der Versicherungssumme	Der Versicherungsnehmer kann durch eine Teilkündigung die Versicherungssumme reduzieren. Dadurch verringern sich die zu zahlenden Beiträge, aber auch die Versicherungsleistungen.
	Durch einen Verzicht auf eine Dynamik lassen sich ebenfalls dauerhaft Beiträge sparen. Bei einer dynamischen Renten- und Lebensversicherung erhöhen sich die Beiträge und die Versicherungssumme jährlich um einen bestimmten Prozentsatz (z. B. 2 %). Der Versicherungsnehmer kann der Erhöhung binnen zwei Monaten widersprechen.
	Vor einer solchen Entscheidung sollte der Kunde prüfen, ob der Versicherungsschutz noch ausreichend ist.
	Wenn der Versicherungsnehmer die Versicherungssumme zu einem späteren Zeitpunkt wieder erhöhen möchte, ist bei **Berufsunfähigkeits-, Risikolebens- und Kapitallebensversicherungen** in der Regel eine neue Gesundheitsprüfung notwendig. Zudem können die Beiträge wegen des nun höheren Lebensalters steigen.
Verkürzung der Laufzeit	Bei **Berufsunfähigkeits- und Risikolebensversicherungen** führt eine Verkürzung der Laufzeit zu niedrigeren Beiträgen, da sich das Risiko des Versicherers mindert.
	Beispiel: Berufsunfähigkeitsversicherung Leon Kaminski hat eine Berufsunfähigkeitsversicherung mit dem Endalter 65. Lebensjahr abgeschlossen. Eine Herabsetzung des Endalters auf das 60. Lebensjahr führt zu einem deutlich verminderten Monatsbeitrag, da das Risiko der Berufsunfähigkeit mit zunehmendem Lebensalter steigt. Sollte Herr Kaminski dann aber mit 61 Jahren berufsunfähig werden, hat er keinen Versicherungsschutz mehr.

Maßnahmen	Erläuterung
Beitragsfreistellung	Bei einer Beitragsfreistellung wird die Versicherung ohne weitere Beiträge fortgeführt. Das ist insbesondere bei **Renten- und Kapitallebensversicherungen** (kapitalbildende Versicherungen) möglich, für die schon ein höheres Deckungskapital (aus Sparbeiträgen gebildetes Kapital) besteht.
	Eine Beitragsfreistellung ist frühestens nach etwa drei bis fünf Laufzeitjahren möglich, da erst dann ein ausreichendes Deckungskapital besteht.
	Auf der Grundlage des aktuellen Deckungskapitals ermittelt der Versicherer eine neue, reduzierte Versicherungssumme. Der Versicherungsnehmer erhält dann eine geringere Rente bzw. Einmalzahlung im Erlebens- und Todesfall.
	Bei einer **Rentenversicherung** ist eine Beitragsfreistellung bei anhaltenden Zahlungsproblemen oft eine sinnvolle Alternative, da die bisher erworbenen Rentenansprüche und staatliche Förderungen bei Riester- und Rürup-Renten erhalten bleiben.
	Die niedrigere Versicherungssumme ist aber häufig nicht mehr ausreichend, zudem entfällt bei einer Beitragsfreistellung der Versicherungsschutz von Zusatzversicherungen (z. B. Berufsunfähigkeitsversicherung).
	Möchte der Versicherungsnehmer die Versicherungssumme bei einer **Lebensversicherung** später wieder erhöhen, ist in der Regel eine erneute Gesundheitsprüfung notwendig.
Kündigung des Vertrages	Der Versicherungsnehmer kann eine Versicherung jederzeit unter Einhaltung der Kündigungsfrist ganz oder teilweise kündigen.
	Bei **Renten- und Lebensversicherungen** zahlt der Versicherer dann den Rückkaufswert an den Versicherungsnehmer.
	Der Rückkaufswert wird wie folgt ermittelt:
	Deckungskapital (Sparbeiträge zuzüglich garantierter Zinsen) + Überschussbeteiligung – Kosten (Vertriebskosten, Verwaltungskosten, Stornokosten) —————————————— Rückkaufswert
	Eine Kündigung des Vertrages hat für den Versicherungsnehmer oft große Nachteile:
	• Da das Deckungskapital aufgrund der Vertriebskosten im Minus startet, ist der Rückkaufswert in den ersten Laufzeitjahren oft erheblich niedriger als die Sparbeiträge. Eine Kündigung des Vertrages kann deshalb zu Verlusten führen. • Die Kündigung einer **Riester- oder Rürup-Rentenversicherung** führt zum Verlust der staatlichen Förderung. Erhaltene Zulagen und Steuervorteile sind zurückzuzahlen. • Bei einer **Kapitallebensversicherung** kann eine Kündigung dazu führen, dass der Ertrag voll steuerpflichtig ist, weil die Auszahlung vor Vollendung des 62. Lebensjahres erfolgte oder weil die Mindestlaufzeit von 12 Jahren nicht eingehalten wurde. • Es entfällt der Hinterbliebenenschutz (Todesfallleistung).

12

Maßnahmen	Erläuterung
	• Oft beinhalten Renten- bzw. Kapitallebensversicherung eine Berufsunfähigkeitsversicherung als Zusatzversicherung. Mit der Kündigung des Hauptvertrages erlischt auch die Zusatzversicherung. Zum Abschluss einer neuen Berufsunfähigkeitsversicherung ist eine erneute Gesundheitsprüfung erforderlich.
Verkauf einer Renten- oder Kapitallebensversicherung	Der Versicherungsnehmer kann seine **Renten- oder Kapitallebensversicherung** auch auf dem Zweitmarkt verkaufen. Professionelle Käufer (z. B. cash.life AG) zahlen in der Regel einen Zuschlag von drei bis fünf Prozent auf den Rückkaufswert. Ein weiterer Vorteil im Vergleich zur Kündigung ist, dass im Todesfall der versicherten Person die Hinterbliebenen eine Todesfallleistung erhalten, wenn dies im Vertrag vereinbart wurde.
Policen-Darlehen	Bei einem **Policen-Darlehen** erhält der Versicherungsnehmer von seinem Versicherer eine Vorauszahlung auf die Versicherungsleistung bis zur Höhe des Rückkaufwertes. Der Versicherungsnehmer kann das „Policen-Darlehen" jederzeit ganz oder teilweise zurückzahlen. Hat er das Darlehen bis zur Fälligkeit der Versicherung noch nicht getilgt, vermindert das Restdarlehen die Versicherungsleistung. Im Unterschied zur Kündigung bleibt der Versicherungsvertrag bestehen. Der Versicherungsnehmer zahlt weiterhin die Beiträge; der vereinbarte Todesfallschutz bleibt erhalten.

Lernfeld 13:

Finanzierungen für Geschäfts- und Firmenkunden abschließen

13

Zielbeschreibung:

Sie verfügen über die Kompetenz, die Bonität von Geschäfts- und Firmen-kunden zu beurteilen, Sicherheiten zu bestellen, Darlehensverträge abzu-schließen und abzuwickeln.

Lernfeld 13:
Finanzierungen für Geschäfts- und Firmenkunden abschließen

Sie informieren sich auch mithilfe digitaler Medien über **Finanzierungsmöglichkeiten von Unternehmen** *(Innenfinanzierung, Außenfinanzierung)* und über die Rechtsgrundlagen einer Darlehensgewährung (Kreditwesengesetz, Mindestanforderungen an das Risikomanagement). In Abhängigkeit vom Finanzierungsanlass identifizieren Sie **Darlehensarten** *(Betriebsmittel-, Investitions-, Avalkredit)* sowie weitere Finanzierungsmöglichkeiten (Factoring, Leasing) und bereiten sich auf Beratungsgespräche vor. Dazu beschaffen Sie sich die erforderlichen Daten und prüfen die **Kreditfähigkeit**.

Sie erläutern den Kunden das **Ratingverfahren** zur Beurteilung der Kreditwürdigkeit, unterscheiden dabei quantitative und qualitative Faktoren und fordern die benötigten Unterlagen an. Zur Beurteilung der wirtschaftlichen Verhältnisse analysieren Sie den Jahresabschluss, ermitteln **Bilanz- und Erfolgskennzahlen** *(Eigenkapitalquote, Anlagendeckung, Cashflow, Rentabilität, Debitorenziel, Kreditorenziel)* und beurteilen die Ergebnisse im Zeit- und Branchenvergleich. Sie begründen den Zusammenhang zwischen dem Ratingergebnis und dem Sollzinssatz von Darlehen *(Eigenkapitalkosten, Risikokosten)*.

Sie identifizieren und bewerten **Sicherheiten** *(Bürgschaft, Sicherungsübereignung, Verpfändung von Wertpapieren, Globalzession, Grundschuld)*.

Sie ermitteln auf Basis der Kundenangaben den Finanzierungsbedarf und erstellen zum Finanzierungsanlass passende Darlehensangebote. Zur Finanzierung des Umlaufvermögens bieten Sie **Kontokorrentkredite** an. Zur Finanzierung von Anlagegütern empfehlen Sie **Investitionsdarlehen** mit unterschiedlichen Zins- und Tilgungsvereinbarungen *(Annuitätendarlehen, Tilgungsdarlehen, Festdarlehen)*. Bei einem **Avalkredit** geben Sie Bürgschafts- bzw. Garantieerklärungen *(Mietaval, Anzahlungsaval, Gewährleistungsaval)* gegenüber Dritten ab.

Unter Beachtung der Rechtsvorschriften schließen Sie Darlehensverträge ab und bestellen die Sicherheiten. Bei zweckgebundenen Darlehen kontrollieren Sie die Verwendung der bereitgestellten Mittel.

Sie erkennen Ursachen der **Kreditgefährdung** und stellen Maßnahmen zu deren Vermeidung dar. Sie achten auf die Bonität der Darlehensnehmer durch Folgeratings und prüfen in angemessenen Abständen den Wert der Sicherheiten. Bei einer erheblichen Bonitätsverschlechterung der Kunden leiten Sie erforderliche Maßnahmen ein.
Bei **notleidenden Darlehen** kündigen Sie die Darlehen und stellen die Restschuld fällig. Sie drohen die Verwertung der Sicherheiten an und verwerten diese nach Ablauf der gesetzlichen oder vertraglichen Fristen. Sie erläutern Kunden den Ablauf eines **Insolvenzverfahrens**. Bei einer Liquidation des Unternehmens beurteilen Sie, in welcher Weise nicht gesicherte und gesicherte Forderungen durch Insolvenzverwalter befriedigt werden *(Absonderungsrechte, Insolvenzquote)*.
Sie reflektieren den Kreditprozess und leiten **Maßnahmen zur Verbesserung** ab.

1 Finanzierungsmöglichkeiten

Finanzierung umfasst alle Maßnahmen zur Beschaffung von Eigen- und Fremdkapital.

In der Bilanz gibt die **Passivseite (Mittelherkunft)** Auskunft über die **Unternehmensfinan-zierung**, während auf der **Aktivseite (Mittelverwendung)** die **Investitionen** dargestellt sind.

Aktiva	Bilanz zum 31.12.20..		Passiva	
Anlagevermögen		**Eigenkapital**		
I. Grundstücke und Gebäude	670 000,00 EUR	I. Gezeichnetes Kapital	500 000,00 EUR	
II. Technische Anlagen	392 200,00 EUR	II. Kapitalrücklage	40 000,00 EUR	
III. Betriebs- und		III. Gewinnrücklage	650 000,00 EUR	
Geschäftsausstattung	168 700,00 EUR	**Rückstellungen**		
IV. Finanzanlagen	56 000,00 EUR	I. Langfr. Rückstellungen	36 500,00 EUR	
Umlaufvermögen		II. Kurzfr. Rückstellungen	28 400,00 EUR	
I. Roh- und Betriebsstoffe	210 100,00 EUR	**Verbindlichkeiten**		
II. Unfertige Erzeugnisse	272 900,00 EUR	I. Verbindlichkeiten an Banken		
III. Fertige Erzeugnisse	195 500,00 EUR	– langfristig (ab 4 Jahre)	642 000,00 EUR	
IV. Forderungen aus		– kurzfristig (ab 4 Jahre)	185 800,00 EUR	
Lieferungen und Leistungen	513 700,00 EUR	II. Verbindlichkeiten aus		
V. Bankguthaben	83 300,00 EUR	Lieferungen und Leistungen	484 000,00 EUR	
Rechnungsabgrenzung	12 600,00 EUR	Rechnungsabgrenzung	8 300,00 EUR	
Bilanzsumme	**2 575 00,00 EUR**	**Bilanzsumme**	**2 575 000,00 EUR**	

Investitionen dienen folgenden Zwecken:

- Erweiterungsinvestitionen, um die Produktionskapazitäten zu vergrößern
- Ersatzinvestitionen, um aus der Produktion ausgeschiedene Maschinen zu ersetzen
- Rationalisierungsinvestitionen zur Modernisierung der Produktionsanlagen
- Vorratsinvestitionen zur Erweiterung des Lagerbestandes
- Finanzinvestitionen zur Geldanlage

Bei **Finanzierungsmaßnahmen** sind **Außen- und Innenfinanzierung** zu unterscheiden.

- Bei einer **Außenfinanzierung** beschafft sich das Unternehmen neues Eigenkapital oder Fremdkapital von externen Kapitalgebern. Die Bilanzsumme steigt.

- Bei einer **Innenfinanzierung** beschafft sich das Unternehmen die für Investitionen benötig-ten Mittel durch **Vermögensumschichtung** oder durch **Selbstfinanzierung**.
  - Bei einer Vermögensumschichtung veräußert das Unternehmen bestimmte Vermögens-werte *(z. B. Verkauf eines Grundstücks)*, um mit dem Verkaufserlös andere Investitionen *(z. B. Kauf von Maschinen)* zu finanzieren. Die Bilanzsumme ändert sich nicht (Aktiv-tausch).
  - Bei der Selbstfinanzierung führt das Unternehmen einen Teil oder sogar den gesamten Gewinn den Gewinnrücklagen zu (Gewinnthesaurierung). Rücklagen erhöhen das Eigen-kapital.

13

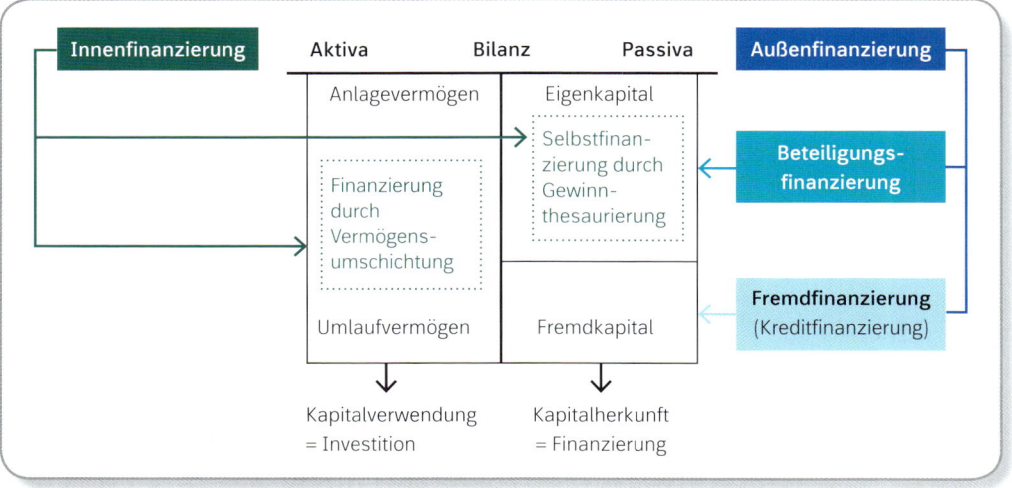

Finanzierungsarten	Wesen
Außenfinanzierung	Kapitalbeschaffung von **außen** durch:

• Beteiligungsfinanzierung	• die **Eigentümer/Gesellschafter** des Unternehmens
	  Beispiele:
	  – Erhöhung der Kapitaleinlagen oder Aufnahme neuer Gesell-
	  schafter bei Personengesellschaften
	  – Erhöhung des Grund- bzw. Stammkapitals bei Kapitalgesellschaften

• Fremdfinanzierung
(Kreditfinanzierung)
	• die **Gläubiger** des Unternehmens
	  Beispiele:
	  – Aufnahme von Bankkrediten
	  – Inanspruchnahme von Lieferantenkrediten
	  – Emission von Schuldverschreibungen

Innenfinanzierung	Kapitalbeschaffung von **innen** aus der betrieblichen Tätigkeit, und zwar durch:
• Selbstfinanzierung	• **Nichtausschüttung** (Thesaurierung) von erwirtschafteten Gewinnen und Bildung von Rücklagen, die dem Unternehmen als Eigenkapital erhalten bleiben

• Finanzierung durch
Vermögensumschichtung
(Kapitalfreisetzung)
	• **Verkauf von Vermögensteilen** zur Verbesserung der Liquidität
	  Beispiele:
	  – Verkauf von Wertpapieren
	  – Verkauf von Forderungen aus Lieferungen und Leistungen
	  (Factoring)

• Finanzierung aus Abschreibungen und Rückstellungen	• **Abschreibungen und neu gebildete, langfristige Rückstellungen** *(z. B. Pensionsrückstellungen)* sind Aufwendungen, die nicht bzw. erst in der Zukunft zu Auszahlungen führen. Unter der Voraussetzung, dass diesen Aufwendungen einzahlungswirksame Erträge *(z. B. Verkaufserlöse)* gegenüberstehen, können die Gelder zur Finanzierung von Ausgaben genutzt werden.
Eigenfinanzierung	Bildung von Eigenkapital durch: • Selbstfinanzierung und • Beteiligungsfinanzierung

▶ **Beurteilung der Beteiligungsfinanzierung und der Fremdfinanzierung**

Finanzierungsarten	Beurteilung aus der Sicht ...

Beteiligungs-finanzierung	• ... des **Kapitalgebers**
	  – Anspruch auf anteilmäßigen Gewinn
	  – Beteiligung am Firmenwert und Vermögenszuwachs
	  – Mitübernahme des unternehmerischen Risikos *(z. B. im Insolvenzfall)*
	  – Einfluss auf die Unternehmenspolitik
	  – Anspruch auf Anteil am Liquidationserlös
	• ... des **Unternehmens**
	  – keine Liquiditätsbelastung durch Kapitalrückzahlung
	  – besondere Eignung für die Finanzierung des Anlagevermögens
	  – ggf. Veränderung der Herrschaftsverhältnisse
	  – Verbesserung der Kreditwürdigkeit

Fremdfinanzierung	• ... des **Kapitalgebers**
	  – fester Zins- und Tilgungsanspruch
	  – Beschränkung des Risikos auf den vertragsgerechten Kapitaldienst
	    (Zins- und Tilgungszahlung)
	  – grundsätzlich kein Einfluss auf die Unternehmenspolitik
	• ... des **Unternehmens**
	  – Finanzierung des Umlaufvermögens durch kurzfristige Mittel
	  – Finanzierung des Anlagevermögens durch längerfristige Mittel
	  – feste Liquiditätsbelastung (Kapitaldienst) verringert den preispolitischen
	    Handlungsspielraum

▶ **Fremdfinanzierung**

Unternehmen arbeiten oftmals zu einem großen Teil mit Fremdkapital und nur zu einem geringeren Teil mit Eigenkapital. Dabei gibt es bei den Unternehmen erhebliche Unterschiede in Abhängigkeit von der Branche, der Rechtsform und der Unternehmensgröße.

Eigenkapitalquoten mittelständischer Unternehmen

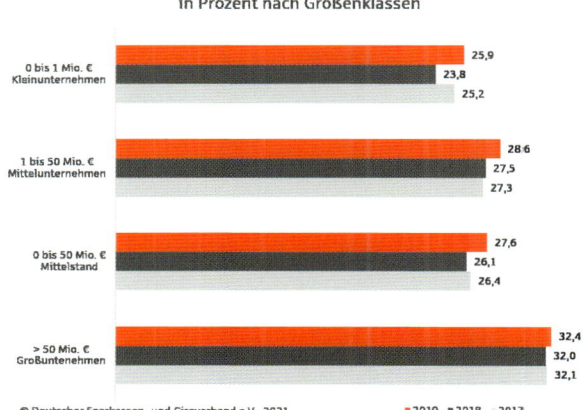

Entwicklung der Eigenkapitalquoten von Unternehmen (Median) in Prozent nach Größenklassen

0 bis 1 Mio. € Kleinunternehmen: 25,9 / 23,8 / 25,2
1 bis 50 Mio. € Mittelunternehmen: 28,6 / 27,5 / 27,3
0 bis 50 Mio. € Mittelstand: 27,6 / 26,1 / 26,4
> 50 Mio. € Großunternehmen: 32,4 / 32,0 / 32,1

© Deutscher Sparkassen- und Giroverband e.V., 2021   ■ 2019 ■ 2018 2017

13

Möglichkeiten der Fremdkapitalbeschaffung:

- Bankdarlehen

- Lieferantenkredite
  Das Unternehmen kauft Waren und Dienstleistungen unter Ausnutzung von Zahlungs-
  zielen.

- Rückstellungen
  Rückstellungen sind Verbindlichkeiten, deren genaue Höhe und Fälligkeit noch nicht fest-
  stehen *(z. B. Pensionsrückstellungen, Prozessrückstellungen)*.

- Emission von Anleihen
  Größere Unternehmen können sich auch durch die Ausgabe (Emission) von Anleihen
  Fremdkapital am Kapitalmarkt beschaffen.

2 Bankdarlehen

In Abhängigkeit vom Finanzierungsanlass gewähren Kreditinstitute **Betriebsmittelkredite,
Investitionskredite** und **Avalkredite**.

	Betriebsmittelkredite	Investitionskredite
Finanzierungs-anlass	Finanzierung des Umlaufvermögens • Einkauf von Waren • Gewährung von Zahlungszielen beim Warenverkauf • Zahlung von Betriebskosten, Gehältern usw.	Finanzierung des Anlagevermögens • Maschinen • Produktionsanlagen • Fuhrpark • Betriebs- und Geschäftsausstattung • Praxiseinrichtungen • Gewerbeimmobilien
Kreditart	Kontokorrentkredit	Investitionskredit
Laufzeit	kurzfristig, jedoch ist eine laufende Prolongation üblich	mittel- und langfristig
Rückzahlung	• kein fester Tilgungsplan • variable Inanspruchnahme	fester Tilgungsplan
Zinsen	• variabler Zinssatz oder • kurze Zinsbindungsfristen	• fester Zinssatz oder • variabler Zinssatz

Beim **Avalkredit** gibt das Kreditinstitut im Auftrag und für Rechnung des Unternehmens einem
Dritten gegenüber eine Bürgschafts- oder Garantieerklärung ab.

Als Alternativen zu Bankdarlehen kommen **Factoring** und **Leasing** in Betracht.

- Beim **Factoring** verkauft das Unternehmen Forderungen an eine Factoring-Gesellschaft und
  erhält dafür liquide Mittel.
- Beim **Leasing** erwirbt das Unternehmen gegen laufende Mietzahlungen ein Nutzungsrecht
  an den geleasten Gegenständen.

3 Rechtsgrundlagen einer Darlehensgewährung

Beim Darlehensgeschäft sind die

- Mindestanforderungen an das Risikomanagement (MaRisk) und die
- Vorschriften des Kreditwesengesetzes (KWG) zu beachten.

▶ Mindestanforderungen an das Risikomanagement

Die von der Bundesanstalt für Finanzdienstleistungsaufsicht (BaFin) aufgestellten **Mindestanforderungen an das Risikomanagement (MaRisk)** regeln im Hinblick auf das Kreditgeschäft insbesondere

- die Ausgestaltung der Aufbau- und Ablauforganisation,
- die Verfahren zur Früherkennung von Kreditausfallrisiken und
- die Verfahren zur Klassifizierung der Risiken im Kreditgeschäft.

Bestimmungen der MaRisk zum Kreditgeschäft	
Funktionstrennung und Votierung *(BTO 1.1 MaRisk)*	Maßgeblicher Grundsatz für das Kreditgeschäft ist die aufbauorganisatorische Trennung der am Kreditgeschäft beteiligten Bereiche: • **Marktbereich:** Bereich, der die Geschäfte initiiert und für die Betreuung der Kreditnehmer zuständig ist und bei der Kreditentscheidung das erste Votum abgibt (Firmenkundenbetreuer) • **Marktfolgebereich:** Bereich, der ein zweites vom „Marktbereich" unabhängiges Votum abgibt (Kreditbearbeitung) Für eine Kreditentscheidung ist grundsätzlich die Zustimmung der Bereiche „Markt" und „Marktfolge" erforderlich. Das Kreditinstitut hat eine klare Kompetenzordnung für Entscheidungen im Kreditgeschäft festzulegen. Bei voneinander abweichenden Voten ist der Kredit abzulehnen oder zur Entscheidung auf eine höhere Kompetenzstufe zu verlagern (Eskalationsverfahren).
Festlegung von Bearbeitungsgrundsätzen *(BTO 1.2 MaRisk)*	Das Kreditinstitut muss Bearbeitungsgrundsätze für die Prozesse im Kreditgeschäft formulieren. Es sind Verfahren zur Überprüfung, Verwaltung und Verwertung gestellter Sicherheiten festzulegen.
Risikoklassifizierungsverfahren *(BTO 1.2, 1.4 MaRisk)*	Mithilfe eines Risikoklassifizierungsverfahrens (Ratingverfahren, Scoring) sind alle für die Beurteilung der Kreditwürdigkeit bedeutsamen Aspekte zu bewerten. Für die Beurteilung des Kreditausfallrisikos (Adressenausfallrisiko) ist insbesondere die Kapitaldienstfähigkeit des Kreditnehmers bzw. des Objektes/Projektes zu analysieren und zu beurteilen. Es sind Kriterien festzulegen, die eine nachvollziehbare Zuweisung in eine Risikoklasse gewährleisten. Die Risikoeinstufung ist jährlich zu überprüfen.
Kreditkonditionen *(BTO 1.2 MaRisk)*	Zwischen der Einstufung im Risikoklassifizierungsverfahren und der Konditionengestaltung sollte ein sachlich nachvollziehbarer Zusammenhang bestehen.
Sicherheitenbewertung *(BTO 1.2.1, 1.2.2 MaRisk)*	Die Werthaltigkeit und der rechtliche Bestand von Sicherheiten sind vor jeder Kreditvergabe zu prüfen. Der Wert der Sicherheiten ist in angemessenen Abständen zu überprüfen.

13

Bestimmungen der MaRisk zum Kreditgeschäft	
Kreditverwendungs-kontrolle *(BTO 1.2.2 MaRisk)*	Bei zweckgebundenen Krediten ist zu kontrollieren, ob die valutierten Mittel tatsächlich der vereinbarten Verwendung zukommen.
Kreditbegrenzung *(BTO 1 MaRisk)*	Die Kredite an einen einzelnen Kreditnehmer sind zu begrenzen (Kredit-nehmerlimit).
Intensivbetreuung *(BTO 1.2.4 MaRisk)*	Bei einer erheblichen Bonitätsverschlechterung des Kreditnehmers erfolgt eine Intensivbetreuung durch eine besondere Stelle, die außerhalb des Marktbereiches angesiedelt ist.
Problemkredite *(BTO 1.2.5 MaRisk)*	Problemkredite, bei denen die Rückzahlung akut gefährdet ist, werden eben-falls von einer besonderen Stelle außerhalb des Marktbereiches betreut. Diese Stelle prüft, ob eine Sanierung möglich ist oder ob der Abwicklungs-prozess eingeleitet wird.
Risikovorsorge *(BTO 1.2.6 MaRisk)*	Das Kreditinstitut hat Kriterien festzulegen, auf deren Grundlage unter Beach-tung der angewandten Rechnungslegungsnormen Wertberichtigungen, Abschreibungen und Rückstellungen für das Kreditgeschäft zu bilden sind. Die erforderliche Risikovorsorge ist zeitnah zu ermitteln und fortzuschreiben. Ein erheblicher Risikovorsorgebedarf ist der Geschäftsleitung unverzüglich mitzuteilen.
Frühwarnsystem *(BTO 1.3 MaRisk)*	Das Verfahren zur Früherkennung von Risiken (Frühwarnsystem) dient der rechtzeitigen Identifizierung von Kreditnehmern, bei deren Engagements sich erhöhte Risiken abzuzeichnen beginnen. Damit soll das Kreditinstitut in die Lage versetzt werden, in einem möglichst frühen Stadium Gegenmaßnahmen *(z. B. Intensivbetreuung)* einleiten zu können.

▶ **Vorschriften des Kreditwesengesetzes**

Die Vorschriften des Kreditwesengesetzes sollen die mit der Kreditvergabe verbundenen Ausfallrisiken mindern und durch Kreditausfälle verursachte negative Auswirkungen auf den Bankensektor vermeiden.

Kreditunterlagen *(§ 18 KWG)*

Ein Kreditinstitut darf einen Kredit, der insgesamt 750 000,00 EUR oder 10 % der anrechenba-ren Eigenmittel *(Art. 4 Verordnung (EU) Nr. 575/2013)* des Instituts überschreitet, nur gewäh-ren, wenn es sich von dem Kreditnehmer die wirtschaftlichen Verhältnisse, insbesondere durch Vorlage der Jahresabschlüsse, offenlegen lässt. Das Kreditinstitut kann hiervon absehen, wenn das Verlangen nach Offenlegung im Hinblick auf die gestellten Sicherheiten oder auf die Mitverpflichteten offensichtlich unbegründet wäre.

Großkredite *(§ 13 KWG)*

Großkredit	Kredite an einen Kunden oder an eine Gruppe verbundener Kunden, die insgesamt 10 % der anrechenbaren Eigenmittel des Kreditinstituts erreichen oder übersteigen *(Art. 392 der VERORDNUNG (EU) Nr. 575/2013)*
Obergrenze	einzelner Großkredit: max. 25 % der anrechenbaren Eigenmittel des Kreditinstituts
Anzeigepflicht	unverzüglich an die Deutsche Bundesbank
Kredit-entscheidung	Ein Großkredit darf nur aufgrund eines einstimmigen Beschlusses sämtlicher Geschäftsleiter gewährt werden.
Maßnahme bei Überschreitung der Obergrenze	Wird bei Krediten die Obergrenze ausnahmsweise überschritten, so meldet das Kreditinstitut den Forderungswert unverzüglich der Deutschen Bundesbank, die, sofern es die Umstände rechtfertigen, dem Kreditinstitut eine begrenzte Frist einräumt, bis zu deren Ablauf die Obergrenze wieder eingehalten werden muss.

Millionenkredite *(§ 14 KWG)*

Begriff	Kredite an einen Kreditnehmer, die 1 000 000,00 EUR oder mehr betragen (auch Gemeinschaftskredite, wenn der Anteil des einzelnen Kreditinstituts 1 000 000,00 EUR nicht erreicht).
Anzeigepflicht	an die Deutsche Bundesbank (Evidenzzentrale)
	Meldetermine für die Betragsdaten: letzter Kalendertag der Monate März, Juni, September und Dezember für die jeweils vorhergehenden drei Kalendermonate *(§ 15 GroMiKV)*
	Ergibt sich aufgrund der Meldung, dass einem Kreditnehmer von mehreren Kreditinstituten Millionenkredite gewährt worden sind, so hat die Deutsche Bundesbank die beteiligten Kreditinstitute zu benachrichtigen (Angabe der Gesamtverschuldung und der Anzahl der beteiligten Kreditinstitute).

Organkredite *(§ 15 KWG)*

Begriff	Organkredite sind Kredite an eng mit dem Kreditinstitut verbundene Personen oder Unternehmen:
	• verbundene Personen,
	  Beispiele:
	  – Geschäftsleiter
	  – Mitglieder des Aufsichtsrates
	  – Prokuristen und zum gesamten Geschäftsbetrieb ermächtigte Handlungsbevollmächtigte, sofern der Kredit ein Jahresgehalt übersteigt.
	• verbundene Unternehmen, sofern der Kredit mindestens 1 % der Eigenmittel oder 50 000,00 EUR beträgt.
	  Beispiele:
	  – Unternehmen mit einer Beteiligung von über 10 %
	  – Unternehmen, bei denen ein Geschäftsleiter oder Prokurist des Kreditinstitutes Mitglied des Aufsichtsrates ist

Kredit-entscheidung	Für die Kreditvergabe sind ein einstimmiger Beschluss sämtlicher Geschäftsleiter und die Zustimmung des Aufsichtsorgans notwendig. Organkredite dürfen nur zu Marktkonditionen vergeben werden.

13

4 Kreditprüfung

Bei der **Kreditprüfung** sind

- die Kreditfähigkeit und
- die Kreditwürdigkeit des Kreditnehmers

zu prüfen.

4.1 Prüfung der Kreditfähigkeit

> **Definition**
>
> Die **Kreditfähigkeit** ist die Fähigkeit, Darlehensnehmer in einem Darlehensvertrag sein zu können. Die Kreditfähigkeit entspricht damit der Rechtsfähigkeit.

Prüfungsgesichtspunkte

- **Rechtsfähigkeit/Kreditfähigkeit**
  Prüfungsunterlagen: beglaubigter Auszug aus dem Handels-, Partnerschafts-, Genossenschafts- oder Vereinsregister bzw. Kontounterlagen

- **Vertretungsbefugnis**
  Prüfungsunterlagen: beglaubigter Registerauszug bzw. Kontounterlagen, ggf. Vollmachtsurkunde, amtlicher Lichtbildausweis des/der Vertretungsberechtigten

Juristische Personen *(z. B. GmbH, AG)* erlangen ihre Rechtsfähigkeit mit der Eintragung in das Handelsregister.

4.2 Kreditrating zur Beurteilung der Kreditwürdigkeit

In einem **Ratingverfahren** (Risikoklassifizierungsverfahren) beurteilt das Kreditinstitut die Kreditwürdigkeit von Geschäfts- und Firmenkunden. Ziel des Verfahrens ist, die **Ausfallwahrscheinlichkeit** für Darlehen zu ermitteln und den Kreditnehmer in eine bestimmte **Risikoklasse** einzuordnen.

Die Beurteilung der Kreditwürdigkeit kann durch ein

- externes Rating (Bonitätseinstufung durch eine externe Rating-Agentur, *z. B. Creditreform AG*) oder durch ein
- internes Rating (Bonitätseinstufung durch die kreditgewährende Bank) erfolgen.

Jedes Kreditinstitut muss aussagekräftige Risikoklassifizierungsverfahren für die erstmalige bzw. die turnusmäßige oder anlassbezogene Beurteilung des personenbezogenen Ausfallrisikos sowie des Objekt-/Projektrisikos einrichten. In den Organisationsrichtlinien sind Kriterien festzulegen, die im Rahmen der Beurteilung eine nachvollziehbare Zuweisung in eine Risikoklasse gewährleisten. Maßgebliche Indikatoren für das Kreditausfallrisiko müssen bei der Anwendung eines Risikoklassifizierungsverfahrens die Kriterien Branchen-/Länderzugehörigkeit und Ertragskraft sein *(BTO 1.2, 1.4 MaRisk)*. Um branchenspezifische Risikofaktoren zu berücksichtigen, enthalten viele bankinterne Rating-Systeme eine allgemeine Beurteilung der jeweiligen Branchensituation.

Das **Kreditrating** soll in strukturierter Form eine möglichst umfassende Einschätzung der Bonität von Firmenkunden ermöglichen. Beurteilt werden folgende Merkmale:

Merkmale	Kriterien	Unterlagen
Finanzierungs-anlass	• Vorteilhaftigkeit der geplanten Investitionen (Ersatz-, Erweiterungs-, Rationalisierungsinvestitionen) • Motiv bei Betriebsmittelkrediten	• Investitionsrechnungen • Finanzplan • Kapitalflussrechnungen • Umsatzplanzahlen
wirtschaftliche Verhältnisse	• Jahresabschlussanalyse • Vermögensverhältnisse	• Jahresabschlüsse der letzten drei Jahre (Bilanzen und GuV-Rechnungen) • Kontounterlagen • Branchenzahlen
weitere Unternehmensdaten	• Unternehmensentwicklung seit dem letzten Jahresabschluss • Unternehmensplanung • zukünftige Finanzlage	• betriebswirtschaftliche Auswertungen (BWA) • Planzahlen (Finanz- und Investitionspläne, Umsatzziele, Kosten- und Erlösplanungen) • Auftragsbestand • Steuerbescheide • Auskünfte
Management	• berufliche Qualifikation • Qualität der Unternehmensführung (Führungsstil, Planung, Kostenmanagement, Risikobewusstsein, Marktkenntnisse)	• Selbstauskunft • Betriebsbesichtigung • Auskünfte

Marktstellung	• Branchen-/Marktentwicklung
	 • Konkurrenzverhältnisse
	 • Produktanalyse
	   – Qualität
	   – „Produktlebenszyklus"
	 • Abnehmer-/Lieferantenstreuung
	 • Export-/Importrisiken
		• gesamtwirtschaftliche und branchenspezifische Analysen
		 • Produktgutachten

Kundenbeziehung	• bisherige Kontoführung • Kundentransparenz • Informationsverhalten	• Kontounterlagen • Kreditakten

Beim **Rating** sind **quantitative** und **qualitative** Faktoren zu berücksichtigen. Quantitative Faktoren sind eindeutig messbar *(z. B. Höhe des Umsatzes)*, qualitative Faktoren sind nicht durch eindeutige Maßzahlen messbar, sondern können nur auf Skalen beurteilt werden *(z. B. Qualität des Managements).*

Beispiele

Quantitative Faktoren („Hardfacts")	Qualitative Faktoren („Softfacts")
• Kennzahlen zur Jahresabschlussanalyse • Kapitalflussrechnungen • Investitionsrechnungen • Auftragsbestand • betriebswirtschaftliche Auswertungen (BWA) • Steuerbescheide • Kontodatenanalyse	• Management-/Mitarbeiterqualifikation • Wettbewerbssituation/Marktstellung • Marktaussichten der Produkte • Qualität der Betriebsorganisation • Qualität des Risikomanagements • Qualität des Rechnungswesens und Controllings • Brancheneinschätzung • Informationsverhalten des Kunden

Zur Rationalisierung und Objektivierung der Kreditwürdigkeitsprüfung werden in der Praxis sogenannte **Risikoraster** eingesetzt. In diesen Rastern werden Merkmale der Kreditwürdigkeit aufgegriffen und mithilfe von Noten beurteilt. Merkmale sind z. B. die finanziellen Verhältnisse, die Rechtsform, die Art der Besicherung, die Marktstellung des Unternehmens, die Managementqualitäten. Die Klassifizierung erfolgt EDV-gestützt.

Ziel des Ratings ist es, den Kreditnehmer einer bestimmten **Ratingstufe** zuzuordnen, für die jeweils bestimmte **Ausfallwahrscheinlichkeiten** gelten.

Beispiele für Ratingstufen				
	Sparkassen	Kreditgenos-senschaften	Commerzbank AG	Ausfallwahr-scheinlichkeit
Ratingstufen	1 bis 3	0+ bis 1d	1,0 bis 2,4	bis 0,3 %
	4 bis 6	1e bis 2a	2,6 bis 2,8	0,4 % bis 0,7 %
	7 bis 8	2b bis 2c	3,0 bis 3,4	0,8 % bis 1,5 %
	9 bis 10	2d bis 2e	3,6 bis 3,8	1,6 % bis 3,0 %
	11 bis 12	3a bis 3b	4,0 bis 4,8	3,1 % bis 8,0 %
	13 bis 18	3c bis 3e	ab 5,0	über 8,0 %

Die **SCHUFA BusinessLine** erstellt in Zusammenarbeit mit der **BÜRGEL Wirtschaftsinformationen GmbH & Co. KG** ein Kreditrating von Unternehmen und Freiberuflern, das die angeschlossenen Kreditinstitute gegen Entgelt abrufen können. Die beurteilten Unternehmen werden einer Bonitätsklasse zwischen 1,0 und 6,0 zugeordnet, denen Ausfallwahrscheinlichkeiten innerhalb der nächsten zwölf Monate zugeordnet sind.

Das **Ratingergebnis** beschreibt das Ausfallrisiko einer Forderung. Je höher das Ausfallrisiko, umso höher sind die Risikokosten und die Eigenkapitalkosten des Darlehens.

• Die **Risikokosten** decken den erwarteten Forderungsausfall innerhalb der Ratingstufe.
• Darlehen sind in Abhängigkeit vom Risiko (Ratingstufe) mit Eigenkapital zu unterlegen. Die Eigenkapitalgeber erwarten für ihr Kapital eine ausreichende Verzinsung. Die **Eigenkapitalkosten** decken die Ertragserwartung der Eigenkapitalgeber.

Die Einstufung in eine **höhere Ratingstufe** („schlechteres" Rating) führt demnach zu einem **höheren Sollzinssatz**.

▶ Auswertung des Jahresabschlusses

Zur **Beurteilung der wirtschaftlichen Verhältnisse** von Geschäfts- und Firmenkunden analysiert das Kreditinstitut den Jahresabschluss des Unternehmens und ermittelt Bilanz- und Erfolgskennzahlen, die dann im Zeit- und Branchenvergleich beurteilt werden.

Zum Ende eines Geschäftsjahres müssen Unternehmen einen **Jahresabschluss** erstellen. Der Jahresabschluss besteht aus der **Bilanz** und der **Gewinn- und Verlustrechnung** *(§ 242 HGB)*. Kapitalgesellschaften müssen zusätzlich einen **Anhang** und einen **Lagebericht** *(§ 264 HGB)* erstellen.

Jahresabschluss	Inhalt
Bilanz	Gegenüberstellung von Vermögen und Kapital (Eigen- und Fremdkapital zum Bilanzstichtag, meist 31.12.
Gewinn- und Verlustrechnung	Darstellung der Aufwendungen und Erträge während des Geschäftsjahres und Ausweis des Jahresüberschusses bzw. Jahresfehlbetrages
Anhang	Erläuterung einzelner Bilanzpositionen und der Gewinn- und Verlustrechnung
Lagebericht	Stellungnahme der Geschäftsleitung zur aktuellen Lage des Unternehmens und eine Einschätzung zur zukünftigen Entwicklung

Die Inhalte der Bilanz (Bilanzpositionen) und der Gewinn- und Verlustrechnung (Aufwands- und Ertragspositionen) sind gesetzlich vorgeschrieben *(§§ 266, 275 HGB)*.

Bilanz eines Industriebetriebes

Kreditinstitute ermitteln aus den Bilanzwerten und den Positionen der Gewinn- und Verlustrechnung **Kennzahlen zur Beurteilung der Finanz- und Ertragskraft** des Unternehmens. Es ist zu berücksichtigen, dass sich die Kennzahlen in Abhängigkeit von der Branche und der Unternehmensgröße stark unterscheiden. Zur Beurteilung vergleicht das Kreditinstitut die ermittelten Daten mit den Zahlen der Vorjahre (Zeitvergleich), mit den Kennzahlen von anderen Unternehmen (Unternehmensvergleich) derselben Branche und ähnlicher Größe sowie mit Branchendurchschnittswerten (Branchenvergleich).

Fallbeispiel

Die Argus Maschinenbau GmbH legt der Regio-Bank AG folgenden Jahresabschluss vor:

Aktiva	Bilanz der Argus Maschinenbau GmbH (in EUR)				Passiva
	Berichtsjahr	Vorjahr		Berichtsjahr	Vorjahr
Anlagevermögen			**Eigenkapital**		
I. Immaterielle Vermögens-gegenstände	837 000,00	869 000,00	I. Gezeichnetes Kapital	2 000 000,00	2 000 000,00
II. Sachanlagen			II. Gewinnrücklagen	4 170 000,00	3 780 000,00
Grundstücke und Gebäude	5 672 000,00	5 771 000,00	III. Bilanzgewinn	608 000,00	715 000,00
Technische Anlagen und Maschinen	3 509 000,00	2 280 000,00	**Rückstellungen**		
Betriebs- und Geschäfts-ausstattung	664 000,00	580 000,00	Rückstellungen für Pensionen	988 000,00	925 000,00
III. Finanzanlagen	540 000,00	540 000,00	Steuerrückstellungen	555 000,00	386 000,00
			Sonstige Rückstellungen	2 023 000,00	1 923 000,00
Umlaufvermögen			**Verbindlichkeiten**		
I. Vorräte			Langfristiges Nachrangdarlehen	3 160 000,00	3 200 000,00
Roh-, Hilfs- und Betriebsstoffe	3 690 000,00	3 334 000,00	Verbindlichkeiten gegenüber Kreditinstituten	7 751 000,00	6 108 000,00
Unfertige Erzeugnisse	2 082 000,00	3 736 000,00	Verbindlichkeiten aus Lieferungen und Leistungen	1 334 000,00	1 874 000,00
Fertige Erzeugnisse und Waren	1 958 000,00	1 024 000,00	Sonstige Verbindlichkeiten	1 109 000,00	913 000,00
II. Forderungen und sonstige Vermögensgegenstände					
Forderungen aus Lieferungen und Leistungen	3 644 000,00	2 361 000,00	**Rechnungsabgrenzungsposten**	55 000,00	54 000,00
Sonstige Vermögensgegen-stände	288 000,00	594 000,00			
III. Kassenbestand und Guthaben bei Kreditinstituten	499 000,00	571 000,00			
Rechnungsabgrenzungsposten	370 000,00	218 000,00			
	23 753 000,00	**21 878 000,00**		**23 753 000,00**	**21 878 000,00**

Gewinn- und Verlustrechnung der Argus Maschinenbau GmbH		
	Berichtsjahr	Vorjahr
1. Umsatzerlöse	37 272 300 EUR	41 469 400 EUR
2. Bestandsveränderungen an fertigen und unfertigen Erzeugnissen	– 1 702 200 EUR	– 765 000 EUR
3. Andere aktivierte Eigenleistungen	– EUR	57 400 EUR
4. Sonstige betriebliche Erträge	1 991 800 EUR	3 034 900 EUR
5. Materialaufwand		
a) Aufwendungen für Roh-, Hilfs- und Betriebsstoffe und für bezogene Waren	– 16 891 400 EUR	– 19 290 900 EUR
b) Aufwendungen für bezogene Leistungen	– 307 800 EUR	– 1 890 600 EUR
6. Personalaufwand		
a) Löhne und Gehälter	– 11 530 700 EUR	– 12 687 000 EUR
b) Soziale Abgaben	– 2 455 300 EUR	– 2 902 500 EUR
7. Abschreibungen auf Sachanlagen	– 952 000 EUR	– 800 700 EUR
8. Sonstige betriebliche Aufwendungen	– 2 932 300 EUR	– 3 986 700 EUR

Gewinn- und Verlustrechnung der Argus Maschinenbau GmbH		
	Berichtsjahr	Vorjahr
9. Sonstige Zinsen und ähnliche Erträge	25 900 EUR	23 700 EUR
10. Zinsen und ähnliche Aufwendungen	– 788 500 EUR	– 1 095 200 EUR
11. Steuern vom Einkommen und vom Ertrag	– 388 900 EUR	– 280 800 EUR
13. Sonstige Steuern	– 41 200 EUR	– 21 000 EUR
14. Jahresüberschuss	**1 299 700 EUR**	**865 000 EUR**
16. Einstellungen in Gewinnrücklagen	– 620 000 EUR	– 390 000 EUR
17. Bilanzgewinn	**679 700 EUR**	**475 000 EUR**

Dem Anhang zum Jahresabschluss ist zu entnehmen, dass in den GuV-Positionen „Sonstige Erträge" und „Sonstige Aufwendungen" außerordentliche Erträge bzw. außerordentliche Aufwendungen enthalten sind.

	Berichtsjahr	Vorjahr
Sonstige Erträge → davon außerordentliche Erträge	1 991 800 EUR 34 300 EUR	3 034 900 EUR 154 900 EUR
Sonstige Aufwendungen → davon außerordentliche Aufwendungen	2 932 300 EUR 45 700 EUR	3 986 700 EUR 37 400 EUR

Die Regio-Bank AG bereitet die Zahlen des Jahresabschlusses zunächst neu auf und erstellt

- eine Strukturbilanz und
- eine Strukturerfolgsrechnung.

In der **Strukturbilanz** werden bestimmte Positionen zusammengefasst *(z. B. Sachanlagen, Vorräte)*, während andere detaillierter dargestellt werden *(z. B. Bankdarlehen nach unterschiedlicher Fristigkeit)*. Details und Erläuterungen zu einzelnen Positionen sind im **Anhang** dargestellt. In der Strukturbilanz werden auch die prozentualen Anteile der einzelnen Positionen an der Bilanzsumme sowie die Veränderungen zum Vorjahr ermittelt.

Im **Anhang** finden sich folgende Erläuterungen:

	Berichtsjahr	Vorjahr
Verbindlichkeiten gegenüber Kreditinstituten	7 751 000 00 EUR	6 108 000,00 EUR
→ davon langfristig (> 5 Jahre)	3 450 000 00 EUR	1 890 000,00 EUR
→ davon mittelfristig (<= 5 Jahre, >= 1 Jahr)	2 890 000 00 EUR	2 948 000,00 EUR
→ davon kurzfristig (< 1 Jahr)	1 411 000 00 EUR	1 270 000,00 EUR

	Berichtsjahr	Vorjahr
Zuführung zu langfristigen Rückstellungen	63 000,00 EUR	57 000,00 EUR

Strukturbilanz der Argus Maschinenbau GmbH

Aktiva	Berichtsjahr	in % der Bilanzsumme	Vorjahr	in % der Bilanzsumme	Veränd. in TEUR
Immaterielle Vermögensgegenstände	837 000,00 EUR	3,52 %	869 000,00 EUR	3,97 %	− 32 000,00 EUR
Sachanlagen	9 845 000,00 EUR	41,45 %	8 631 000,00 EUR	39,45 %	1 214 000,00 EUR
Finanzanlagen	540 000,00 EUR	2,27 %	540 000,00 EUR	2,47 %	− EUR
Summe Anlagevermögen	**11 222 000,00 EUR**	**47,24 %**	**10 040 000,00 EUR**	**45,89 %**	**1 182 000,00 EUR**
Vorräte	7 730 000,00 EUR	32,54 %	8 094 000,00 EUR	37,00 %	− 364 000,00 EUR
Forderungen und sonst. Verm.gegenst.	3 932 000,00 EUR	16,55 %	2 955 000,00 EUR	13,51 %	977 000,00 EUR
Liquide Mittel	499 000,00 EUR	2,10 %	571 000,00 EUR	2,61 %	− 72 000,00 EUR
Rechnungsabgrenzungsposten	370 000,00 EUR	1,56 %	218 000,00 EUR	1,00 %	152 000,00 EUR
Summe Umlaufvermögen	**12 531 000,00 EUR**	**52,76 %**	**11 838 000,00 EUR**	**54,11 %**	**693 000,00 EUR**
Gesamtvermögen	**23 753 000,00 EUR**	**100,00 %**	**21 878 000,00 EUR**	**100,00 %**	**1 875 000,00 EUR**

Passiva	Berichtsjahr	in % der Bilanzsumme	Vorjahr	in % der Bilanzsumme	Veränderungen
Gezeichnetes Kapital	2 000 000,00 EUR	8,42 %	2 000 000,00 EUR	9,14 %	− EUR
Gewinnrücklagen	4 170 000,00 EUR	17,56 %	3 780 000,00 EUR	17,28 %	390 000,00 EUR
Bilanzgewinn	608 000,00 EUR	2,56 %	715 000,00 EUR	3,27 %	− 107 000,00 EUR
Summe Eigenkapital	**6 778 000,00 EUR**	**28,54 %**	**6 495 000,00 EUR**	**29,69 %**	**283 000,00 EUR**
Langfr. Verbind. (Laufzeit über 5 Jahre)	6 610 000,00 EUR	27,83 %	5 090 000,00 EUR	23,27 %	1 520 000,00 EUR
Pensionsrückstellungen	988 000,00 EUR	4,16 %	925 000,00 EUR	4,23 %	63 000,00 EUR
Langfristiges Fremdkapital	**7 598 000,00 EUR**	**31,99 %**	**6 015 000,00 EUR**	**27,49 %**	**1 583 000,00 EUR**
Mittelfr. Fremdkapital (Laufzeit 1 bis 5 Jahre)	**2 890 000,00 EUR**	**12,17 %**	**2 948 000,00 EUR**	**13,47 %**	**− 58 000,00 EUR**
kurzfr. Verbind. (Laufzeit unter 1 Jahr)	3 854 000,00 EUR	16,23 %	4 057 000,00 EUR	18,54 %	− 203 000,00 EUR
Steuer- und sonstige Rückstellungen	2 578 000,00 EUR	10,85 %	2 309 000,00 EUR	10,55 %	269 000,00 EUR
Rechnungsabgrenzungsposten	55 000,00 EUR	0,23 %	54 000,00 EUR	0,25 %	1 000,00 EUR
Kurzfristiges Fremdkapital	**6 487 000,00 EUR**	**27,31 %**	**6 420 000,00 EUR**	**29,34 %**	**67 000,00 EUR**
Summe Fremdkapital	**16 975 000,00 EUR**	**71,46 %**	**15 383 000,00 EUR**	**70,31 %**	**1 592 000,00 EUR**
Gesamtkapital	**23 753 000,00 EUR**	**100,00 %**	**21 878 000,00 EUR**	**100,00 %**	**1 875 000,00 EUR**

Langfristige Verbindlichkeiten im Berichtsjahr:

Langfristige Nachrangdarlehen	3 160 000,00 EUR
Bankdarlehen	3 450 000,00 EUR
Summe	**6 610 000,00 EUR**

Kurzfristige Verbindlichkeiten im Berichtsjahr:

Bankdarlehen	1 411 000,00 EUR
Verbindlichkeiten aus Lieferungen	1 334 000,00 EUR
Sonstige Verbindlichkeiten	1 109 000,00 EUR
Summe	**3 854 000,00 EUR**

Die Aufwendungen und Erträge werden in der **Strukturerfolgsrechnung** teilweise zusammengefasst und neu gegliedert, um weitere Erfolgsgrößen *(z. B. Teil-Betriebsergebnis, EBIT)* zu ermitteln.

STRUKTURERFOLGSRECHNUNG			Veränderungen	
	Berichtsjahr	Vorjahr	in EUR	in %
Umsatzerlöse	37 272 300,00 EUR	41 469 400,00 EUR	– 4 197 100,00 EUR	– 10,12 %
Bestandsveränderungen an fertigen und unfertigen Erzeugnissen	– 1 702 200,00 EUR	– 765 000,00 EUR	– 937 200,00 EUR	122,51 %
Andere aktivierte Eigenleistungen	– EUR	57 400,00 EUR	– 57 400,00 EUR	---
Gesamtleistung	**35 570 100,00 EUR**	**40 761 800,00 EUR**	**– 5 191 700,00 EUR**	**– 12,74 %**
Sonstige betriebliche Erträge (ohne außerordentliche Erträge)	1 957 000,00 EUR	2 880 000,00 EUR	– 923 000,00 EUR	– 32,05 %
Materialaufwand	– 17 199 200,00 EUR	– 21 181 500,00 EUR	3 982 300,00 EUR	– 18,80 %
Personalaufwand	– 13 986 000,00 EUR	– 15 589 500,00 EUR	1 603 500,00 EUR	– 10,29 %
Abschreibungen auf Sachanlagen	– 952 000,00 EUR	– 800 700,00 EUR	– 151 300,00 EUR	18,90 %
Sonstige betriebliche Aufwendungen (ohne außerordentliche Aufwendungen)	– 2 886 600,00 EUR	– 3 949 300,00 EUR	1 062 700,00 EUR	– 26,91 %
Sonstige Steuern (Kostensteuern, z. B. Kfz-Steuer)	– 41 200,00 EUR	– 21 000,00 EUR	– 20 200,00 EUR	96,19 %
Teil-Betriebsergebnis (EBIT; Ergebnis vor Zinsen und Ertragsteuern)	**2 462 100,00 EUR**	**2 099 800,00 EUR**	**362 300,00 EUR**	**17,25 %**
Sonstige Zinsen und ähnliche Erträge	25 900,00 EUR	23 700,00 EUR	2 200,00 EUR	9,28 %
Zinsen und ähnliche Aufwendungen	– 788 500,00 EUR	– 1 095 200,00 EUR	306 700,00 EUR	– 28,00 %
Betriebsergebnis (Ergebnis der gewöhnlichen Geschäftstätigkeit)	**1 699 500,00 EUR**	**1 028 300,00 EUR**	**671 200,00 EUR**	**65,27 %**
Außerordentliche Erträge	34 800,00 EUR	154 900,00 EUR	– 120 100,00 EUR	– 77,53 %
Außerordentliche Aufwendungen	– 45 700,00 EUR	– 37 400,00 EUR	– 8 300,00 EUR	22,19 %
Steuern vom Einkommen und vom Ertrag	– 388 900,00 EUR	– 280 800,00 EUR	– 108 100,00 EUR	38,50 %
Jahresüberschuss	**1 299 700,00 EUR**	**865 000,00 EUR**	**434 700,00 EUR**	**50,25 %**

Auf Grundlage der Strukturbilanz und der Strukturerfolgsrechnungen können nun Bilanz- und Erfolgskennzahlen ermittelt werden.

Bei der Ermittlung der Kennzahlen wird beim Eigenkapital der Bilanzgewinn nicht berücksichtigt, da unterstellt wird, dass er an die Gesellschafter ausgeschüttet wird.

Kenn-zahlen	Ermittlung für das Berichtsjahr	Berichts-jahr	Vorjahr
Eigen-kapital-quote	$\dfrac{\text{Eigenkapital} \cdot 100}{\text{Bilanzsumme}} = \dfrac{6\,170\,000{,}00 \cdot 100}{23\,753\,000{,}00}$ Eigenkapital steht dem Unternehmen ohne zeitliche Begrenzung zur Verfügung. Die Eigenkapitalgeber tragen das unternehmerische Risiko, das heißt, alle Verluste gehen zulasten des Eigenkapitals. Eine hohe Eigenkapitalquote bedeutet im Umkehrschluss eine niedrige Verschuldung und damit eine niedrige Zinslast. Eine hohe Eigenkapitalquote steigert die Kreditwürdigkeit des Unternehmens und ermöglicht eine günstigere Kreditaufnahme. Die Eigenkapitalquote sollte i. d. R. mindestens 20 % bis 25 % betragen.	25,98 %	26,42 %

13

Kenn-zahlen	Ermittlung für das Berichtsjahr	Berichts-jahr	Vorjahr
Anlagen-deckungs-grad I	$\dfrac{\text{Eigenkapital} \cdot 100}{\text{Anlagevermögen}} = \dfrac{6\,170\,000,00 \cdot 100}{11\,222\,000,00}$	54,98 %	57,57 %
Anlagen-deckungs-grad II	$\dfrac{(\text{Eigenkapital} + \text{Langfristiges Fremdkapital}) \cdot 100}{\text{Anlagevermögen}} = \dfrac{13\,768\,000,00 \cdot 100}{11\,222\,000,00}$ Langfr. Fremdkapital = Langfr. Verbindlichkeiten + Langfr. Rückstellungen 7\,598\,000,00 = 6\,610\,000,00 + 988\,000,00 Das Anlagevermögen sollte langfristig finanziert sein (fristenkongruente Finanzierung). Der Anlagendeckungsgrad I zeigt, welcher Anteil des Anlagevermögens durch Eigenkapital gedeckt ist. Nach der „Goldenen Bankregel" sollen die langfristig im Unternehmen gebundenen Vermögensteile in vollem Umfang durch Eigenkapital und langfristiges Fremdkapital finanziert sein. Der Anlagendeckungsgrad II sollte deshalb mindestens 100 % betragen.	122,69 %	117,48 %
Cashflow	Betriebsergebnis 1\,699\,500,00 EUR + planmäßige Abschreibungen auf Sachanlagen 952\,000,00 EUR + Zuführung zu den langfristigen Rückstellungen 63\,000,00 EUR (insbesondere Pensionsrückstellungen) = Cashflow 2\,714\,500,00 EUR Der Cashflow ist der Nettoüberschuss an liquiden Mitteln („Kassenüberschuss"), den ein Unternehmen innerhalb eines Jahres regelmäßig aus den Umsatzerlösen zu erwirtschaften vermag. Je größer der Cashflow, desto größer ist die Finanzkraft (Investitions- und Schuldentilgungskraft) des Unternehmens. Zur Ermittlung des Cashflows ist das Betriebsergebnis um alle Aufwendungen zu erhöhen, die nicht mit Auszahlungen verbunden sind *(z. B. Abschreibungen auf Anlagen, Pensionsrückstellungen)*. Andererseits ist das Betriebsergebnis um alle Erträge zu vermindern, die nicht zu Einzahlungen führen *(z. B. Erhöhung von Lagerbestanden)*.	2\,714\,500,00 EUR	1\,386\,000,00 EUR
Cashflow-Rate	$\dfrac{\text{Cashflow} \cdot 100}{\text{Umsatzerlöse}} = \dfrac{2\,714\,500,00 \cdot 100}{37\,272\,300,00}$ Die Cashflow-Rate setzt den Cashflow ins Verhältnis zu den Umsatzerlösen. Diese relative Zahl ermöglicht insbesondere einen Vergleich mit anderen Betrieben und Branchendurchschnittswerten.	7,28 %	4,55 %
Eigen-kapital-rentabilität	$\dfrac{\text{Betriebsergebnis} \cdot 100}{\text{Eigenkapital}} = \dfrac{1\,699\,500,00 \cdot 100}{6\,170\,000,00}$ Die Eigenkapitalrentabilität zeigt die Verzinsung des Eigenkapitals an und ist insbesondere für die Eigentümer eine wesentliche Größe. Sie erwarten aufgrund des von ihnen zu tragenden Risikos eine Verzinsung ihres eingesetzten Kapitals, die deutlich höher ist als der Zins für sichere Anlagen.	27,54 %	17,79 %

Kenn-zahlen	Ermittlung für das Berichtsjahr	Berichts-jahr	Vorjahr
Umsatz-rentabilität	$\dfrac{\text{Betriebsergebnis} \cdot 100}{\text{Umsatzerlöse}} = \dfrac{1\,699\,500,00 \cdot 100}{37\,272\,300,00}$ Die Umsatzrentabilität zeigt, wie viel Prozent Gewinn das Unternehmen beim Verkauf seiner Waren erzielt.	4,56 %	2,48 %
Gesamt-kapital-rentabilität	$\dfrac{(\text{Betriebsergebnis} + \text{Zinsaufwendungen}) \cdot 100}{\text{Bilanzsume}} =$ $\dfrac{(1\,699\,500,00 + 788\,500,00) \cdot 100}{23\,753\,000,00}$ Die Gesamtkapitalrentabilität zeigt die Verzinsung des gesamten eingesetzten Kapitals an. Sie sollte über dem Fremdkapitalzins liegen. Die Gesamtkapitalrentabilität ermöglicht einen Vergleich mit anderen Betrieben und Branchendurchschnittswerten, da bei dieser Kennzahl die Art der Finanzierung (Höhe der Eigenkapitalquote) keine Rolle spielt.	10,47 %	9,71 %
Debitoren-ziel (Kunden-ziel)	$\dfrac{\text{Forderungen aus Lieferungen und Leistungen} \cdot 365}{\text{Umsatzerlöse}} =$ $\dfrac{3\,644\,000,00 \cdot 365}{37\,272\,300,00}$ Die Kennzahl zeigt, nach wie viel Tagen die Kunden des Unternehmens im Durchschnitt ihre Rechnungen begleichen. Das Unternehmen ist bestrebt, die Dauer möglichst kurz zu halten. Eine lange Zeitdauer kann auf Zahlungsschwierigkeiten der Kunden hindeuten oder auch auf eine mangelhafte Debitorenbuchhaltung. Es ist zu prüfen, ob durch andere Zahlungsbedingungen *(z. B. Gewährung von Skonto bei früher Zahlung)* eine Verringerung des Debitorenziels zu erreichen ist.	35,68 Tage	20,78 Tage
Kredito-renziel (Lieferan-tenziel)	$\dfrac{\text{Verbindlichkeiten aus Lieferungen und Leistungen} \cdot 365}{\text{Materialaufwand}} =$ $\dfrac{1\,334\,000,00 \cdot 365}{17\,199\,200,00}$ Die Kennzahl zeigt, nach wie viel Tagen das Unternehmen im Durchschnitt seine Lieferantenrechnungen bezahlt. Eine lange Zeitdauer kann auf Zahlungsschwierigkeiten des Unternehmens oder auch auf eine mangelhafte Kreditorenbuchhaltung hindeuten. Insbesondere wenn das Unternehmen auf den Abzug von Skonto verzichtet und damit teure Lieferantenkredite in Anspruch nimmt, ist dies ein Warnsignal.	28,31 Tage	32,29 Tage

13

Bedeutung der Jahresabschlussanalyse

Die Jahresabschlussanalyse ist nur ein Teilaspekt zur Beurteilung der Kreditwürdigkeit eines Unternehmens. Der eingeschränkte Aussagewert der in der Bilanzanalyse gewonnenen Kennzahl kann in folgenden Kritikpunkten zusammengefasst werden:

- Die Bilanz bzw. Rechnungslegung ist eine **Stichtagsbetrachtung**. Die Zahlungsströme sind aus ihr nicht ersichtlich *(z. B. Fälligkeitszeitpunkte von Verbindlichkeiten und Forderungen, Gehaltstermine)*.

- Die Bilanz bzw. Rechnungslegung ist **vergangenheitsorientiert**. Die zukünftige Situation des Unternehmens kann aus den Bilanzwerten nur geschätzt werden.

- Bei der Bilanzerstellung bestehen **Bewertungsspielräume**, d. h., die in der Bilanz ausgewiesenen Werte entsprechen nicht in jedem Fall den tatsächlichen Verhältnissen. So können z. B. durch die Unterbewertung von Aktiva / Überbewertung von Passiva stille Reserven vorhanden sein, die den Finanzierungsspielraum des Unternehmens erheblich vergrößern können.

Betriebswirtschaftliche Auswertung (BWA)

Ergänzend zu den Jahresabschlüssen verlangen Kreditinstitute die Vorlage einer BWA, um aktuelle Zahlen über das Unternehmen zu erhalten. Die BWA umfasst eine kurzfristige Erfolgsrechnung und eine Gegenüberstellung der Aktiva und Passiva auf der Grundlage der in der Finanzbuchhaltung erfassten Daten. Die Inhalte der BWA sind allerdings nur beschränkt aussagefähig, da z. B. Abschreibungen noch nicht berücksichtigt sind.

▶ Umweltrisiken in der Kreditwürdigkeitsprüfung

Das gestiegene Umweltbewusstsein der Bevölkerung und strengere Umweltschutzvorschriften erfordern, dass die Kreditinstitute sich im Rahmen der Kreditwürdigkeitsprüfung mit Umweltrisiken auseinandersetzen müssen. Umweltrisiken können Auswirkungen auf die Werthaltigkeit der Sicherheiten und die Ertragskraft haben und dadurch den Kapitaldienst gefährden.

Umweltrisiken		
Arten	**interne Risiken:** Die Risiken haben ihren Ursprung im Unternehmen *(z. B. Altlasten)*.	**externe Risiken:** Die Risiken werden durch äußere Einflüsse hervorgerufen.
Risikogesichtspunkte	• Eine notwendige Altlastensanierung kann erhebliche Kosten verursachen und damit den Sicherungswert eines Grundstücks vermindern. • Produktionsbedingte Umweltgefährdungen können zu erheblichen Imageschäden und Schadenersatzforderungen führen.	• Die Verwertung bestimmter Sicherheiten kann durch Verschärfung des Umweltrechts gefährdet sein. • Umweltschutz gewinnt als Wettbewerbsfaktor an Bedeutung. • Bisher als unbedenklich geltende Inhaltsstoffe werden aufgrund neuester Forschungsergebnisse als gesundheitsgefährdend eingestuft.

Fallbeispiel

Rating der ATS Maschinenbau GmbH

Die ATS Maschinenbau GmbH beantragt bei der Nordbank AG einen Betriebsmittelkredit von 250 000,00 EUR. Das Kreditrating führt zu folgendem Ergebnis:

1. Management	1	2	3	4	5	6			
1.1 Qualität der Geschäftsführung/des Managements		X							
1.2 Qualität des Rechnungswesens/des Controllings			X						
Summe : Anzahl der bewerteten Kriterien = Durchschnitt	5		:		2		=	**2,5**	

2. Markt/Branche	1	2	3	4	5	6			
2.1 Markt-/Branchenentwicklung		X							
2.2 Konjunkturabhängigkeit			X						
2.3 Abnehmer-/Lieferantenstreuung				X					
2.4 Export-/Importrisiken			X						
2.5 Konkurrenzintensität		X							
2.6 Produkt/Sortiment		X							
2.7 Leistungsstandard			X						
Summe : Anzahl der bewerteten Kriterien = Durchschnitt	19		:		7		=	**2,7**	

3. Kundenbeziehung	1	2	3	4	5	6			
3.1 Kontoführung		X							
3.2 Kundentransparenz/Informationsverhalten			X						
Summe : Anzahl der bewerteten Kriterien = Durchschnitt	5		:		2		=	**2,5**	

4. Wirtschaftliche Verhältnisse	1	2	3	4	5	6			
4.1 Beurteilung des Jahresabschlusses			X						
4.2 gesamte Vermögensverhältnisse			X						
Summe : Anzahl der bewerteten Kriterien = Durchschnitt	6		:		2		=	**3,0**	

5. Weitere Unternehmensentwicklung	1	2	3	4	5	6			
5.1 Unternehmensentwicklung seit letztem Jahresabschluss			X						
5.2 Unternehmensplanung			X						
5.3 Ertragsplanung und künftige Kapitaldienstfähigkeit			X						
5.4 besondere Unternehmensrisiken				X					
Summe : Anzahl der bewerteten Kriterien = Durchschnitt	13		:		4		=	**3,3**	
Summe Klasse 1–5 : Anzahl der bewerteten Klassen = Durchschnitt	14		:		5		=	**2,8**	

Fazit:	Beurteilung
Die Gesamtbewertung von 2,8 deutet auf befriedigende Unternehmensverhältnisse hin. Da das Unternehmen zudem werthaltige Sicherheiten stellt, ist die Kreditgewährung vertretbar.	1 = sehr gut
	2 = gut
	3 = befriedigend
	4 = ausreichend
	5 = mangelhaft
	6 = ungenügend

5 Bestellung von Sicherheiten

Zum Schutz vor nicht vorhersehbaren Risiken verlangen Kreditinstitute in der Regel eine Besicherung ihrer Ansprüche. Die zu bestellenden Sicherheiten werden im Darlehensvertrag vereinbart.

Die Bestellung von Sicherheiten vermindert das Ausfallrisiko des Darlehens. Deshalb reduzieren sich in diesem Fall auch die Eigenmittelanforderungen *(Art. 124 ff. Verordnung (EU) Nr. 575/2013)*.

AGB-Bestimmungen zu Sicherheiten		
	AGB-Banken und Kreditgenossenschaften *(Nr. 13, 16 AGB)*	**AGB Sparkassen** *(Nr. 21, 22 AGB)*
Anspruch auf Sicherheiten	Das Kreditinstitut hat insbesondere einen Anspruch auf Bestellung oder Verstärkung von Sicherheiten zu verlangen, wenn sich die wirtschaftlichen Verhältnisse des Kunden oder der Wert vorhandener Sicherheiten verschlechtert haben. Bei Verbraucherdarlehen besteht dieser Anspruch jedoch nur, wenn die Sicherheiten im Darlehensvertrag vereinbart wurden.	
Freigabe von Sicherheiten	Falls der realisierbare Wert aller Sicherheiten die Deckungsgrenze nicht nur vorübergehend übersteigt, hat die Bank auf Verlangen des Kunden Sicherheiten ihrer Wahl freizugeben.	Die Sparkasse ist zur Freigabe von Sicherheiten nach ihrer Wahl verpflichtet, soweit der realisierbare Wert aller Sicherheiten die Forderungen um mehr als 10 % übersteigt.
	Bei der Wahl der freizugebenden Sicherheiten nimmt das Kreditinstitut Rücksicht auf die berechtigten Belange des Kunden.	

Folgende Sicherheiten werden in der Praxis häufig vereinbart:

- Bürgschaft
- Sicherungsübereignung
- Verpfändung von Wertpapieren
- Globalzession
- Sicherungsgrundschuld

5.1 Bürgschaft

Bei einer **Bürgschaft** verpflichtet sich der Bürge gegenüber dem Kreditinstitut für die Darlehensverbindlichkeit eines Dritten einzustehen *(§ 765 BGB)*.[1]

Bürgschaften für Darlehen an Geschäfts- und Firmenkunden kommen in der Praxis vor allem vor als

- Bürgschaften von Gesellschaftern und als
- Bürgschaften von verbundenen Unternehmen.

Insbesondere bei Darlehen an Gesellschaften mit beschränkter Haftung (GmbH) mit niedrigem Eigenkapital stehen oft nicht genügend Sicherheiten zur Verfügung, um eine Darlehensgewährung zu ermöglichen. In diesem Fall sind Gesellschafter oft bereit, persönlich für das Darlehen zu bürgen.

---

[1] *Weitergehende Informationen zur Bürgschaft vgl. GUT BERATEN in der Bank 1. AJ, Seite 416 ff.*

Unternehmen gründen häufig Tochtergesellschaften, in die sie bestimmte Geschäftsbereiche ausgliedern.

> **Beispiel**
>
> Die Metallbau GmbH gründet folgende Tochtergesellschaften:
> - Metallbau-Vertriebs-GmbH
> - Metallbau-Immobilien-GmbH
>
> Die Metallbau-Vertriebs-GmbH, die nur ein Stammkapital von 25 000,00 EUR besitzt, beantragt bei der Regio-Bank AG ein Darlehen über 150 000,00 EUR zur Finanzierung eines Lkw. Als Kreditsicherheit erhält die Regio-Bank AG eine Bürgschaft von der Metallbau GmbH.

Der Wert der Bürgschaft als Kreditsicherheit ist abhängig von der Bonität des Bürgen. Deshalb ist die Kreditwürdigkeit des Bürgen zu beurteilen und während des Kreditverhältnisses fortlaufend zu überwachen.

Aufgrund der besonderen Beziehung zwischen Bürgen und Darlehensnehmer sind bei diesen Bürgschaften auch weite Sicherungszweckerklärungen üblich. Der Bürge übernimmt dann eine selbstschuldnerische Bürgschaft für alle Darlehensverbindlichkeiten des Hauptschuldners.

5.2 Sicherungsübereignung

Bei der **Sicherungsübereignung** übereignet der Darlehensnehmer bestimmte Gegenstände auf das Kreditinstitut mit den Vereinbarungen,

- dass der Darlehensnehmer die Gegenstände weiterhin unentgeltlich nutzen darf (Leihvertrag) und
- dass das Kreditinstitut diese Gegenstände nur bei Nichterfüllung des Darlehensvertrages verwerten darf.[1]

Der Darlehensgeber erwirbt das Eigentum an dem Sicherungsgut nur treuhänderisch (fiduziarisch). Der Darlehensnehmer bleibt wirtschaftlicher Eigentümer.

	Darlehensgeber (Kreditinstitut)	Sicherungsgeber (Darlehensnehmer)
Eigentum	Der Darlehensgeber erwirbt das **rechtliche Eigentum** an der Sache als Treuhänder. • Verwertungsrecht nur bei Nichterfüllung des Darlehensvertrages • Pflicht zur Rückübereignung nach Beendigung des Darlehensverhältnisses	Der Sicherungsgeber bleibt **wirtschaftlicher Eigentümer** der Sache. • Bilanzierung beim Sicherungsgeber • Sicherungsgeber trägt die mit der Sache verbundenen Risiken (Verlust, Zerstörung, Wertminderung)
Besitz	mittelbarer Besitzer	unmittelbarer Besitzer

[1] Weitergehende Informationen zur Sicherungsübereignung, vgl. GUT BERATEN in der Bank 1. AJ, Seite 424 ff.

▶ **Zur Sicherungsübereignung geeignete Sachen**

Sicherungsgüter	Bestimmung des Sicherungsgutes (Individualisierung)
Kraftfahrzeuge • **Nutzfahrzeuge** *(z. B. Bagger)* • **Personenkraftwagen**	Die Kennzeichnung der übereigneten Fahrzeuge erfolgt im Sicherungsübereignungsvertrag durch Angabe der Fahrzeugart, des amtlichen Kennzeichens, des Herstellers, der Fahrgestell-Nr. und des Standortes. Das Kreditinstitut verlangt in der Regel eine Vollkaskoversicherung und lässt sich die Versicherunganprüche abtreten. Es erhält von der Versicherung einen Sicherungsschein.
Maschinen und Einrichtungsgegenstände • **Produktionsmaschinen** • **Baugeräte** • **Praxiseinrichtungen**	Die übereigneten **Maschinen** werden durch genaue Beschreibung (Hersteller, Fabrikationsnummer, Typenbezeichnung) oder ggf. durch Anbringen einer Aufschrift gekennzeichnet. Im Sicherungsvertrag wird dann vermerkt, dass alle in einer bestimmten Weise gekennzeichneten Maschinen übereignet sein sollen (Markierungsverträge). Die Kennzeichnung der übereigneten **Einrichtungsgegenstände** erfolgt durch genaue Beschreibung des Gutes und Angabe des Standortes. Die Gegenstände müssen ausreichend versichert sein. Die Versicherungsansprüche werden an das Kreditinstitut abgetreten.
Warenlager • **Lager mit festem Bestand** • **Lager mit variablem Bestand**	 Die übereignete Ware wird räumlich bestimmt. Im Sicherungsvertrag wird der Lagerort evtl. unter Beifügung einer Lagerskizze beschrieben und vereinbart, dass sämtliche im „Sicherungsgebiet" eingelagerten Sachen als übereignet gelten sollen (Bassinvertrag/Raumsicherungsvertrag). Bezieht sich der Sicherungsvertrag auf ein Warenlager mit wechselndem Bestand, verlangt das Kreditinstitut monatliche Bestandsmeldungen und die Einhaltung eines Mindestdeckungsbestandes. Die Lagerführung wird vom Kreditinstitut in unregelmäßigen Zeitabständen überprüft. Im Sicherungsvertrag wird vereinbart, dass die im Rahmen der Lagerauffüllungen in das „Sicherungsgebiet" eingebrachten Gegenstände automatisch Sicherungsgut werden sollen.

Der BGH hat in einer Entscheidung festgelegt, dass bei revolvierenden Globalsicherheiten (Sicherungsübereignung eines Warenlagers mit wechselndem Bestand, Globalzession) der Sicherungsvertrag auch ohne ausdrückliche Deckungsgrenze und Freigaberegelung rechtswirksam ist. Jedoch hat der Sicherungsgeber auch in diesem Fall einen vom Ermessen des Sicherungsnehmers unabhängigen Freigabeanspruch. Wird in dem Sicherungsvertrag keine ausdrückliche oder aber eine unangemessene und deshalb unwirksame Deckungsgrenze festgelegt, so beträgt die **angemessene Grenze 110 %**.

▶ Risiken

Die Sicherungsübereignung berücksichtigt das **Nutzungsinteresse des Kreditnehmers,** der unmittelbarer Besitzer bleibt, und das **Verwertungsinteresse des Kreditinstituts,** das Eigentümer wird. Die Risiken, die sich aus dem unmittelbaren Besitz des Kreditnehmers ergeben, versucht das Kreditinstitut durch entsprechende Vereinbarungen im Sicherungsvertrag bzw. durch geeignete Schutzmaßnahmen zu mindern.

Risiken	vertragliche Vereinbarungen/Schutzmaßnahmen
Preisrückgang und **Verwertungsschwierigkeiten** mindern den Wert des Sicherungsgegenstandes.	• Überdeckung des Kredits (Gegenstände werden je nach Marktgängigkeit mit 50 %–80 % der Anschaffungs- bzw. Herstellungskosten beliehen) • Anpassung des Finanzierungsplans an die nutzungsbedingte Wertminderung des Sicherungsgegenstandes (Kfz-Finanzierung)
Das Sicherungsgut wurde bereits einem anderen Kreditgeber **übereignet**.	Der Sicherungsgeber versichert im Sicherungsvertrag ausdrücklich, dass er zur freien Verfügung über das Sicherungsgut berechtigt ist. Entspricht die Erklärung nicht den Tatsachen, muss der Erklärende mit strafrechtlichen Folgen *(§ 263 StGB – Betrug)* rechnen.
Das Sicherungsgut wurde unter **Eigentumsvorbehalt** geliefert.	• Übertragung des Anwartschaftsrechts auf das Volleigentum auf den Sicherungsnehmer • Das Kreditinstitut wird Sicherungseigentümer, wenn der Kreditnehmer die Forderungen des Lieferanten bezahlt hat.
Das Sicherungsgut haftet als wesentlicher Bestandteil oder Zubehör im Rahmen eines **Grundpfandrechts** *(§ 1120 BGB)*.	• Einsichtnahme in das Grundbuch und Prüfung, ob das Grundstück lastenfrei ist • Die Sicherungsübereignung muss erfolgen, bevor das Sicherungsgut zum Zubehör des Grundstücks wird. • Das Kreditinstitut erwirbt am bestehenden **Zubehör** eines Grundstücks nur dann Sicherungseigentum, wenn die Übereignung zeitlich vor der Eintragung der dinglichen Belastung erfolgte oder durch Verzichtserklärung des Grundpfandrechtsgläubigers. • Werden Sachen *z. B. durch Verarbeitung* **wesentliche Bestandteile** eines Grundstücks, können sie nicht mehr Gegenstand besonderer Rechte sein *(§ 93 BGB)*. Das Kreditinstitut kann deshalb an wesentlichen Bestandteilen kein Sicherungseigentum erwerben.
Das Sicherungsgut unterliegt einem **gesetzlichen Pfandrecht** *(Vermieter-, Verpächterpfandrecht §§ 562, 592 BGB)*.	• Vorlage einer Erklärung, *z. B. des Vermieters oder Verpächters*, wonach dieser auf sein Pfandrecht verzichtet • Überwachung der laufenden Miet- und Pachtzahlungen durch das Kreditinstitut Im Sicherungsübereignungsvertrag wird dem Sicherungsgeber eine Nachweispflicht für die laufenden Miet- und Pachtzahlungen auferlegt.

13

Risiken	vertragliche Vereinbarungen/Schutzmaßnahmen
Das Sicherungseigentum geht unter durch **Verarbeitung**.	Wer durch Verarbeitung eine neue bewegliche Sache herstellt, erwirbt das Eigentum an der neuen Sache, sofern nicht der Wert der Verarbeitung erheblich geringer ist als der Wert der Sache *(§ 950 BGB)*. Mit einer **Verarbeitungsklausel** können die Beteiligten vereinbaren, dass auch die neu hergestellten Sachen in das Eigentum des Kreditinstitutes übergehen.
Das Sicherungseigentum geht unter durch **Veräußerung**.	Bei Handelswaren ist dem Darlehensnehmer in der Regel die Veräußerung des Sicherungsgutes gestattet. Das Eigentum geht dann auf die Käufer über. Als Ersatzsicherheit kann das Kreditinstitut sich die Forderungen aus dem Weiterverkauf durch Vereinbarung einer **Anschlusszession** abtreten lassen.
Das Sicherungsgut wird **beschädigt, zerstört** oder **gestohlen**.	Abschluss eines **Versicherungsvertrages und Ausstellung eines Sicherungsscheins** zugunsten des Sicherungsnehmers. Im Sicherungsschein vereinbaren die Versicherung, der Sicherungsgeber und der Sicherungsnehmer, dass der Sicherungsgeber Prämienschuldner bleibt, der Anspruch auf die im Schadenfall fällige Versicherungszahlung aber dem Kreditinstitut zusteht.
Das Sicherungsgut wird von einem Dritten **gutgläubig erworben**.	Mit der Sicherungsübereignung geht das Eigentum auf das Kreditinstitut über. Trotzdem kann ein **gutgläubiger Dritter** das Eigentum an der Sache auch von einem Nichteigentümer erwerben, • wenn der Veräußerer zum Besitz der Sache berechtigt war und • die Sache dem Dritten übergeben wurde *(§§ 932, 933 BGB)*. Aufgrund des Besitzkonstitutes (Leihvertrag) ist der Sicherungsgeber zum Besitz der Sache berechtigt, sodass er das Eigentum an einen gutgläubigen Dritten durch „dingliche Einigung" und „Übergabe" übertragen kann. Bei sicherungsübereigneten Kraftfahrzeugen (Pkw, Lkw, Bus, Wohnmobil) verlangt das Kreditinstitut die Übergabe der Zulassungsbescheinigung Teil II, um eine nicht genehmigte Veräußerung der Fahrzeuge zu verhindern. Ohne die Übergabe der Zulassungsbescheinigung Teil II kann der Käufer kein gutgläubiges Eigentum an den Fahrzeugen erwerben.

Die **allgemeinen Risiken** der Sicherungsübereignung, wie *z. B. Nichteinhaltung eines Mindestdeckungsbestandes oder überdurchschnittlicher Wertverlust beim Sicherungsgut*, können durch

- unangemeldete Betriebsbesichtigungen,
- laufende Kontrolle des Sicherungsbestandes und
- ständige Überprüfung der Bonität des Sicherungsgebers

gemindert werden.

5.3   Verpfändung von Wertpapieren

Bei der **Verpfändung** gewährt der Verpfänder dem Pfandgläubiger ein bedingtes Verwertungsrecht an Wertpapieren für den Fall der Nichterfüllung des Darlehensvertrages. Der Verpfänder bleibt Eigentümer der Wertpapiere *(§ 1204 BGB)*.

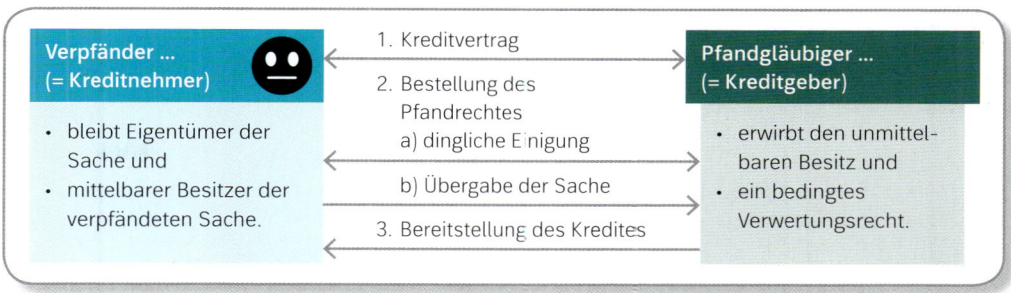

Die zu verpfändenden Wertpapiere können sich in einem Depot bei der kreditgewährenden Bank oder in einem Depot bei einer Drittbank befinden.

Effekten im Depot des Kreditgebers	Einigung über die Entstehung des Pfandrechts — Verpfänder / Pfandgläubiger
	Auch wenn sich die Effekten tatsächlich in Girosammelverwahrung befinden, ist <u>keine</u> Pfandanzeige an die Wertpapiersammelbank notwendig. Die verpfändeten Wertpapiere werden im Depot gesperrt. Das Kreditinstitut erlaubt aber Depotumschichtungen, sofern keine risikoreicheren Papiere angeschafft werden.
Effekten im Depot bei einer Drittbank	Einigung über die Entstehung des Pfandrechts + Abtretung des Herausgabeanspruchs — Verpfänder / Pfandgläubiger — Pfandanzeige (Publizitätsprinzip) / Herausgabeanspruch — depotführendes Kreditinstitut / Dritter
	Wenn sich die Papiere in einem Depot bei einem anderen Kreditinstitut befinden, sind neben dem Pfandvertrag auch die Abtretung des Herausgabeanspruchs und eine Verpfändungsanzeige an die Depotbank notwendig. Des Weiteren bittet das kreditgewährende Kreditinstitut die Depotbank um • einen aktuellen Depotauszug und um • eine Rücktrittserklärung hinsichtlich ihres AGB-Pfandrechts.

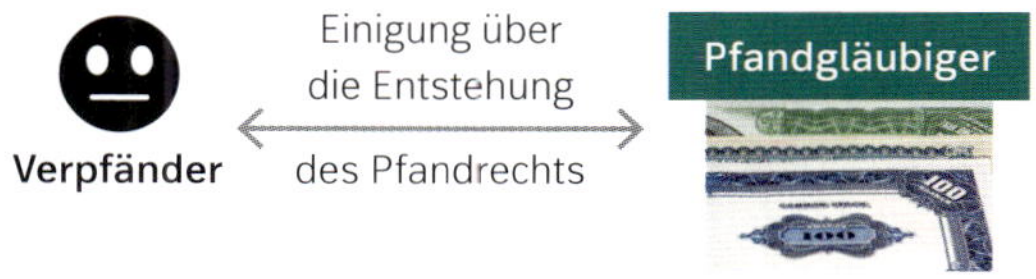

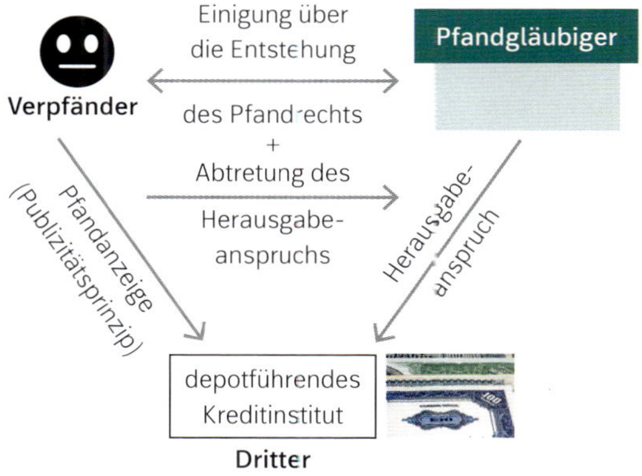

Börsennotierte Wertpapiere eignen sich gut als Kreditsicherheit, da sie

• einen leicht zu ermittelnden Marktpreis haben und
• jederzeit an der Börse verkauft werden können.

Die **Beleihungsgrenze** der Wertpapiere ist abhängig von dem Risiko der Papiere.

13

Beispiele

- inländische Anleihen   ca. 75–85 %
- Währungsanleihen   ca. 60–70 %
- inländische Aktien   ca. 50–60 %
- Auslandsaktien   ca. 40–50 %
- Investmentzertifikate: abhängig von dem Risiko der im Fonds befindlichen Effekten
- Aktienfonds Euroland   ca. 60 %
- EUR-Rentenfonds   ca. 80 %

Für eine **Verwertung des Pfandes müssen folgende Voraussetzungen erfüllt sein**:

- Fälligkeit der Forderung *(§ 1228 BGB)*
- Androhung der Verwertung *(§ 1234 BGB)*
- Einhaltung einer Wartefrist von mindestens einem Monat bei Verbrauchern *(§ 1234 BGB)* oder von mindestens einer Woche bei Kaufleuten *(§ 368 HGB)*.

Da die Wertpapiere einen Marktpreis besitzen, können sie im Verwertungsfall an der Börse verkauft werden *(§ 1221 BGB)*.

Ein Verwertungsüberschuss steht dem Darlehensnehmer zu; ein Fehlbetrag bleibt als Forderung bestehen.

5.4 Globalzession

Definition

Bei der **Globalzession** tritt der Darlehensnehmer (Sicherungsgeber, Zedent) eigene Forderungen aus Lieferungen und Leistungen zur Sicherung von Darlehensforderungen an den Darlehensgeber (Sicherungsnehmer, Zessionar) ab.[1]

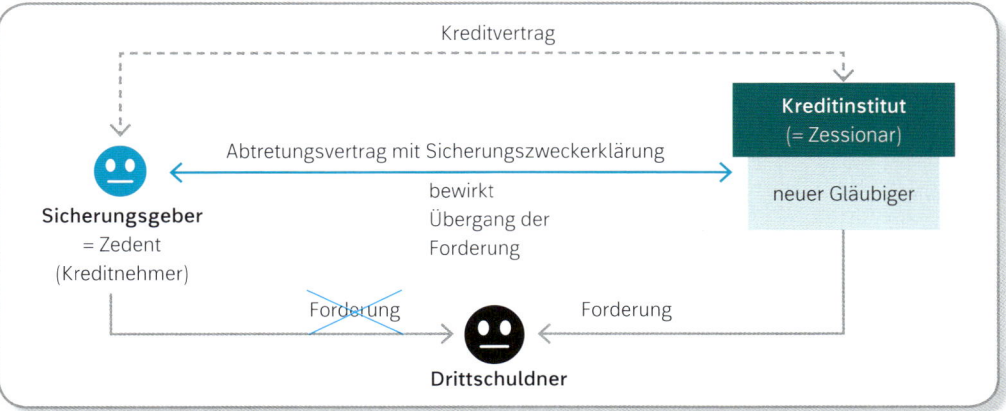

---

[1] *Weitergehende Informationen zur Sicherungsabtretung vgl. GUT BERATEN in der Bank 1. AJ, Seite 413 ff.*

Der Darlehensgeber erwirbt die Forderungen nur treuhänderisch (fiduziarisch). Der Darlehensnehmer bleibt wirtschaftlicher Gläubiger der Forderungen.

Darlehensgeber (Zessionar, Kreditinstitut)	Sicherungsgeber (Zedent, Darlehensnehmer)
Der Darlehensgeber erwirbt die Forderungen an den Drittschuldner als Treuhänder. • Verwertungsrecht nur bei Nichterfüllung des Darlehensvertrages gemäß **Sicherungszweckerklärung** • Pflicht zur Rückübertragung nach Beendigung des Darlehensverhältnisses	Der Sicherungsgeber bleibt **wirtschaftlicher Gläubiger** der Sache. • Bilanzierung beim Sicherungsgeber • Sicherungsgeber trägt das Risiko des Forderungsausfalls. • Sicherungsgeber erhält ggf. Zinsen von den Drittschuldnern.

Merkmale	Erläuterung
Art der Forderungen	Forderungen aus Lieferungen und Leistungen
Art der Abtretung	stille Zession
Umfang der Abtretung und Forderungsübergang	Der Zedent (= Kreditnehmer) **tritt alle gegenwärtigen und zukünftigen Forderungen** gegen **bestimmte** Drittschuldner (= Kunden des Kreditnehmers) ab. • Die **gegenwärtigen Forderungen** gehen **bei Abschluss des Zessionsvertrages** auf den Zessionar (= Kreditinstitut) über. • Die **zukünftigen Forderungen** gehen **im Zeitpunkt ihrer Entstehung** auf den Zessionar über.
Individualisierung der Forderungen	Die Bestimmung (Individualisierung) der abgetretenen Forderungen erfolgt durch die eindeutige Bestimmung der Drittschuldner. **Beispiele:** – alphabetische Bestimmung der Drittschuldner „Abgetreten werden alle Forderungen gegen Drittschuldner mit den Anfangsbuchstaben A bis H." – regionale Bestimmung der Drittschuldner „Abgetreten werden alle Forderungen gegen Drittschuldner, die ihren Geschäftssitz in Sachsen haben." – namentliche Bestimmung der Drittschuldner Es wird eine Kundenliste eingereicht. Diese Regelung hat den Nachteil, dass Forderungen gegen neue Kunden nicht erfasst werden.
Kontrolle	• Der Kreditnehmer muss regelmäßig *(z. B. monatlich)* Debitorenlisten oder Rechnungskopien einreichen. • Die Übergabe der Listen bzw. Rechnungskopien hat nur eine **deklaratorische Bedeutung**, da die Forderungen schon im Zeitpunkt ihrer Entstehung auf das Kreditinstitut übergehen.

13

Merkmale	Erläuterung

Bewertung von Forderungen	Maßgeblich für den Wert als Kreditsicherheit ist der realisierbare Wert der Forderungen.
	• Vom Nennwert der Forderungen werden zunächst solche Forderungen abgesetzt,
	  – die mit einem verlängerten Eigentumsvorbehalt (Eigentumsvorbehalt mit Anschlusszession) belastet sind,
	  – denen aufrechenbare Forderungen gegenüberstehen,
	  – die einredebehaftet sind, weil die zugrunde liegenden Leistungen nicht vollständig oder mangelfrei erbracht worden sind.
	• Von dem verbleibenden Nennbetrag wird ein **Sicherheitsabschlag** *(z. B. 20 %)* wegen eventueller Forderungsausfälle bei den Drittschuldnern abgezogen.

Deckungsgrenze und Freigabeklausel	• Der realisierbare Wert muss mindestens den Kredit decken. Der BGH hat festgelegt, dass eine im Einzelfall widerlegbare Vermutung für eine Übersicherung besteht, wenn der Nennwert der zedierten Forderungen 150 % der gesicherten Forderungen übersteigt. • Auf Verlangen des Kreditnehmers ist das Kreditinstitut zu einer Freigabe von Kreditsicherheiten verpflichtet, wenn der **realisierbare Wert** sämtlicher Sicherheiten **110 % der gesicherten Ansprüche** nicht nur vorübergehend überschreitet. Eine über der Kredithöhe liegende Deckungsgrenze wird mit den Kosten der Verwaltung und Verwertung der Sicherheiten begründet.

Die Sicherungsabtretung kommt dem **„Geheimhaltungsinteresse" des Kreditnehmers** entgegen, da im Gegensatz zur Verpfändung von Forderungen die Rechtswirksamkeit der Abtretung nicht von einer Anzeige an den Drittschuldner abhängig ist.

Die Risiken, die sich in der Kreditsicherungspraxis insbesondere im Zusammenhang mit der stillen Zession ergeben, versuchen die Kreditinstitute durch entsprechende Vereinbarungen im Sicherungsvertrag bzw. durch geeignete Schutzmaßnahmen zu mindern.

Risiko:
Die Forderung wurde bereits im Rahmen eines verlängerten Eigentumsvorbehalts (Eigentumsvorbehalt mit Anschlusszession) abgetreten.

▶ **Vertragliche Vereinbarungen/Schutzmaßnahmen**

• Ausdrückliche Versicherung des Sicherungsgebers im Abtretungsvertrag, dass keiner der Lieferanten einen verlängerten Eigentumsvorbehalt geltend macht.
  Aufgrund eines BGH-Urteils ist eine Globalabtretung sittenwidrig und gem. *§ 138 Abs. 1 BGB* nichtig, soweit sie sich auf Forderungen bezieht, die von einem verlängerten Eigentumsvorbehalt erfasst werden können. Das Prioritätsprinzip findet keine Anwendung.

• Aufgrund dieses BGH-Urteils vereinbaren die Kreditinstitute im Sicherungsvertrag eine Teilabtretung oder die Einräumung eines Anwartschaftsrechts auf die Forderung.

Teilabtretung

Die Abtretung der Forderung an das Kreditinstitut wird auf jenen Forderungsteil beschränkt, der die Kaufpreisforderung des Vorbehaltslieferanten übersteigt.

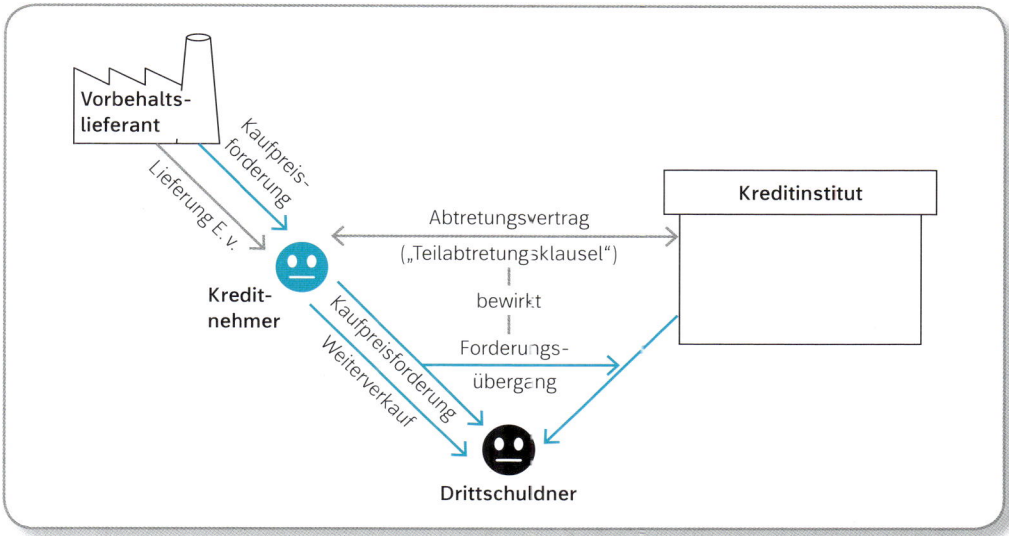

Einräumung eines Anwartschaftsrechts auf die Forderung

- Falls dem Kreditinstitut Forderungen abgetreten wurden, die von einem Vorlieferanten im Rahmen eines verlängerten Eigentumsvorbehalts beansprucht werden können, soll die Abtretung zugunsten des Kreditinstituts erst mit Erlöschen des verlängerten Eigentumsvorbehalts wirksam werden.

- Das Kreditinstitut vereinbart mit dem Kreditnehmer, dass es jederzeit den verlängerten Eigentumsvorbehalt des Vorbehaltslieferanten durch Zahlung ablösen kann.

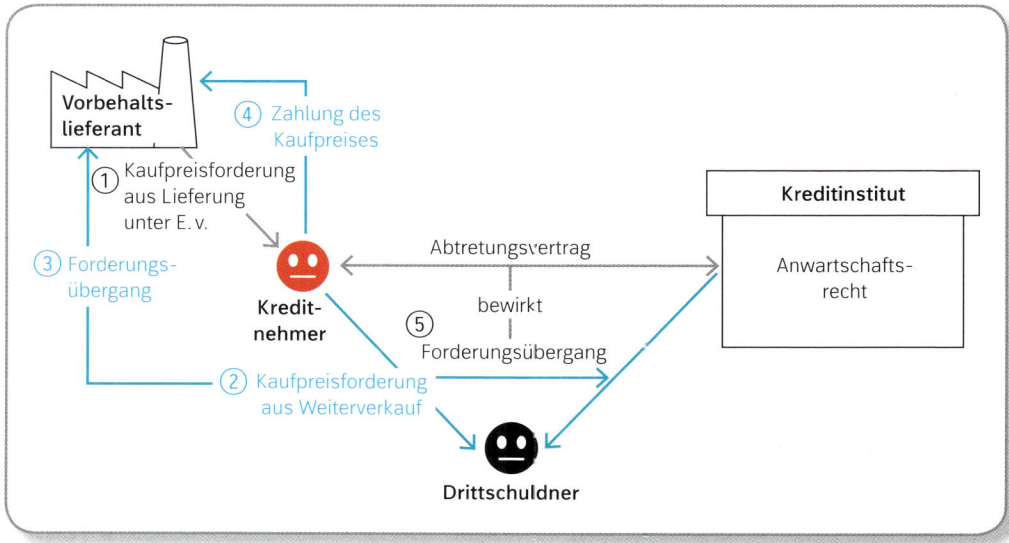

Risiko:
Die abgetretene Forderung besteht nicht mehr bzw. nicht in der angegebenen Höhe.

▶ **Vertragliche Vereinbarungen/Schutzmaßnahmen**

- periodische unangekündigte Einsichtnahme in die Geschäftsbücher und die Debitoren-buchhaltung des Kreditnehmers (Zessionsprüfung)
- Offenlegung der Zession

Risiko:
Der Kreditnehmer **leitet** die von den Drittschuldnern **eingehenden Zahlungen nicht** an das Kreditinstitut **weiter**; die **Drittschuldner zahlen nicht**.

▶ **Vertragliche Vereinbarungen/Schutzmaßnahmen**

- Verpflichtung des Kreditnehmers, die Drittschuldner zur Zahlung an das Kreditinstitut zu veranlassen *(z. B. Angabe einer entsprechenden Kontoverbindung)* und gegebenenfalls die Zahlungsansprüche gerichtlich durchzusetzen.
- Offenlegung der Zession, sodass der Drittschuldner mit schuldbefreiender Wirkung nur noch an das Kreditinstitut zahlen kann.

Risiko:
Die Forderung wurde **bereits** an einen anderen Gläubiger **abgetreten**.

▶ **Vertragliche Vereinbarungen/Schutzmaßnahmen**

- Ausdrückliche Versicherung des Sicherungsgebers im Abtretungsvertrag, dass die abgetre-tenen Forderungen noch nicht an Dritte abgetreten sind.
- Offenlegung der Zession
- Falls ein Drittschuldner aufgrund einer späteren an sich unwirksamen Abtretung an ein Kreditinstitut („Zweitzessionar") zahlt, ist dieses Kreditinstitut dem aufgrund des Prioritäts-prinzips berechtigten Kreditinstitut („Erstzessionar") gegenüber zur Herausgabe des Geleis-teten verpflichtet *(§ 816 Abs. 2 BGB)*.

Risiko:
Die Abtretung der Forderungen wurde **vertraglich ausgeschlossen** *(§ 399 BGB)*.

Ist die Abtretung einer Geldforderung durch Vereinbarung mit dem Schuldner gemäß *§ 399 BGB* ausgeschlossen und ist das Rechtsgeschäft, das diese Forderung begründet hat, für beide Teile ein Handelsgeschäft, so ist die Abtretung gleichwohl wirksam. Der Schuldner kann jedoch mit befreiender Wirkung an den bisherigen Gläubiger leisten. Abweichende Vereinbarungen sind unwirksam *(§ 354a HGB)*.

Risiko:
Der Drittschuldner kann gegenüber dem Kreditinstitut alle **Einreden geltend** machen, die er auch gegenüber dem Sicherungsgeber vorbringen kann *(§ 404 BGB).*

Beispiele

- Einrede der Aufrechnung
- Einrede der Zahlungsverweigerung wegen mangelhafter Lieferung
- Einrede der Anfechtung
- Einrede der Verjährung

▶ **Vertragliche Vereinbarungen/Schutzmaßnahmen**

- Verpflichtung des Kreditnehmers, das Kreditinstitut über eine Beeinträchtigung der jeweils abgetretenen Forderungen unverzüglich zu benachrichtigen
- Vereinbarung einer angemessenen Sicherheitsmarge

5.5   Sicherungsgrundschuld

Definition

Die **Sicherungsgrundschuld** ist die Belastung eines Grundstückes mit einer Grundschuld zur Sicherung eines Darlehens.[1]

Der **Beleihungswert** von betrieblich genutzten Immobilien ist nach dem **Vergleichswertverfahren** oder nach dem **Ertragswertverfahren** zu ermitteln.[2]

Bei der Beurteilung der Immobilie als Kreditsicherheit sind auch die **wesentlichen Bestandteile** *(z. B. Gebäude)* und **Zubehörteile** *(z. B. Maschinen)* zu berücksichtigen.[3]

Immobilien gelten auch bei Darlehen an Geschäfts- und Firmenkunden als erstklassige Sicherheit und führen zu günstigen Sollzinsen bei der Darlehensaufnahme.

13

6   Darlehensarten

6.1   Betriebsmittelkredit

Definition

Betriebsmittelkredite dienen zur Finanzierung des Umlaufvermögens und werden in der Regel als Kontokorrentkredite eingeräumt.

---

[1] *Weitergehende Informationen zur Sicherungsgrundschuld vgl. GUT BERATEN in der Bank 2. AJ, Seite 355 ff.*
[2] *vgl. GUT BERATEN in der Bank 2. AJ, Seite 377 ff.*
[3] *vgl. GUT BERATEN in der Bank 2. AJ, Seite 342*

Der **Kontokorrentkredit** ist ein Darlehen in laufender Rechnung *(§ 355 HGB, § 488 BGB)*. Der Kreditnehmer ist berechtigt, sein Kontokorrentkonto bis zu einer vereinbarten Kreditlinie zu überziehen (eingeräumte Überziehungsmöglichkeit).

Die **Kreditlinie** wird für einen bestimmten, eher kurzfristigen Zeitraum *(z. B. drei Monate, sechs Monate, ein Jahr)* vereinbart. Bei entsprechender Kreditwürdigkeit des Kunden ist jedoch eine laufende Prolongation (Verlängerung der Laufzeit) üblich.

Die Kreditlinie kann der Darlehensnehmer flexibel nach Bedarf in Anspruch nehmen; die Rückzahlung des Kredites erfolgt aus den Zahlungseingängen (Umsatzerlösen).

▶ **Banktechnische Abwicklung**

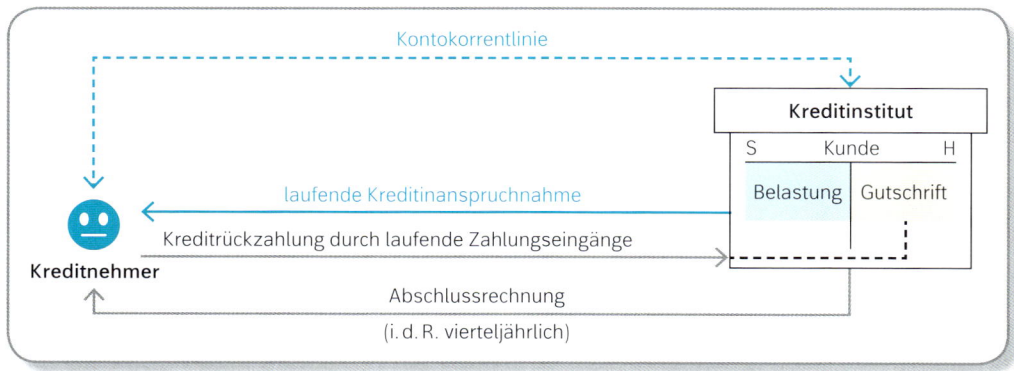

▶ **Kosten**

- Sollzinsen für den in Anspruch genommenen Kredit
- evtl. Kreditprovision für den genehmigten, aber nicht in Anspruch genommenen Kredit

Bei Überziehungen über die genehmigte Kreditlinie hinaus (geduldete Überziehungen) berechnet das Kreditinstitut einen höheren Zinssatz.

Fallbeispiel

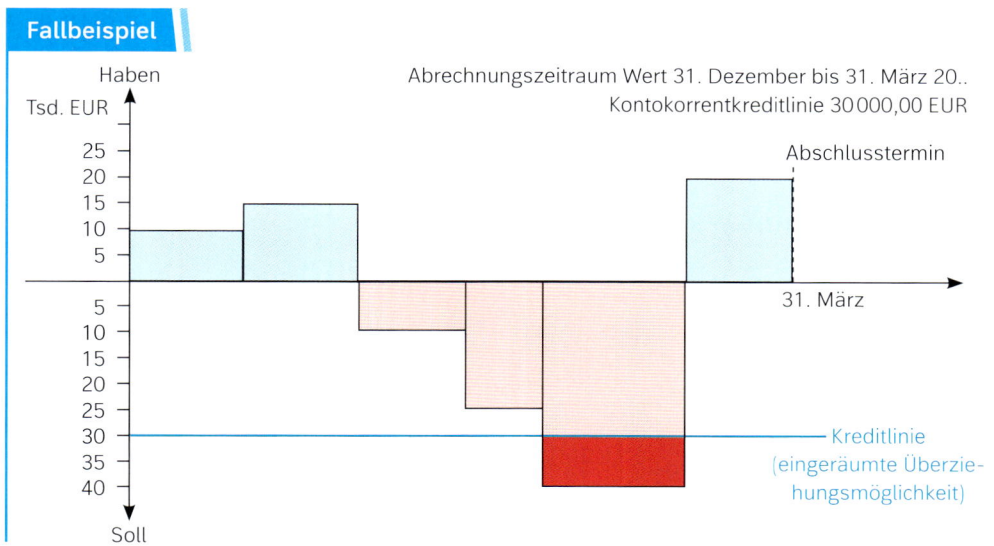

Kontokorrentstaffel

S/H	Betrag in EUR	Wert	Tage	7% Sollzinsen für eingeräumte Überziehungen	12% Sollzinsen für geduldete Überziehungen	0,5% Habenzinsen
H H	10000,00 5000,00	31. Dezember 15. Januar	15			2,08 EUR
H S	15000,00 25000,00	30. Januar	15			3,13 EUR
S S	10000,00 15000,00	15. Februar	15	29,17 EUR		
S S	25000,00 15000,00	25. Februar	10	48,61 EUR		
S H	40000,00 60000,00	15. März	20	116,67 EUR (30000 · 7 20 : 36000)	66,67 EUR	
H S	20000,00 423,41	31. März	15			4,17 EUR
			90	194,45 EUR	66,67 EUR	9,38 EUR
H	19576,59	31. März				

Abschlussrechnung 30. März 20..		Soll	Haben
7% p.a. Sollzinsen für genehmigte Kredite		194,45 EUR	
12% p.a. Sollzinsen für geduldete Überziehungen		66,67 EUR	
0,5% p.a. Habenzinsen auf			9,38 EUR
3% p.a. Kreditprovision vom nicht in Anspruch		141,67 EUR	
genehmigter Kredit: 30000,00 EUR für 90 Tage =	2700000,00 EUR		
– genehmigter und in Anspruch genommener Kredit			
– (10000 · 15) + (25000 · 10) + (30000 · 20) =	1000000,00 EUR		
nicht in Anspruch genommener Kredit	1700000,00 EUR		
1700000 · 3,00 : 36000 =	141,67 EUR		
Kontoführungsgebühr		30,00 EUR	
Saldo der Abschlussrechnung			423,41 EUR

Die **Abschlussrechnung** gilt als genehmigt, wenn der Kunde nicht innerhalb einer Ausschlussfrist von sechs Wochen nach Zugang der Abrechnung schriftlich Einwendungen erhoben hat *(AGB Nr. 7 Abs. 3 Sparkassen, AGB Nr. 2 Abs. 2 Banken).*

▶ Beurteilung

Kunde	• Vergrößerung der Dispositionsfreiheit durch Einräumung einer Kontokorrentlinie; der nicht ausgenutzte Kreditrahmen stellt eine Liquiditätsreserve dar • flexible Kreditinanspruchnahme entsprechend dem jeweiligen Kapitalbedarf • Berechnung der Sollzinsen nur von der jeweiligen Kreditinanspruchnahme • breite Verwendungsmöglichkeit („Allround-Kredit") • durch Prolongation steht der Kredit ggf. langfristig zur Verfügung
Kreditinstitut	• Anlagemöglichkeit für Sicht- und Termineinlagen • Ertragsquelle (Sollzinsen, Provisionen) • Einblick in die finanzielle Lage des Kunden

13

6.2 Investitionskredit

Definition

Investitionskredite sind mittel- und langfristige Darlehen zur Finanzierung des Anlagevermögens.

▶ Anlagenfinanzierung

Bei der Finanzierung von Maschinen, Produktionsanlagen, Fahrzeugen, Geschäfts- und Praxiseinrichtungen sollte die Laufzeit des Kredites die Nutzungsdauer nicht überschreiten. Die erwartete Nutzungsdauer entspricht dem Abschreibungszeitraum gemäß der AfA-Tabelle der Finanzverwaltung.

Die Rückzahlung des Darlehens erfolgt

- in gleichen Monats- oder Quartalsraten (Annuitätendarlehen) oder
- in gleichen Tilgungsraten (Abzahlungsdarlehen).

Die Zinsen können variabel (lfd. Zinsanpassung an die Marktverhältnisse) oder fest für die gesamte Laufzeit sein. Zur Besicherung kommen alle üblichen Kreditsicherheiten in Betracht. Insbesondere bietet sich eine Sicherungsübereignung des zu finanzierenden Gutes an.

▶ Immobilienfinanzierung

Die Finanzierung von gewerblichen Grundstücken (Lager- und Produktionshallen, Büro- und Geschäftsgebäuden) unterscheidet sich hinsichtlich der Laufzeit, der Zinsvereinbarung, der Rückzahlung und der Besicherung durch Grundschulden nicht von der Finanzierung privater Wohngebäude.

Die Ermittlung des Beleihungswertes von gewerblich genutzten Immobilien erfolgt auf der Grundlage des Ertragswertes. Dabei ist zu berücksichtigen, dass gewerblich genutzte Gebäude in der Regel schneller an Wert verlieren als Wohngebäude. Zudem sind die Wertschwankungen bei diesen Immobilien erheblich größer. Das höhere Risiko wird durch einen höheren Kapitalisierungszinssatz, der zu einem niedrigeren Ertragswert führt, berücksichtigt.

▶ Öffentliche Förderprogramme

Investitions- und Existenzgründungsdarlehen aus öffentlichen Förderprogrammen werden über die Kreditanstalt für Wiederaufbau (KfW) bereitgestellt. Die Kreditanträge werden von der Hausbank des Unternehmens an die KfW weitergeleitet (Hausbankverfahren). Die Mittel aus öffentlichen Förderprogrammen dienen der Finanzierung von

- Investitionsvorhaben kleinerer und mittlerer Unternehmen,
- Struktur- und Anpassungsmaßnahmen,
- Umweltschutzinvestitionen.

Im Hinblick auf die **Tilgungsvereinbarungen** sind Annuitätendarlehen, Tilgungsdarlehen und Festdarlehen zu unterscheiden.

Annuitätendarlehen	Tilgungsdarlehen	Festdarlehen
Bei einem **Annuitätendarlehen** zahlt der Darlehensnehmer regelmäßig *(z. B. monatlich, vierteljährlich)* eine **gleichbleibende Rate** bestehend aus Zins- und Tilgungsleistung an das Kreditinstitut. Da die Rate konstant ist, verringert sich mit zunehmender Rückzahlung des Darlehens der Zinsanteil an der Rate, gleichzeitig vergrößert sich der Tilgungsanteil um die eingesparten Zinsen.	Bei einem **Tilgungsdarlehen** (Abzahlungsdarlehen) zahlt der Darlehensnehmer das Darlehen regelmäßig in **gleichen Tilgungsbeiträgen** zurück. Bei konstanten Tilgungsbeiträgen vermindert sich mit zunehmender Rückzahlung des Darlehens die vom Darlehensnehmer zu zahlende Rate, da sich der Zinsbetrag vermindert.	Bei einem **Festdarlehen** (endfälliges Darlehen) wird das Darlehen am Ende der vereinbarten Laufzeit in einer Summe zurückgezahlt. Während der Laufzeit zahlt der Darlehensnehmer regelmäßig nur die Zinsen an die Bank. Da sich das Darlehen während der Laufzeit nicht durch Tilgungen vermindert, bleiben die Zinsen und damit die Rate immer gleich hoch.

Die Wahl der Tilgungsvereinbarung hängt von der beabsichtigten Investitionsmaßnahme und den Präferenzen des Darlehensnehmers ab.

Fallbeispiel

Darlehensbetrag 120 000,00 EUR; 6 % p. a. Zinsen; Auszahlung 100 %; gleichmäßige Tilgung in zehn Jahren (jährlich 10 % der Darlehenssumme); Zins- und Tilgungsbelastung erfolgt jeweils am Jahresende; Bereitstellung des Darlehens am 31. Dezember 20..

Zeitraum	Darlehensbetrag	6 % Zinsen	10 % Tilgung	Jahresrate
Jahr 1	120 000,00 EUR	7 200,00 EUR	12 000,00 EUR	19 200,00 EUR
Jahr 2	108 000,00 EUR	6 480,00 EUR	12 000,00 EUR	18 480,00 EUR
Jahr 3	96 000,00 EUR	5 760,00 EUR	12 000,00 EUR	17 760,00 EUR
Jahr 4	84 000,00 EUR	5 040,00 EUR	12 000,00 EUR	17 040,00 EUR
Jahr 5	72 000,00 EUR	4 320,00 EUR	12 000,00 EUR	16 320,00 EUR
Jahr 6	60 000,00 EUR	3 600,00 EUR	12 000,00 EUR	15 600,00 EUR
Jahr 7	48 000,00 EUR	2 880,00 EUR	12 000,00 EUR	14 880,00 EUR
Jahr 8	36 000,00 EUR	2 160,00 EUR	12 000,00 EUR	14 160,00 EUR
Jahr 9	24 000,00 EUR	1 440,00 EUR	12 000,00 EUR	13 440,00 EUR
Jahr 10	12 000,00 EUR	720,00 EUR	12 000,00 EUR	12 720,00 EUR
Summe		39 600,00 EUR	120 000,00 EUR	

13

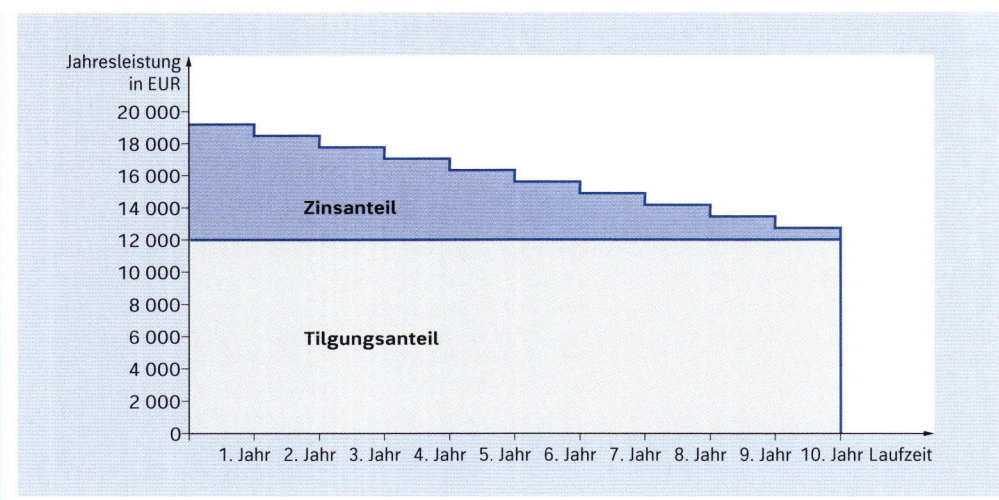

Aufgrund der anfänglich hohen Belastung sind Abzahlungsdarlehen für die Finanzierung selbst genutzter Immobilien in der Regel nicht geeignet.

Nachdem auf der Basis der Kundenangaben der Finanzierungsbedarf ermittelt wurde, die angebotenen Sicherheiten identifiziert und bewertet wurden, erstellt das Kreditinstitut ein zum Finanzierungsanlass passendes Darlehensangebot.

▶ **Abschluss des Darlehensvertrages**

Darlehensangebot

Das Darlehensangebot erfolgt unter Berücksichtigung gesetzlicher und betrieblicher Regelungen.

Inhalt:
*   Art und Höhe des Kredits
*   Verwendungszweck
*   Kreditkosten
*   Laufzeit und Tilgung
*   Besicherung
*   Art der Bereitstellung
*   Anerkennung der Allgemeinen Geschäftsbedingungen
*   Aufforderung zur Abgabe der Annahmeerklärung

Annahme des Darlehensangebotes

Mit der ausdrücklichen oder stillschweigenden Annahmeerklärung des Kunden (rechtlich: Vertragsannahme) kommt der Kreditvertrag zustande.

Der Kreditnehmer haftet aus dem Kreditvertrag für

*   die kontraktgerechte Rückführung des Kredits,
*   die kontraktgerechte Zahlung der Kreditkosten,
*   die Einhaltung von Nebenabreden *(z. B. Negativerklärung)*.

Der Kreditnehmer verpflichtet sich laut AGB, wesentliche Änderungen in seinen wirtschaftlichen und rechtlichen Verhältnissen unverzüglich dem Kreditinstitut mitzuteilen.

Das Kreditinstitut prüft nach der Bereitstellung des Darlehens, ob die Mittel auch für den im Darlehensantrag genannten Zweck verwendet wurden.

▶ **Kreditüberwachung**

Im Rahmen der Kreditüberwachung achtet das Kreditinstitut auf mögliche Hinweise auf eine **Kreditgefährdung**. Hinweise für eine Kreditgefährdung können sein:

- schleppende Zahlungseingänge
- Rückgang der Kontenumsätze
- Risiken auf den Beschaffungsmärkten *(z. B. steigende Rohstoffpreise)*
- Risiken auf den Absatzmärkten *(z. B. Erhöhung der Einfuhrzölle)*
- Verschlechterung des Ratings (Folgerating)
- Wertminderung bei den Sicherheiten (festgestellt im Rahmen der fortlaufenden Sicherheitenprüfung)
- Rückstand bei der Bedienung des Kredites durch den Kreditnehmer
- kurzfristiger Wechsel in der Unternehmensleitung

Zur Kreditüberwachung gehört auch die Beobachtung der Bonität des Darlehensnehmers durch die Erstellung von **Folgeratings**. So unterliegen die Erstratings einer fortlaufenden Überprüfung und werden während der Kreditlaufzeit aktualisiert. Im Rahmen von Folgeratings ist es praxisüblich, dass der umfassende Ratingprozess einmal im Jahr durchlaufen wird.

6.3 Avalkredit

> **Definition**
>
> Der **Avalkredit** ist die Kreditgewährung eines Kreditinstituts durch Übernahme einer Bürgschaft oder einer Garantie im Auftrag eines Kunden (→ Kreditleihe).

Rechtsverhältnisse beim Avalkredit

		Kreditinstitut
Auftraggeber (Kreditnehmer)	←— Avalkreditvertrag —→ (Geschäftsbesorgungsvertrag)	Kreditgeber des Avalkredites (Kreditleihe)
Begünstigter (Dritter)	←— Bürgschafts- bzw. Garantievertrag —→	Bürge bzw. Garant gegenüber dem Begünstigten

Rechtsverhältnisse beim Avalkredit	
Avalkreditvertrag	**Bürgschafts- bzw. Garantievertrag**
Vertrag zwischen dem Kreditinstitut und dem Auftraggeber (Kreditnehmer)	**Vertrag zwischen dem Kreditinstitut und dem Begünstigten (Dritter)**
Das Kreditinstitut verpflichtet sich, im Auftrag und für Rechnung des Kunden gegenüber einem Dritten eine Bürgschafts- bzw. Garantieerklärung abzugeben (**Geschäftsbesorgungsvertrag**). Der Kunde (Kreditnehmer) verpflichtet sich zur Zahlung der **Avalprovision** und zur **Bereitstellung des Gegenwertes bei einer Inanspruchnahme** des Kreditinstitutes aus der Bürgschaft/Garantie.	Das Kreditinstitut gibt gegenüber dem Begünstigten eine selbstschuldnerische **Bürgschafts- bzw. Garantieerkärung** ab, in der es sich verpflichtet, in der Regel auf erstes Anfordern **an den Begünstigten eine bestimmte Geldsumme zu zahlen** *(z. B. Anzahlungsgarantie)*. Bürgschafts-/Garantieverträge sind mehrseitige Rechtsgeschäfte, die aber nur einseitig verpflichtend für den Bürgen bzw. für den Garanten sind.

Merkmale	Bürgschaftsvertrag	Garantievertrag
Haftungsinhalt	Das Kreditinstitut verpflichtet sich im Rahmen seiner Haftungserklärung,	
	• für die Erfüllung der Verbindlichkeit des Kreditnehmers gegenüber einem Dritten einzustehen.	• zur Zahlung eines Geldbetrages, wenn der Kreditnehmer eine bestimmte Leistung gegenüber einem Dritten nicht erbringt.
Leistungsversprechen	Die **Leistungspflicht** des Kreditinstituts ist vom Bestehen und Umfang der **Hauptschuld** des Kreditnehmers einem Dritten gegenüber **abhängig**.	Die **Leistungspflicht** des Kreditinstituts ist vom Bestehen und Umfang einer **Hauptschuld** des Kreditnehmers einem Dritten gegenüber **unabhängig**; durch den Garantievertrag wird eine neue selbstständige Schuld begründet.
	→ **Akzessorietät der Bürgschaft**	→ **Abstraktheit der Garantie**
Art der Verbindlichkeit	**Eventualverbindlichkeit** (Vermerk auf der Passivseite unter dem Bilanzstrich)	

▶ Banktechnische Abwicklung

Kreditantrag
Antrag des Kunden an das Kreditinstitut auf Abgabe einer Bürgschafts- oder Garantieerklärung gegenüber einem Dritten

Prüfung der Kreditwürdigkeit des Antragstellers
Auf die Stellung von Sicherheiten kann verzichtet werden, wenn der Kreditnehmer über eine zweifelsfreie Bonität verfügt.

Kreditentscheidung

Abschluss des Avalkreditvertrages zwischen dem Kreditinstitut und dem Auftraggeber
- Gesamtbetrag („Avalrahmen"), bis zu dem das Kreditinstitut bereit ist, Bürgschaften und Garantien zu übernehmen
- Name des Begünstigten
- Laufzeit des Avalkredits
  Die Laufzeit des Avalkredites richtet sich nach dem jeweiligen Anlass. Bei einem laufenden Avalkreditbedarf kann jedoch der Avalkredit aufgrund eines Rahmenvertrages revolvierend gewährt werden, d. h., innerhalb eines festgesetzten Avalrahmens lebt der Avalkredit am Ende der Laufzeit immer wieder auf, ohne dass ein neuer Kreditvertrag abgeschlossen werden muss.
- Verwendungszweck des Avals und Form der Bürgschaft/Garantie
- Kosten des Avalkredits
  Die Höhe der Avalprovision richtet sich nach dem Avalzweck, der Laufzeit und den gestellten Sicherheiten. Sie beträgt z. B. $\frac{1}{8}$ % bis $\frac{1}{4}$ % pro Monat von der Avalsumme.

Abschluss eines Bürgschafts- oder Garantievertrages zwischen dem Kreditinstitut und dem Begünstigten
- Die Erklärung wird vom Kreditinstitut – aus Gründen der stärkeren Beweiskraft – schriftlich abgegeben; die Urkunde wird dem Kreditnehmer oder direkt dem Begünstigten übergeben.
- Eine Avalkreditgewährung in Bürgschaftsform erfolgt stets selbstschuldnerisch. In der Praxis ist auch die Vereinbarung üblich, dass das Kreditinstitut „auf erstes Anfordern" des Begünstigten Zahlung zu leisten hat. In diesem Fall entsteht die Zahlungspflicht der Bank „ohne Prüfung des zugrunde liegenden Anspruchs".
- Die Verpflichtung des Kreditinstituts zur Bürgschafts- oder Garantieübernahme erlischt nach Ablauf der Bürgschafts- oder Garantiefrist oder nach Rückgabe der Urkunde an das Kreditinstitut.

13

▶ **Avalarten**

Der Verwendungszweck des Avals ergibt sich aus der Bürgschafts- bzw. Garantieerklärung.

In der Praxis werden die Begriffe „Bürgschaft" und „Garantie" häufig gleichbedeutend gebraucht. Die Bezeichnung einer Haftungserklärung als Bürgschaft oder Garantie lässt nicht ohne Weiteres Rückschlüsse auf den wahren Rechtscharakter der Erklärung zu.

Eine **Haftungserklärung** kann rechtlich als **Bürgschaftsübernahme** ausgelegt werden, wenn das Kreditinstitut sich verpflichtet, für eine bestimmte **Schuld einzustehen**. Eine **Garantie** liegt nur vor, wenn sich im Wege der Auslegung ergibt, dass der Begünstigte durch die Garantieerklärung einen **abstrakten**, d. h. von Einwendungen aus irgendeinem Grundgeschäft unabhängigen **Anspruch** erhalten soll. Insbesondere im Auslandsgeschäft sind Garantien üblich.

Avalarten	Das Kreditinstitut verpflichtet sich, ...
Zollaval/Steueraval	... für die Steuer- bzw. Zollverbindlichkeiten bis zu einem bestimmten Höchstbetrag einzustehen.
Mietaval	... dem Vermieter wegen Ansprüchen aus dem Mietvertrag einen bestimmten Geldbetrag (Kaution) zu zahlen.
Bietungsgarantie	... eine Vertrags- bzw. Konventionalstrafe zu zahlen für den Fall, dass der Bieter die mit der Abgabe des Angebotes übernommenen Pflichten nicht erfüllt.

Avalarten	Das Kreditinstitut verpflichtet sich, ...
Anzahlungsgarantie	... dass der Käufer seine An- bzw. Vorauszahlungen zurückerhält, falls der Verkäufer den Vertrag nicht erfüllt.
Gewährleistungsgarantie (Lieferungs-, Leistungs- garantie)	... dem Käufer einen bestimmten Geldbetrag zu zahlen („Vertragsstrafe als Schadenersatz"), falls der Verkäufer die Leistung nicht in der im Vertrag genau festgelegten Qualität und Quantität erbringt.
Zahlungsgarantie	... dem Verkäufer den Kaufpreis oder die Kaufpreisraten zu zahlen, falls der Käufer seinen Zahlungsverpflichtungen nicht nachkommt.
Prozessaval	... dem Prozessgegner eine bestimmte Geldsumme zu zahlen, wenn das Urteil in der nächsten Instanz zu dessen Gunsten ausfallen sollte.

▶ **Beurteilung**

Kunde	• Bereitstellung einer Sicherheitsleistung ohne Einsatz liquider Mittel • geringe Avalprovision
Kreditinstitut	• Erzielung von Erträgen ohne Einsatz liquider Mittel • geringes Kreditrisiko, Gewährung von Avalkrediten nur an Kunden mit zweifelsfreier Bonität

7 Alternative Finanzierungsformen

7.1 Factoring

Definition

Factoring ist der laufende Ankauf kurzfristiger Forderungen aus Lieferungen und Leistungen durch eine Factoring-Gesellschaft.

Factoring-Gesellschaften sind Finanzdienstleistungsinstitute, die laufend Forderungen von Unternehmen auf der Grundlage von Rahmenverträgen ankaufen *(§ 1 Abs. 1a Nr. 9 KWG)*.

▶ **Merkmale des Factoring**

• Die Factoring-Gesellschaft erwirbt nur Forderungen aus Lieferungen und Leistungen. Andere Forderungen sind vom Ankauf ausgeschlossen.

• Die Factoring-Gesellschaft erwirbt grundsätzlich nur Forderungen gegenüber gewerblichen Abnehmern, die regelmäßig oder mehrfach beim Factoring-Kunden kaufen (Mehrfach- abnehmer). Der Ankauf von Forderungen gegenüber Endabnehmern, also Privatpersonen, kommt in der Regel nicht in Betracht.

• Die Factoring-Gesellschaft verlangt von ihren Klienten, dass diese
  – in den Bereichen Produktion und Handel tätig sind,
  – einen bestimmten Mindestjahresumsatz haben *(z. B. 2 000 000,00 EUR)*,
  – über einen möglichst konstanten festen Kreis von Dauerabnehmern verfügen.

- Für Factoring geeignet sind nur Forderungen, die
  - ein Zahlungsziel von in der Regel maximal 90 Tagen haben,
  - im Durchschnitt mindestens 500,00 EUR betragen.

Aufgrund des Forderungsverkaufs kommt es beim Factoring-Kunden bilanziell betrachtet zu einer *Vermögensumschichtung* (Aktivtausch). Es handelt sich beim Factoring um eine spezielle Form der Innenfinanzierung.

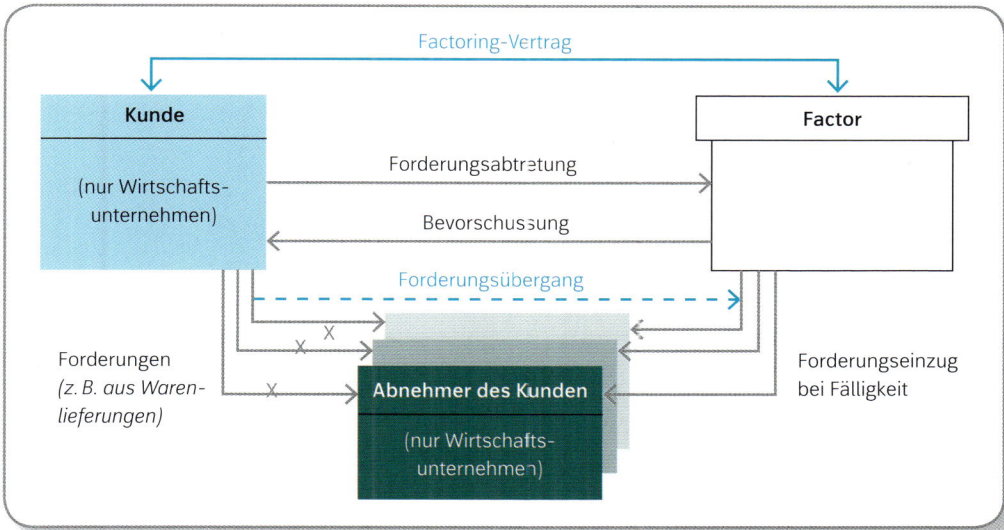

Auszug aus einem Factoring-Vertrag

- Der Factor kauft im Rahmen der von ihm für die Abnehmer eingeräumten Limite alle ab Vertragsbeginn entstehenden Forderungen aus Lieferungen und Leistungen des Kunden an.

- Der Factor übernimmt im Rahmen der Delkrederevereinbarungen das Ausfallrisiko für die angekauften Forderungen.

- Der Factor führt unter Beachtung der allgemeinen kaufmännischen Grundsätze im Rahmen seiner Organisation die Debitorenbuchhaltung sowie das Inkasso- und Mahnwesen.

- Der Kaufpreis für die Forderungen wird dem Vorschusskonto des Kunden nach Rechnungsregulierung durch die Abnehmer gutgeschrieben; der Factor wird dem Kunden jedoch die Gegenwerte sofort nach Rechnungseinreichung unter Berechnung der vereinbarten Zinsen zur Verfügung stellen.

Factoring wird in erster Linie von mittelständischen Unternehmen in Anspruch genommen. Aufgrund des Factoring-Vertrages erfüllt der Factor drei Funktionen:

- **Dienstleistungsfunktion**
  Übernahme der Debitorenbuchhaltung, des Mahnwesens, des Forderungsinkassos

- **Delkrederefunktion**
  Übernahme des Ausfallrisikos, indem der Factor darauf verzichtet, seinen Kunden solche Forderungen zurückzubelasten, bei denen der Debitor zahlungsunfähig wird. Die Haftung

des Factors beschränkt sich ausschließlich auf die Bonität der Debitoren. Sie schließt nicht die Haftung für den rechtlichen Bestand der Forderungen ein. Um zu verhindern, dass der Kunde ausschließlich zweifelhafte Forderungen veräußert, wird er verpflichtet, *alle* Forderungen an den Factor abzutreten. Dieser behält sich darüber hinaus das Recht vor, zweifelhafte Forderungen vom Ankauf auszuschließen.

- **Finanzierungsfunktion**
  Auf Wunsch des Kunden erfolgt eine Bevorschussung der Forderungen (bis zu 90 %). Der Kunde kann selbst entscheiden, zu welchem Zeitpunkt und in welchem Umfang er von der Bevorschussung Gebrauch machen will. Der Restbetrag dient der Sicherung für etwaige Ansprüche der Schuldner aus dem Grundgeschäft (z. B. wegen Schlechtleistung) und wird bei vollständiger Rechnungsregulierung durch die Debitoren bzw. bei Eintritt des Delkrederefalls dem Kunden vergütet.

Die **Kosten des Factoring** setzen sich aus der **Factoring-Gebühr** (ca. 1 %–2 % vom Umsatz) und den banküblichen **Zinsen** für Kontokorrentkredite zusammen.

▶ **Abgrenzung von Factoring und Zessionskredit**

Factoring	Zessionskredit
Kauf von Forderungen *(§§ 433, 398 BGB)*: • Die Forderungsabtretung erfolgt zur Erfüllung des Kaufvertrages; der **Factor wird uneingeschränkter Gläubiger** der Forderungen. • Die Bilanzierung der Forderungen erfolgt nach Abtretung beim Factor.	**Darlehensgewährung** i. V. mit **Sicherungsabtretung** von Forderungen *(§§ 488, 453, 398 BGB)*: • Das **Kreditinstitut wird fiduziarischer Gläubiger** der Forderungen und ist bei ordnungsgemäßer Rückführung des Kredits zu deren Rückübertragung verpflichtet. • Die Bilanzierung der Forderungen erfolgt weiterhin beim Kreditnehmer.

Vorteile des Factoring für den Kunden:

- Kosteneinsparungen bei der Debitorenbuchhaltung sowie dem Inkasso- und Mahnwesen
- Vermeidung von Verlusten aus Insolvenzen der Abnehmer
- verbesserte Liquiditätsausstattung: Kapitalfreisetzung durch Abbau der Außenstände

7.2 Leasing

Definition

Beim **Leasing** überlässt der Leasinggeber als rechtlicher Eigentümer dem Leasingnehmer den Gebrauch bzw. die Nutzung eines Vermögensgegenstandes (Leasingobjekts) für einen vereinbarten Zeitraum gegen die Zahlung von Leasingraten.

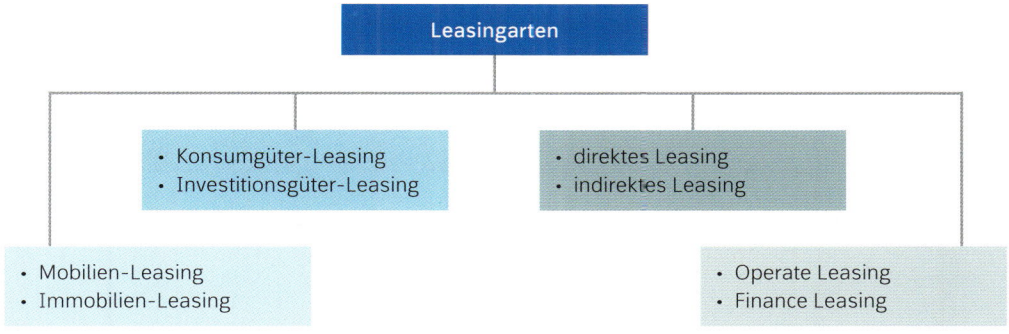

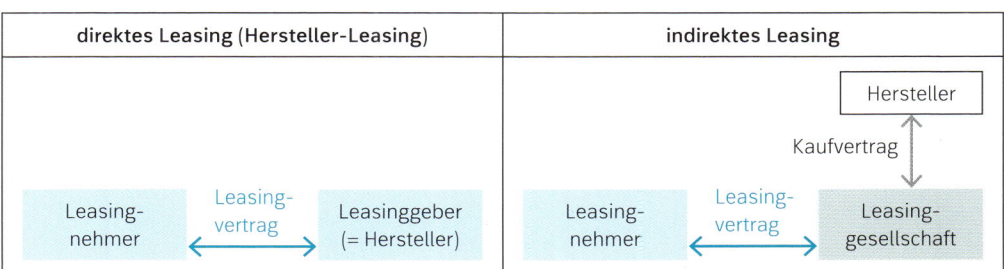

Mieten statt kaufen

Quelle: Bundesverband Deutscher Leasing-Unternehmen

Leasing weist folgende Merkmale auf:

- Leasing „schont" die Liquidität, da nicht der Kaufpreis finanziert werden muss.

- Der Leasingnehmer muss am Ende der Laufzeit den Gegenstand in einem einwandfreien Zustand an den Leasinggeber zurückgeben.

- Bei kurzfristiger Vertragsdauer ist eine schnelle **Anpassung an den technischen Fortschritt** möglich.

- Die Leasingraten können bei gewerblich genutzten Gegenständen als **Betriebsausgaben steuerlich abgesetzt** werden. (Bei der Alternative „Kauf des Gegenstandes" sind die Finanzierungskosten und die Abschreibungen als Betriebsausgaben abzugsfähig.)

Ob Leasing gegenüber dem fremdfinanzierten Kauf vorteilhafter ist, kann nur für den Einzelfall und unter Einbeziehung steuerlicher Aspekte beurteilt werden.

Beim Leasing ist zwischen **„Operate Leasing"** und **„Finance Leasing"** zu unterscheiden:

Operate Leasing	Finance Leasing
• Das **Leasingobjekt** ist ein **Standardprodukt**, für das in der Regel ohne Schwierigkeiten ein Anschlussmieter gefunden werden kann. **Beispiele:** – EDV-Systeme – Fotokopiergeräte – Berufskleidung • Das Vertragsverhältnis ist **kurzfristig** bzw. **kurzfristig kündbar**. • Der Leasinggeber ist darauf angewiesen, das Leasingobjekt mehrmals zu vermieten, da die Leasingraten eines Leasingnehmers nicht zur Amortisation des Objekts ausreichen.	• Das **Leasingobjekt** wird nach den **individuellen Wünschen** des Leasingnehmers hergestellt bzw. von der Leasinggesellschaft gekauft. **Beispiele:** – Kraftfahrzeuge – Produktionsanlagen – Verwaltungsgebäude • Das Vertragsverhältnis ist während der **Grundmietzeit** (40 %–90 % der betriebsgewöhnlichen Nutzungsdauer des Leasingobjekts) **unkündbar**. • Die während der Grundmietzeit zu zahlenden Leasingraten sind so kalkuliert, dass dem Leasinggeber darin die Anschaffungs-, Finanzierungs- und Verwaltungskosten sowie ein Gewinn vergütet werden.
Das **Investitionsrisiko** trägt der **Leasinggeber**.	Das **Investitionsrisiko** trägt der **Leasingnehmer**.

8 Ablauf eines Insolvenzverfahrens

Das **Insolvenzverfahren** dient dazu, die Gläubiger des Schuldners zu befriedigen,

* indem das Vermögen des Schuldners zur gemeinschaftlichen Befriedigung der Gläubiger verwertet wird (Liquidation des Unternehmens),
* oder eine andere Regelung getroffen wird, die den Erhalt des Unternehmens sichert.

Dem redlichen Schuldner wird Gelegenheit gegeben, sich von seinen restlichen Verbindlichkeiten zu befreien *(§ 1 InsO)*.

Gründe für die Eröffnung eines Insolvenzverfahrens sind

* Zahlungsunfähigkeit oder drohende Zahlungsunfähigkeit des Schuldners *(§ 17, 18 InsO)* sowie
* eine Überschuldung von juristischen Personen *(§ 19 InsO)*.
Eine juristische Person *(z. B. GmbH, AG)* ist überschuldet, wenn das Vermögen des Schuldners die bestehenden Verbindlichkeiten nicht mehr deckt („negatives Eigenkapital").

Das Insolvenzverfahren wird auf schriftlichen Antrag eines Gläubigers oder des Schuldners eröffnet *(§ 13 InsO)*. Die gesetzlichen Vertreter einer juristischen Person *(z. B. Geschäftsführer einer GmbH; Vorstand einer AG)* sind jedoch verpflichtet, bei Zahlungsunfähigkeit oder Überschuldung unverzüglich einen Insolvenzantrag zu stellen, da sie sich ansonsten wegen Insolvenzverschleppung strafbar machen *(§ 15a InsO)*.

Das Insolvenzverfahren wird beim **Amtsgericht** (Insolvenzgericht, *§ 2 InsO*) eröffnet, sofern das Vermögen des Schuldners mindestens die Kosten des Verfahrens deckt. Andernfalls erfolgt eine **Abweisung mangels Masse** *(§ 26 InsO)*.

▶ Wirkung der Insolvenzeröffnung *(§ 80 ff. InsO)*

- Mit der Insolvenzeröffnung verliert der Schuldner die Verfügungsgewalt über sein Vermögen. Ein vom Insolvenzgericht bestellter Insolvenzverwalter übernimmt die Verwaltung des Schuldnervermögens (Ausnahme: Insolvenzverfahren in Eigenverwaltung). Verfügungen über Konten darf nur noch der Insolvenzverwalter vornehmen.

- Die Gläubiger werden aufgefordert, ihre Forderungen innerhalb einer bestimmten Frist anzumelden.

- Die Eröffnung des Verfahrens wird veröffentlicht und im Handelsregister sowie im Grundbuch eingetragen.

- Beim Insolvenzverfahren gilt der Grundsatz der Gleichbehandlung der Gläubiger. Der Zugriff einzelner Gläubiger auf einzelne Vermögensgegenstände und ein damit verbundener „Wettlauf der Gläubiger" ist ausgeschlossen.

▶ Einberufung einer Gläubigerversammlung *(§§ 29, 74 InsO)*

- Die Gläubigerversammlung beschließt auf der Grundlage eines Berichts des Insolvenzverwalters über den Fortgang des Verfahrens:
  - Aufstellung eines Insolvenzplans oder
  - Verwertung und Verteilung der Insolvenzmasse.

- Ein Beschluss kommt zustande, wenn die zustimmenden Gläubiger mehr als die Hälfte der Forderungen repräsentieren *(§ 76 InsO)*.

13

▶ Insolvenzplan *(§ 217 ff. InsO)*

Ein Insolvenzplan kann vom Insolvenzverwalter oder vom Schuldner vorgelegt werden.

- Der Insolvenzplan kann eine Erhaltung oder eine Verwertung des Unternehmens vorsehen. **Durch Stundungsvereinbarungen und einen Forderungsverzicht (Vergleich) wird in der Regel die Sanierung und damit die Erhaltung des Unternehmens angestrebt.**

- Die Absonderungsrechte *(z. B. Pfandrechte)* der Gläubiger werden, sofern im Insolvenzplan nichts anderes bestimmt ist, vom Plan nicht berührt *(§ 223 InsO)*.

- Zur Annahme des Insolvenzplanes sind zwei Mehrheiten erforderlich *(§ 244 InsO)*:
  - Zustimmung der Mehrheit der Gläubiger („Köpfe"),
  - die zusammen mehr als die Hälfte der Forderungen repräsentieren.
  - Zusätzlich sind die Zustimmung des Schuldners und die Bestätigung des Insolvenzgerichtes notwendig *(§§ 247, 248 InsO)*.

- Bei einer Annahme ist der Insolvenzplan für alle Gläubiger bindend.

▶ Eigenverwaltung im Insolvenzverfahren

Bei einem **Insolvenzverfahren in Eigenverwaltung** behält der Schuldner die Verwaltungs- und Verfügungsbefugnis über sein Vermögen *(§ 270 Abs. 1 InsO)*. Das Insolvenzgericht setzt einen **Sachverwalter** ein, der die wirtschaftliche Lage des Schuldners prüft und die Geschäftsführung überwacht *(§ 274 InsO)*.

Das Insolvenzgericht ordnet eine Eigenverwaltung an, wenn die berechtigte Aussicht auf eine erfolgreiche Sanierung und Fortführung des Unternehmens besteht.

▶ **Restschuldbefreiung** *(§ 286 ff. InsO)*

Ist der Schuldner eine natürliche Person, kann er nach Abschluss des Insolvenzverfahrens eine Restschuldbefreiung beantragen.[1]

▶ **Liquidation des Unternehmens**

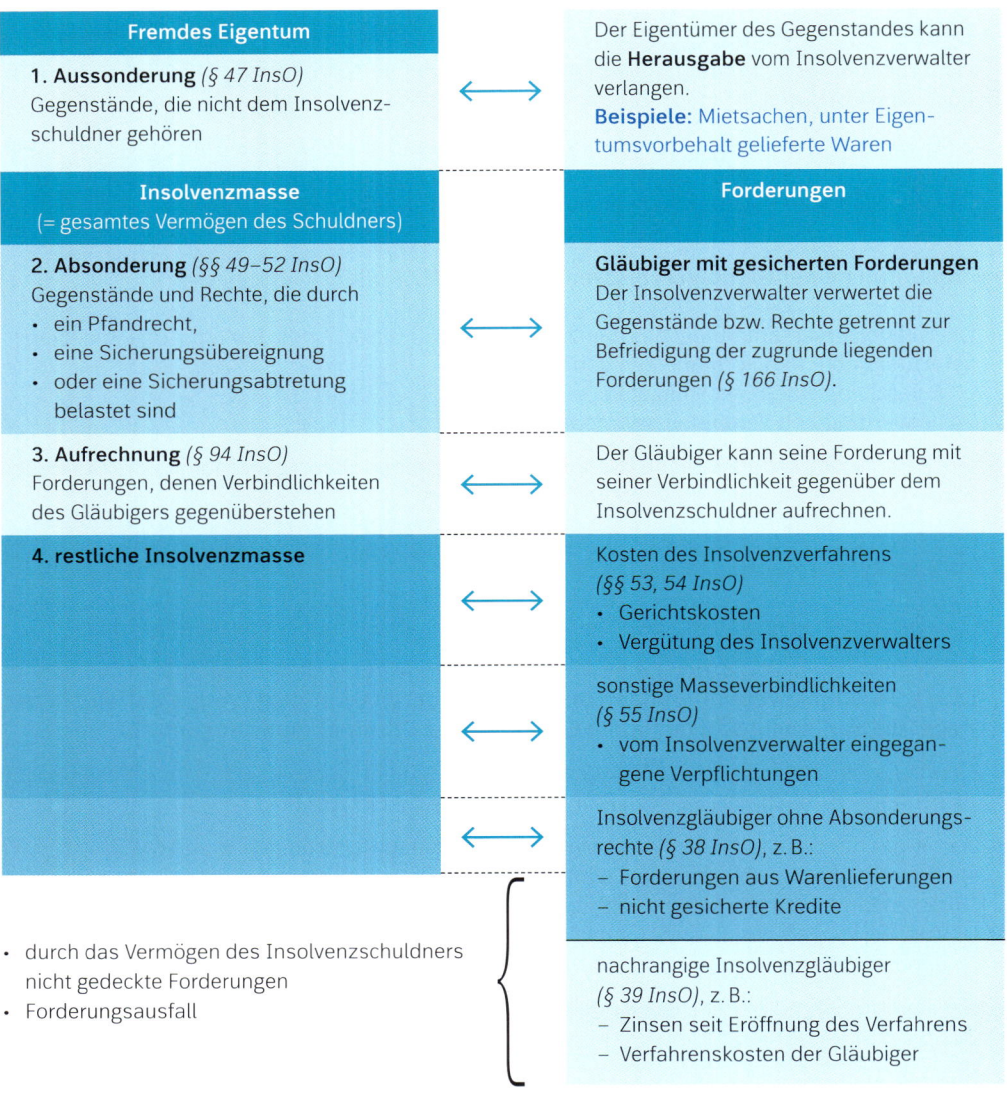

Fremdes Eigentum		Der Eigentümer des Gegenstandes kann die **Herausgabe** vom Insolvenzverwalter verlangen. **Beispiele:** Mietsachen, unter Eigentumsvorbehalt gelieferte Waren
1. Aussonderung *(§ 47 InsO)* Gegenstände, die nicht dem Insolvenzschuldner gehören	⟷	
Insolvenzmasse (= gesamtes Vermögen des Schuldners)		**Forderungen**
2. Absonderung *(§§ 49–52 InsO)* Gegenstände und Rechte, die durch • ein Pfandrecht, • eine Sicherungsübereignung • oder eine Sicherungsabtretung belastet sind	⟷	**Gläubiger mit gesicherten Forderungen** Der Insolvenzverwalter verwertet die Gegenstände bzw. Rechte getrennt zur Befriedigung der zugrunde liegenden Forderungen *(§ 166 InsO)*.
3. Aufrechnung *(§ 94 InsO)* Forderungen, denen Verbindlichkeiten des Gläubigers gegenüberstehen	⟷	Der Gläubiger kann seine Forderung mit seiner Verbindlichkeit gegenüber dem Insolvenzschuldner aufrechnen.
4. restliche Insolvenzmasse	⟷	Kosten des Insolvenzverfahrens *(§§ 53, 54 InsO)* • Gerichtskosten • Vergütung des Insolvenzverwalters
	⟷	sonstige Masseverbindlichkeiten *(§ 55 InsO)* • vom Insolvenzverwalter eingegangene Verpflichtungen
	⟷	Insolvenzgläubiger ohne Absonderungsrechte *(§ 38 InsO)*, z. B.: – Forderungen aus Warenlieferungen – nicht gesicherte Kredite
• durch das Vermögen des Insolvenzschuldners nicht gedeckte Forderungen • Forderungsausfall		nachrangige Insolvenzgläubiger *(§ 39 InsO)*, z. B.: – Zinsen seit Eröffnung des Verfahrens – Verfahrenskosten der Gläubiger

Die **Insolvenzquote** gibt den prozentualen Anteil der nicht bevorrechtigten Forderungen der Gläubiger an, der durch die Insolvenzmasse gedeckt werden kann. In Höhe dieses Prozentsatzes erhält der Insolvenzgläubiger einen Anteil an den von ihm angemeldeten Forderungen.

---

[1] *Weitergehende Informationen zur Restschuldbefreiung vgl. GUT BERATEN in der Bank 1. AJ, Seite 437 ff.*

Beispiel

Bei der Insolventa GmbH verbleibt nach der Erfüllung vorrangiger Verbindlichkeiten eine restliche Insolvenzmasse von 150 000,00 EUR. Folgende Forderungen wurden noch angemeldet:

- Insolvenzgläubiger ohne Absonderungsrechte . . . .   750 000,00 EUR
- nachrangige Insolvenzgläubiger . . . .   35 000,00 EUR

Von der Bonafide GmbH wurden angemeldet:

- Forderungen aus Warenlieferungen . . . .   12 500,00 EUR
- Zinsforderungen seit Insolvenzeröffnung . . . .   100,00 EUR

Insolvenzquote für nicht bevorrechtigte Insolvenzgläubiger: $\dfrac{150\,000,00 \cdot 100}{750\,000,00} = 20\,\%$

Der Insolvenzverwalter überweist 2 500,00 EUR (= 20 % von 12 500,00 EUR) an die Bonafide GmbH. Die nachrangige Forderung wird nicht bedient.

13

Sachwortverzeichnis

Bildquellenverzeichnis